Schöner werden wir morgen

URSULA NUBER

Schöner werden wir morgen

Eine Ermunterung,
so zu bleiben,
wie wir sind

SCHERZ

Inhalt

Vorwort 9

1. Kapitel: «Verändere dich!»
Die penetranten Ratschläge des schlechten Gewissens 14

Die Stimme des schlechten Gewissens kennt viele
Themen. 16

Selbstverbesserung: Die Jagd nach einem Phantom 20

2. Kapitel: «So werden Sie ein starker Typ»
Die verführerischen Wege zur Vollkommenheit 27

Eine kleine – persönliche – Geschichte der
Selbstverbesserung 29

«Plötzlich und unerwartet»
Wundersame Veränderungsgeschichten 35

«Unterwegs zur Vollkommenheit»
Selbstverbesserung durch Psychotechniken 40

«Glück kann man schlucken»
Psychopharmaka und Selbstverbesserung 48

«Lies und werde glücklich»
Gedruckte Lebenshilfe 51

3. Kapitel: «Wie ich *euch* gefalle? – Wie ich
mir gefalle»
Aufforderung zum Widerstand 61

«Du läßt dich gehn» – «Na und?»
Schönheit muß nicht leiden 65

«Ab Montag halte ich Diät» – «Aber bitte mit Sahne!»
Gute Gründe, «dick» zu bleiben 85

«Ich will ja nicht klagen» – «Warum eigentlich nicht?»
Strategien gegen die Tyrannei der guten Laune 112

«Keine Lust auf Sex» – «Dann lassen Sie's doch!»
Warum Sie ohne schlechtes Gewissen «nein» sagen dürfen . . . 131

«Gemeinsam sind wir unausstehlich»
Plädoyer für eine gewisse Abhängigkeit 146

«Partylöwen küßt man nicht»
Ein Lob der Schüchternheit. 167

«Du bist neurotisch!» – «Wer ist das nicht?»
*Achtung: Zuviel Psychotherapie kann Ihrer Gesundheit
schaden* 186

«Jeder ist seines Glückes Schmied»
Machen Sie mal Pause 200

4. Kapitel: «Wenn ich die Wahl hätte, dann wäre
ich gerne – ich!» 211

Das letzte Wort 219

Literatur. 220

Quellenangaben 224

Ein Mann, der Herrn K. lange nicht gesehen hatte, begrüßte ihn mit den Worten: «Sie haben sich gar nicht verändert.» «Oh!» sagte Herr K. und erbleichte.

Bertolt Brecht

Vorwort

Entschuldigen Sie, wenn ich Sie gleich zu Beginn mit unangenehmen Fragen überfalle:

Aber haben Sie nicht vor Monaten erzählt, Sie hätten jetzt die ultimative Diät entdeckt und nun gehe es endlich ran an den überflüssigen Speck?

Und hatten Sie sich nicht gleichzeitig vorgenommen, den Streß in Ihrem Leben abzubauen, mehr für sich und weniger für die Arbeit zu tun? Täusche ich mich, oder haben Sie sogar einen Tai Chi-Kurs begonnen (oder war es Yoga)? 20 Minuten täglich, so sagten Sie, wollten Sie für Ihre Entspannung reservieren.

Was ist eigentlich aus der Gruppentherapie geworden, von der Sie hofften, diese würde Ihrem Selbstbewußtsein guttun? Und wie steht es um Ihre Bemühungen, Ihre Partnerschaft zu verbessern?

Ach ja, fast hätte ich es vergessen: Gibt es das Fitneßvideo von Cindy Crawford noch? Legen Sie es immer noch jeden Morgen in den Videorecorder ein, um sich in Schwung zu bringen?

Ich bin sicher, Sie sind inzwischen schlank, fit, gelassen und ausgeruht. Sie sind wirklich ein anderer Mensch geworden.

Was ist, warum weichen Sie meinen Fragen aus? Sie überlegen, was mich das alles angeht und ob Sie das Buch nicht gleich wieder weglegen sollten?

Tun Sie's nicht! Ich weiß ohnehin, was mit Ihnen los ist. Die Pfunde sind immer noch auf den Hüften, Sie sind immer noch gestreßt, und mit der Durchsetzungsfähigkeit hapert's nach wie vor. Fitneß und Entspannung − schön wär's, aber dazu fehlt einfach die Zeit.

Sie schaffen es nicht, Ihre guten Vorsätze langfristig in die Tat umzusetzen. Sie haben ein schlechtes Gewissen, weil in Ihrem Kopf ständig «Ich sollte»-Gedanken herumschwirren, die Sie mit Ihren Defiziten konfrontieren: *Ich sollte* mindestens dreimal die Woche für mindestens 30 Minuten Sport treiben. *Ich sollte* mich besser beherrschen. *Ich sollte* mehr Lust auf Sex haben. *Ich sollte* weniger essen. *Ich sollte* mich gesünder ernähren. *Ich sollte* nicht so viel trinken. *Ich sollte* das Rauchen aufgeben. *Ich sollte* nicht so deprimiert sein. *Ich sollte* was gegen meine Falten tun ...

Dieses Buch will «Ich sollte»-Gedanken verscheuchen und Sie von Ihrem permanent schlechten Gewissen befreien. Es will Sie zu einer kleinen Revolte ermutigen, indem es Ihren Unmut, den Sie ganz sicherlich schon längst empfinden, vergrößert und Ihnen hilft, sich dem Zwang zur Veränderung zu entziehen. Wenn Sie ehrlich sind, haben Sie es längst satt, von allen Seiten hören zu müssen, was an und mit Ihnen nicht in Ordnung ist. Sobald Sie eine Zeitschrift aufschlagen, in eine Buchhandlung gehen oder sich ganz einfach nur mit einer Freundin oder dem Partner unterhalten, geht es los: zu dick, zu schwabbelig, zu ungeduldig, zu egoistisch, zu launisch, zu klein, zu alt, zu häßlich, zu neurotisch, zu gestreßt, zu wenig perfekt – im Vergleich zu dem, was heute möglich und machbar erscheint, sind Sie weit abgeschlagen.

Wir alle, ohne Ausnahme, sind umzingelt von Bildern idealer Menschen und von frohen Veränderungsbotschaften. Auf Schritt und Tritt erfahren wir, was wir nicht können, woran es fehlt, was wir noch bearbeiten und verbessern sollten. Kein Lebensbereich, in den uns nicht von selbsternannten Experten hineingeredet wird. Ihnen ist es zu verdanken, daß wir inzwischen selbst zu kleinen Experten geworden sind. Wir wissen Bescheid. Wir wissen, wie man eine gute Ehe führt und, wenn's dann doch nicht klappt, wie man sich möglichst «freundlich» scheiden läßt. Wir wissen, wie man den Partner sexuell am besten befriedigt, wie wir Beruf und Familie vereinbaren können, wie wir schlank und fit bleiben, wie wir uns richtig entspannen, wie wir unsere Kinder erziehen sollen, wie wir unsere Neurosen loswerden, was wir gegen schlechte Stimmung tun können, wie wir glücklich werden.

Die «How-to-do»-Experten haben unser Leben fest im Griff. Ich gebe zu: Auch ich bin als Psychologin Teil dieses Expertensystems. Aber durch meine ausschließlich publizistische Tätigkeit habe ich mir eine Distanz bewahrt, die es mir ermöglicht, einen kritischen Blick auf das Treiben dieser Szene zu werfen. In den letzten Jahren ist dieser Blick schärfer geworden. Erst mit Sorge, dann zunehmend verärgert habe ich beobachtet, wie wir immer unzufriedener geworden sind mit uns und unserem Leben. Und ich habe festgestellt, daß gerade diejenigen uns nur noch mehr in die Unzufriedenheit hineintreiben, die vorgeben, uns davon befreien zu wollen. Experten aller Art melden sich in Zeitschriften, Fernsehsendungen, Talk-Shows und Buchveröffentlichungen zu Wort, geben sich einfühlsam, geizen nicht mit «guten» Ratschlägen und überhäufen uns mit Glücksrezepten. Ihr Versprechen: Wenn wir tun, was *sie* für richtig halten, dann werden wir zufrieden und glücklich.

Expertengläubig wie wir sind, versuchen wir, ihre Ratschläge in die Tat umzusetzen – und scheitern. Was wir auch zum Besten verändern wollen, früher oder später geben wir unsere Bemühungen frustriert wieder auf. Statt zu sagen: «Das war ein unbrauchbarer Ratschlag, das konnte nicht funktionieren!», suchen wir die Schuld bei uns selbst. *Wir* sind die Versager. Nichts halten wir durch. Die Diät nicht, die Therapie nicht, das Fitneßprogramm nicht. Die Hoffnung geben wir deshalb aber noch lange nicht auf. Vielleicht klappt's beim nächsten Mal.

Ich will Sie dazu ermutigen, daß Sie es sich sehr genau überlegen, ob es für Sie ein «nächstes Mal» geben soll. Die einzelnen Kapitel dieses Buches laden Sie ein, Ihren schonungslosen Blick auf sich selbst zu mildern und Ihre angeblichen Schwächen und Fehler mal von einer weniger kritischen Warte aus zu betrachten.

Wenn Sie erfahren wollen, wie Sie besser, schöner, erfolgreicher, ausgeglichener, glücklicher werden, dann ist dieses Buch nichts für Sie. Wenn Sie noch nicht genug haben von all den guten Ratschlägen, wenn Sie immer noch meinen, daß es Experten gibt, die besser über Sie Bescheid wissen als Sie selbst, dann werden Sie nicht glauben können, daß Sie zufriedener sein werden, wenn Sie so bleiben, wie Sie sind.

Dieses Buch will Ihnen keine falschen Hoffnungen machen, im Gegenteil: Es will Sie davon befreien und Ihnen zeigen, wieviel Energie, Zeit und Geld Sie mit vergeblichen Veränderungsbemühungen verschwenden, solange Sie daran glauben, daß Sie eines Tages ein anderer Mensch sein können, wenn Sie nur verbissen genug an sich arbeiten.

Wenn Sie allerdings schon zahlreiche vergebliche Versuche hinter sich haben, wenn Sie es wirklich leid sind, sich mit schlechtem Gewissen herumzuquälen, dann lassen Sie sich entführen in eine Welt, in der Menschen nicht perfekt sein müssen und in der die «Experten» auf das ihnen gebührende Maß zurechtgestutzt werden. Es ist dies eine Welt,

- in der wir uns nicht ständig Sorgen um unser Aussehen und unsere Figur machen müssen;
- in der wir schlechte Laune haben und wütend werden dürfen;
- in der Depressionen nicht versteckt werden müssen;
- in der wir jammern und klagen dürfen, wenn es uns schlechtgeht;
- in der wir lustlos und müde sein dürfen;
- in der schüchterne Menschen geachtet werden;
- in der nicht wegtherapiert werden muß, was anderen «neurotisch» vorkommt.

Sie glauben, das sei eine negative, langweilige Welt? Lassen Sie sich überraschen! Ich möchte Ihnen zeigen, daß das angeblich «Negative» an uns (oder auch anderen), das wir oftmals vehement bekämpfen, sehr viel spannender ist als die angestrebte Perfektion und Makellosigkeit.

Mein Hauptmotiv für dieses Buch war, wie gesagt, die Verärgerung darüber, wie beeinflußt wir inzwischen von den unablässigen Aufforderungen zur Selbstverbesserung sind. Dennoch habe ich es nicht «aus dem Bauch heraus» geschrieben.

Glücklicherweise kann ich meine Verärgerung absichern durch neuere psychologische Erkenntnisse, so daß Sie, wenn Sie dieses Buch lesen, nicht nur etwas über sich selbst erfahren, sondern gleichzeitig auch etwas über den neuesten Stand der psychologischen Forschung. Ich bin daher sicher, daß Sie nach der Lektüre guten Gewissens einige Ihrer Veränderungswünsche entsorgen und beschließen werden: «Schöner werde ich morgen!»

Ladenburg, im Sommer 1997

PS: Ich bin seit vielen Jahren publizistisch tätig. Mir ist sehr bewußt, wie beeinflussend Sprache sein kann, und ich stimme Wissenschaftlerinnen und Kolleginnen zu, daß wir uns um eine geschlechtsneutrale Sprache bemühen sollten. Ich habe das in diesem Buch natürlich versucht. Aber ich gestehe, ich habe große Schwierigkeiten damit, immer die männliche und die weibliche Form zu verwenden (Patienten und Patientinnen). Auch im «großen I» sehe ich keine gute Lösung, ebensowenig in dem Vorschlag, nur noch die weibliche Form zu verwenden. All das stört, wie ich meine, den Lesefluß. Ich weiß, ich sollte mich in dieser Hinsicht verändern. Oder sollte ich aus meinem eigenen Buch lernen und sagen «Ich will so schreiben, wie ich will»?

1. Kapitel

«Verändere dich!»

Die penetranten Ratschläge des schlechten Gewissens

Wenn mein Blick auf das Standfahrrad im Schlafzimmer fällt, bekomme ich ein schlechtes Gewissen.

Wenn ich eine ganze Tafel Schokolade in 15 Minuten verspeise, verachte ich mich.

Wenn ich mal keine Lust auf Sex habe, mache ich mir Sorgen, ob etwas mit mir oder meiner Beziehung nicht stimmt.

Wenn ich einer Kollegin das Wort abschneide, weil ich gerade keine Zeit habe, mir ihre Sorgen anzuhören, schäme ich mich.

Wenn ich einen rüpelhaften Autofahrer mit übelsten Worten beschimpfe, rüge ich mich anschließend sofort selbst: «Sei nicht so unbeherrscht!»

Wenn ich mit dem linken Bein zuerst aufstehe, mürrisch und übel gelaunt bin, versuche ich, mir wenigstens nichts anmerken zu lassen.

Wenn ich mich nach meinem Mann sehne, obwohl er erst einen Tag von mir getrennt ist, fühle ich mich unreif und kindisch.

Wenn ich nicht mindestens zweimal die Woche ins Fitneßstudio gehe, halte ich mich für faul.

Wenn ich montags mit einer Diät beginne und sie mittwochs schon wieder abbreche, kann ich mich selbst nicht leiden.

Wenn ich mich gegen Zumutungen anderer wehre und endlich mal «nein» sage, bereue ich es meist sofort.

Das schlechte Gewissen ist zu einem ständigen Begleiter in meinem Leben geworden. Es meldet sich ohne Zögern, wenn es mir nicht gelingt, meinen eigenen Anforderungen zu genügen. Ich hasse die Stimme meines schlechten Gewissens, und doch finde ich keinen Knopf, um sie abzustellen. Sie nörgelt an mir herum, sie kommentiert mein Verhalten auf Schritt und Tritt.

Bin ich der Meinung, daß zehn Minuten Qual auf dem Heimfahrrad ausreichen, heißt es sofort: «Du hast keine Ausdauer.» Betrachte ich mich einigermaßen wohlwollend im Spiegel, macht mir meine innere Stimme die Zufriedenheit gleich zunichte: «Schau dir nur diesen Bauch an! Heute ißt du nichts mehr», «die Cellulite ist schlimmer geworden», «dein Haar sieht aus wie das Fell einer Maus.»

Auch im Supermarkt kann ich nicht tun und lassen, wonach mir gerade ist. «Dieser Joghurt hat zuviel Fett!», «Salami? Wo sind deine guten Vorsätze geblieben?» Am lautesten meldet sie sich vor dem Regal mit all den herrlichen Süßigkeiten: «Geh sofort zur Kasse! Mache keinen Umweg über XXL oder Gummibären!» Und wenn ich dann doch einen Umweg gemacht habe, martert mich mein schlechtes Gewissen so lange, bis ich bezahlt habe: «Leg's zurück. Brauchst du nicht! Das macht dick! Ist ungesund! Wolltest du nicht abnehmen?»

Wenn meine innere Stimme ihre Kommentare auf solche Äußerlichkeiten beschränken würde, könnte ich mich vielleicht damit abfinden. Aber sie sorgt sich nicht nur um meine Fitneß und mein Gewicht, auch mein Verhalten und sogar meine Stimmungen geben ihr immer wieder Anlaß einzugreifen: «Sei doch spontaner», «Du hast keinen Grund, depressiv zu sein», «Streng dich mehr an», «Du bist zu pessimistisch», «Sei nicht so ungeduldig», «Das sagt man nicht», «Beherrsche dich», «Lächle», «Sorge dich nicht.»

Die Stimme meines schlechten Gewissens greift unablässig plappernd in mein Leben ein, und ich erlaube es ihr. Ich wehre mich nicht gegen sie, weil ich ihr recht gebe. Ich bin nicht so schlank und schön, ich bin nicht so ausgeglichen und beherrscht, ich bin nicht so optimistisch und gut gelaunt, wie ich es gerne sein möchte. Ich bin nicht perfekt. Die Stimme meines schlechten Gewissens sorgt dafür, daß ich dies nicht vergesse.

Bin ich die einzige, die an dieser besonderen Form des Stimmenhörens «erkrankt» ist? Ich glaube nicht. Sicherlich hören sehr viele Menschen die kritische Stimme ihres Gewissens, die ihnen einredet: «Du kannst nicht so bleiben, wie du bist» und die sie antreibt, «Verändere dich.»

Die Stimme des schlechten Gewissens
kennt viele Themen

Sich verändern. Ein anderer, ein besserer Mensch werden. Die nörgelnde Stimme des schlechten Gewissens ist ein Indiz dafür, daß das gesteckte Ziel noch nicht erreicht ist. Um sie zum Verstummen zu bringen, muß alles Mögliche und Unmögliche unternommen werden. Wer nach Perfektion strebt und den Kampf um ein besseres Ich nicht aufgeben will, dem bleibt keine andere Wahl. Die Hoffnung, daß es eines schönen Tages gelingen wird, das schlechte Gewissen loszuwerden, treibt die Veränderungswilligen an.

Der Kampf «Ich will nicht so bleiben, wie ich bin» wird an ganz verschiedenen Fronten geführt, je nachdem, welche und wie viele unserer «Schwachpunkte» für verbesserungswürdig gehalten werden.

Annalena zum Beispiel kämpft gegen ihr Temperament. Quirlig und schnell übernimmt sie für andere Entscheidungen, handelt, ehe andere überhaupt zu denken angefangen haben, und sagt, was ihr in den Sinn kommt. Ohne Rücksicht auf Verluste, ohne Diplomatie. Das hat ihr schon viel Ärger eingebrockt. Annalena wäre nichts lieber als ein «vornehmer, stiller Mensch». Immer wenn sie mal wieder «einen auf den Deckel» bekommen hat, weil sie durch ihre Spontaneität einen anderen verschreckt oder irritiert hat, ist sie zerknirscht und erwägt ernsthaft, einen Therapeuten aufzusuchen, der ihr beibringt, wie man das schafft: «Erst denken, dann handeln.»

Erika ist «eigentlich» glücklich verheiratet. Doch sie ist nicht zufrieden. Sie glaubt, zu abhängig vom Partner zu sein und ihre eigenen Interessen zu vernachlässigen. Die Beziehung geht ihr über alles. Das aber hält sie für «nicht normal». Innerlich unabhängiger will sie werden, autonomer.

Anja ist ständig «auf Diät». Es gibt kein Schlankheitsprogramm, das sie nicht kennt. Mal ernährt sie sich ausschließlich von Diätpudding aus der Apotheke, mal nur von Ananas, Papaya und Mango, mal stellt sie sich in mühsamer Kleinarbeit grammweise ihre Mahlzeiten zusammen, mal nimmt sie nur Wasser, Tee und Säfte zu sich. Obwohl Anja längst eine Diätexpertin ist, rennt sie sofort zum Kiosk, sobald eine Frauenzeitschrift eine neue Wunderdiät ankündigt. Immer ist sie voller Hoffnung, endlich auf Rezepte zu stoßen, die sie endgültig von ihren Gewichtssorgen befreien und verhindern können, daß sie immer wieder ihren eigenen Ernährungsvorsätzen untreu wird.

Auch Melanie kämpft mit ihrer Figur. Mehr noch aber macht sie, die 41jährige, sich Sorgen um ihr «jugendliches» Aussehen. Sie gibt Monat für Monat Unsummen für teure Kosmetik und Friseurbesuche aus. Sogar ein «kleines Lifting» hat sie schon machen lassen. Danach ging es ihr «richtig super», doch die Euphorie hielt nicht lange an. Schon ein paar Wochen später war die Angst vor Falten wieder da. Verstärkt wird diese Angst noch durch das schlechte Gewissen, nicht alles zu unternehmen, um den Alterungsprozeß hinauszuzögern. Melanie ist Kettenraucherin und schafft es nicht, sich ihre Sucht abzugewöhnen. Jeden Abend, wenn sie vor dem Zubettgehen nachrechnet, wieviel sie heute wieder geraucht hat, fühlt sie sich elend und schwach. Sie weiß doch ganz genau: Jede einzelne Zigarette ist nicht nur ungesund, sondern läßt auch ihre Haut schneller altern.

Gerd kämpft an einer anderen Front. Vor einem halben Jahr wurde er befördert. Die Last der Verantwortung ist gestiegen und damit auch der Streß. Um nicht zu versagen, um fit zu sein für die erhöhten Anforderungen, hat Gerd vor einiger Zeit einen Vertrag mit dem örtlichen Fitneßstudio abgeschlossen. «90 Mark monatlich, wenn ich mindestens dreimal die Woche trainiere, das ist nicht zu teuer», erklärte er all seinen Freunden begeistert. Die ersten Wochen war er tatsächlich eisern und ging dreimal wöchentlich ins Studio. Inzwischen aber, sein Vertrag ist gerade mal ein halbes Jahr alt, bekommt der Besitzer des Fitneßtempels zwar monatlich sein Geld, aber Gerd nur noch sporadisch zu Gesicht. «Jeden Monat, wenn ich auf meinem Kontoauszug den abgebuchten Beitrag fürs Fitneßstudio sehe, plagt mich das schlechte Gewissen», gesteht Gerd. Vor kurzem fiel ihm in der *Süddeutschen Zeitung* (1./2.2.1997) eine Annonce auf: «Fitneß Coaching. Mut zur Bewegung – Leben mit neuer Power. Ein Wochenendseminar zur Mobilisierung Ihrer Kräfte.» Gerd hat gebucht. Die angebotenen Themen haben ihn überzeugt: «Ausdauer: sich fordern, aber nicht überfordern. Energie: Körperspannung und -entspannung. Mentale Fitneß: mehr Motivation, mehr Selbstmanagement. Richtige Ernährung: Treibstoff für Körper und Seele.» Gerd hofft, nach diesem Wochenende die Fitneß zu haben, die er für seinen Job braucht.

Monika kämpft darum, optimistischer zu werden. Pessimistische Gedanken, so hat sie gelesen, machen unzufrieden und depressiv. Damit sie gleich beim Aufstehen richtig positiv denkt, kleben zahlreiche gelbe «Post-it»-Zettelchen an ihrem Badezimmerspiegel, auf denen aufmunternde Sprüche zu lesen sind: «Mir geht es von Tag zu Tag besser», «Ich kann alles schaffen, was ich will», «Ich bin ein wirklich toller Mensch.» Weil es trotz dieser Ermutigungen noch nicht so recht klappt mit dem Optimismus, will Monika ein Seminar besuchen, um sich von einem Guru der Positiv-Denken-Szene auf die Sprünge helfen zu lassen.

Klaus macht seit fünf Jahren eine Einzeltherapie. Ursprünglich wollte er nur etwas gegen seine Schüchternheit und seine Prüfungsangst tun. Beides hält ihn davon ab, endlich sein Jurastudium abzuschließen. Doch seine Therapeutin überzeugt ihn davon, daß die Prüfungsangst nur ein Symptom für eine grundlegende frühkindliche Störung sei und er einer tiefgreifenden Behandlung bedürfe, um seine frühe Kindheit und damit seine Persönlichkeitsstörung erfolgreich aufzuarbeiten.

Die Stimme unseres schlechten Gewissens kennt viele Themen. Nur selten schweigt sie. Dieser oft unerträglichen Stimme zuliebe sind wir bereit, alles Unangenehme und scheinbar Unpassende aus unserem Leben zu verbannen: Wir wollen keine Schwächen, Fehler und Probleme mehr haben! Immer gute Laune haben! Freundlich und ausgeglichen sein! Autonom und selbstverwirklicht handeln! Spontan und kreativ leben! Erfolgreich und jugendlich wirken! Schlank und fit aussehen! Wir wollen – endlich – glücklich sein. Aber es geht uns wie Tantalus: Je mehr wir uns um dieses Ziel bemühen, um so unerreichbarer wird es. Noch so viele gute Vorsätze, noch so viele Veränderungsversuche bringen uns dem Ziel «Selbstverbesserung» nicht wesentlich näher.

Allen Anstrengungen ist eines gemeinsam: Ihnen sind immer nur kurzfristige Erfolge beschieden. Gute Vorsätze haben ein schnelles Verfallsdatum. Sie halten uns eine Weile auf Trab, doch meist geben wir bald frustriert und mit schlechtem Gewissen unsere Bemühungen wieder auf. Nach der Diät sind die Pfunde schnell wieder drauf, nach dem Streßseminar sind wir nur kurzzeitig gelassen und ausgeglichen, schon bald regt sich wieder die alte Ungeduld. Die Lektüre noch so vieler «kluger» Bücher, aus denen wir erfahren, wie leicht und schnell Veränderungen möglich sind, macht uns nur noch unzufriedener. Und trotz Therapie und Psychotraining läßt uns das Erlernte, das Antrainierte in entscheidenden Momenten immer wieder im Stich. Wir wissen zwar, was wir tun müssen, um ein anderer Mensch zu werden, doch je mehr wir wissen, um so weniger gelingt es uns.

Was ist nur mit uns los? Warum schaffen wir nicht, was wir uns vorgenommen haben? Warum sind wir am Anfang immer so zuversichtlich und überzeugt davon, daß wir diesmal unsere Vorsätze wirklich in die Tat umsetzen? Warum gelingt ausgerechnet uns nicht, was doch ein Kinderspiel zu sein scheint: sich zu verändern?

Da drängt sich der Verdacht auf, daß wir Versager sind, Schwächlinge, die nichts durchhalten können, keinen langen Atem haben, schnell die Flinte ins Korn werfen. Welchen Grund sollte es sonst für unser Scheitern geben? An Lernprogrammen und Hilfen, die für unsere Veränderung zur Verfügung stehen, mangelt es wahrlich nicht. Diese Angebote sind so vielfältig, so spannend, so erfolgversprechend – man muß nur zugreifen und sich heraussuchen, was zur Lösung des eigenen Problems nützlich scheint. «Man muß nur wollen» – «Wo ein Wille ist, ist auch ein Weg!» – «Das Glück ist machbar» – Sätze wie diese schwirren in unserem Kopf herum, und sie steuern unser Denken über uns selbst.

Deshalb (und weil wir natürlich keine Versager sein wollen) suchen wir nach plausiblen Begründungen, wenn ein guter Vorsatz mal wieder versandet und sich das schlechte Gewissen regt: Es war einfach eine ungünstige Zeit, die Diät zu beginnen. Wenn man nicht so viel Streß mit dem Chef gehabt hätte, hätte man auch mit dem Rauchen aufhören können. Es lag am Therapeuten, daß die Therapie nichts gebracht hat. Wir sind überzeugt davon, daß wir es zu einem anderen Zeitpunkt, mit einer anderen Methode, einem anderen Experten ganz sicher schaffen, unsere Problemzonen und unsere Unzufriedenheit in den Griff zu bekommen. Aufgeben und mit dem zufrieden sein, was man hat, kommt auf keinen Fall in Frage. Denn: Wir wollen schließlich nicht so bleiben, wie wir sind!

Selbstverbesserung:
Die Jagd nach einem Phantom

Wir sind so damit beschäftigt, uns neu zu erschaffen, daß wir gar keine Zeit finden, über unsere Veränderungswünsche nachzudenken. Warum nur sind wir so unzufrieden mit uns? Weshalb glauben wir nicht «in Ordnung» zu sein? Und: Können wir wirklich so viel verändern, wie uns eingeredet wird?

Diese Fragen stellen wir nicht. Unsere inneren Stimmen kritisieren uns zu laut, und zu zahlreich sind die Veränderungsbotschaften, die von außen an unser Ohr dringen. Es sind penetrante Botschaften. Sie prasseln aus verschiedenen Richtungen auf uns ein und betreffen alle unsere Lebensbereiche. Sie fangen beim Körpergewicht an und hören bei unserer psychischen Verfassung noch lange nicht auf. Wir halten diese Botschaften inzwischen für so selbstverständlich, daß wir nicht merken, wie wir langsam, aber sicher einer Art Gehirnwäsche unterzogen werden. Aus Zeitschriften, Ratgebern und Lebenshilfe-Büchern, aus Fernsehsendungen und Seminaren, aus Therapieräumen und Workshops dringt immer dieselbe Botschaft zu uns: Verändere dich!

«Ich will so bleiben, wie ich bin» – dieser Gedanke klingt geradezu aufmüpfig in einer Zeit, die als «Zeitalter der Selbstverbesserung» bezeichnet wird. Wer sagt, er wolle so bleiben, wie er ist, gerät schnell in Verdacht, oberflächlich, selbstgerecht, egoistisch oder schlicht uneinsichtig zu sein. Zu genau wissen wir heute um unsere Defizite, Entwicklungsrückstände und Unzulänglichkeiten, als daß wir uns selbstzufrieden zurücklehnen könnten. Nein, wir dürfen nicht bleiben, wie wir sind!

Aber, so werden Sie vielleicht einwenden, es gibt doch genügend Dinge, unter denen Menschen leiden und die sie ändern wollen und müssen zum Wohle ihrer physischen und psychischen Gesundheit. Keine Frage: Es gibt eine Reihe von Lebensumständen, bei denen der Wunsch nach Veränderung nicht nur verständlich, sondern sogar überlebensnotwendig ist. Ein Mensch, den Panikattacken lähmen, der schwer depressiv oder suchtkrank ist, der in einer Gewaltbeziehung lebt oder selbst gewalttätig ist, ein Mensch, der von Wahnvorstellungen heimgesucht wird oder zwanghaft klauen muß, ein Mensch, der einen geliebten anderen verloren hat und über diesen Verlust zu verzweifeln droht, ein Mensch, der seelisch oder körperlich mißbraucht worden ist, ein Mensch, der in einer unglücklichen Partnerschaft lebt – dieser Mensch muß etwas verändern. Er muß sich wehren gegen Zumutungen und gegen die Dämonen der Dunkelheit, die ihn quälen. Handlungsunfähigkeit und die fehlende Bereitschaft zur Veränderung können in solchen Fällen fatale Auswirkungen auf die körperliche und seelische Gesundheit und den Lebenswillen haben.

Der Wunsch nach Veränderung ist in solchen Fällen nicht nur verständlich, sondern auch notwendig. Wenn Menschen unter schweren depressiven Stimmungen leiden, von unerklärlichen Ängsten gepeinigt werden oder einsam sind, dann ist es geradezu lebensnotwendig, daß sie dagegen ankämpfen und dazu auch die Hilfe von seriösen Experten in Anspruch nehmen.

Um solche sinnvollen Veränderungsbemühungen geht es in diesem Buch nicht. Ich möchte das an dieser Stelle ausdrücklich betonen, denn ich sehe durchaus die Gefahr, daß meine Kritik am Streben nach Selbstverbesserung unzulässig verallgemeinert wird. Meine Ausführungen betreffen ausschließlich jene Unzufriedenheit, unter der Menschen leiden, die sich nicht von psychischen Qualen befreien wollen, sondern die glauben, sich selbst verbessern zu müssen. Ich meine eine Entwicklung, die in den letzten zwei Jahrzehnten dazu geführt hat, daß wir zunehmend unzufrieden geworden sind mit unserem ganz normal belasteten, ganz normal unglücklichen, ganz normal unvollständigen Leben.

Wie diese Entwicklung konkret aussieht, zeigt eindrucksvoll eine Umfrage der amerikanischen Zeitschrift *Psychology today*. Auf die Frage «Wenn es in Ihrer Macht stünde, irgend etwas an sich zu verändern, was würden Sie ändern?» gaben Leser und Leserinnen folgende Antworten:

«Wenn ich etwas ändern könnte, würde ich mein Körpergewicht verändern. Wenn man versucht abzunehmen, dann gibt es immer einen Jo-Jo-Effekt. Gewicht rauf, Gewicht runter. Es wäre schön, wenn ich mir darum keine Sorgen mehr zu machen bräuchte.»

«Ich wollte, ich wäre nicht so ein Feigling. Ich versuche immer, andere Menschen glücklich zu machen und mit dem Strom zu schwimmen. Ich wollte, ich wäre weniger angepaßt.»

«Ich wäre gerne etwas weniger ungeduldig. Wenn jemand zum Beispiel unterhalb der Geschwindigkeitsbegrenzung vor mir herfährt, könnte ich aus der Haut fahren.»

«Wenn ich was ändern könnte, würde ich mir wahrscheinlich weniger Sorgen machen. Ich habe einen tollen Job, eine wunderbare Ehefrau, ein Baby – worüber also sollte ich mir Sorgen machen? Ich wollte, ich könnte mehr Freude an den Dingen haben. Und ich wünsche mir, daß ich es in irgendeinem Hobby zur Meisterschaft bringen könnte – zum Beispiel im Abfahrtsskilauf, daß ich mehr riskiere und nicht immer auf Nummer Sicher gehe.»

«Ich wäre gerne klüger. Ich möchte gerne mehr über die Wissenschaft wissen und mehrere Sprachen sprechen. Vielleicht könnte ich sogar meinen Doktor machen.»

«Ich wäre gerne weniger impulsiv. Wenn man impulsiv ist, dann springt man von einer Sache zur anderen. Man hat keine Chance, den Augenblick zu genießen.»

«Ich möchte mehr für den Augenblick leben können. Es muß wunderbar sein, einfach glücklich zu sein und nicht immer gleich an das nächste Ziel zu denken.»

«Ich würde gerne lernen, wie ich meinen Ärger kontrollieren kann. Manchmal ärgere ich mich so, daß ich Dinge sage, die mir später leid tun. Wie gerne würde ich gelassener sein und nicht die Kontrolle über die Situation verlieren.»

Nur eine Stimme in diesem Chor der Veränderungswünsche war positiv: «Ich wüßte nicht, was ich ändern wollte. Ich bin wirklich glücklich. Es gibt nichts in meinem Leben, das ich gerne anders hätte.»

Ich will, ich muß, ich möchte, ich sollte: Wir sind unsere größten Kritiker, und wir sind unbarmherzig in unserer Selbstkritik. Wenn ein anderer uns an den Kopf werfen würde, was wir uns in unseren negativen Selbstgesprächen zum Vorwurf machen – wir würden ihm sofort die Freundschaft aufkündigen. Uns selbst aber erlauben wir, das eigene Ich ständig herunterzumachen. Wir mögen uns nicht. Wir haben keinen Respekt vor uns selbst. Solange wir nicht mehr, Besseres, Größeres, Zufriedenstellenderes zuwege bringen, solange erteilen wir uns keine Absolution. Solange wir nicht vollkommen glücklich sind, hören wir nicht auf, diesem Glück hinterherzujagen.

John Lennon sagte einmal: «Life is what happens while you are making other plans.» Dieser Satz beschreibt treffend die Situation, in der sich heute viele von uns befinden. Wir machen Pläne, was alles aus uns werden kann, wir fassen gute Vorsätze, wie wir uns zu unserem Vorteil verändern wollen. Wir denken «Wenn ich erst mal schlank bin ...», «Wenn ich weniger ängstlich bin ...», «Wenn ich nicht mehr schüchtern bin ...», «Wenn ich meine Depression überwunden habe ...» – ja, was dann?

Vor lauter Pläneschmieden versäumen wir unser Leben. Wir denken ständig an das, was in der Zukunft so viel besser sein soll, und vernachlässigen darüber die Gegenwart. Wir laufen einer Person hinterher, von der wir glauben, daß sie unser wahres Ich ist. Diese Person ist ein richtiges Wunderwerk, sie ist makel- und fehlerlos. Doch diese Person gibt es nicht und wird es auch nie geben. Diese Person ist ein Phantom.

Wir verschwenden Zeit, Energie und auch Geld, wenn wir diesem Phantom hinterherjagen. Wir werden nie zufrieden sein können, solange wir nicht erkennen, daß viele unserer guten Vorsätze nicht viel wert sind, weil wir falsche Ziele verfolgen.

Amerikanische Psychologen haben herausgefunden, daß ein makellos schönes Gesicht auf den Betrachter weniger attraktiv wirkt als ein Gesicht mit kleinen Schönheitsfehlern. Ein Silberblick, ein etwas schiefer Mund, eine kleine Abweichung von der Norm geben einem Menschen den ihm eigenen Charme und verleihen ihm Ausstrahlung. Was für das Äußere gilt, trifft auch auf innere Werte zu. Wie langweilig wäre doch das Leben, wenn unser Streben nach Selbstverbesserung von Erfolg gekrönt wäre. Denken wir doch mal zu Ende, was die Veränderungsprediger uns als «Glück» verheißen: Wie sähe eine Welt aus, in der

- sich niemand mehr danebenbenimmt,
- Aggression ein Fremdwort ist,
- alle ihren Streß unter Kontrolle haben,
- niemand mehr schlecht gelaunt ist,
- nur noch gertenschlanke, attraktive Menschen zu sehen sind, die niemals mehr eine Freßorgie oder ein Saufgelage veranstalten,
- es keine symbiotischen, leidenschaftlichen Beziehungen mehr gibt, weil jeder autonom und selbstverwirklicht ist?

Wie langweilig, öde und eindimensional wäre eine solche Welt. Wie uninteressant wären die Menschen, die nichts Unberechenbares mehr an sich hätten.

Und doch streben wir alle mehr oder weniger intensiv danach, diese Welt zu erschaffen, indem wir uns selbst zu langweiligen, normierten Personen verändern wollen. Wir kämpfen gegen genmanipulierte Lebensmittel, und wunderbar geformte, tiefrote, niemals faulende, fade schmeckende Tomaten sind uns zu Recht unheimlich. Wenn es aber um uns selbst geht, streben wir genau diese fade Perfektion an. Körper und Psyche sollen ohne Ecken und Kanten, ohne Falten und Runzeln sein. Wehe, wir entdecken eine Unebenheit! Was uns an genmanipulierten Tomaten so entsetzt, würden wir für uns selbst durchaus begrüßen. Wenn es nach uns ginge, ließen wir uns bereitwillig genmanipulieren, wenn wir dadurch Alter, Schmerz und Leid aus unserem Leben tilgen könnten. Wir wären bereit, unsere unbequeme Lebendigkeit gegen ein angebliches Dauerglück einzutauschen.

Wollen wir all das wirklich? Wollen wir, so fragt der Philosoph Robert Spaemann, «mit einem Menschen tauschen, der Elektrodendrähte im Hirn hätte, die ihn bis ans Lebensende im Zustand pausenloser glücklicher Euphorie hielten»? Nein, das können wir nicht ernsthaft wollen. Denn je perfekter wir werden, je weniger «Schwächen» wir haben, desto eintöniger wird unser Leben, desto fader werden unsere Freundschaften, desto leidenschaftsloser unsere Liebesbeziehungen.

Ist uns diese Konsequenz bewußt, wenn wir uns von den inneren Stimmen tyrannisieren lassen? Ich fürchte, nein. Wir sind fest davon überzeugt, daß Veränderung notwendig ist, um das Leben besser meistern zu können. Wie Brechts Herr K. erbleichen auch wir, wenn wir nach langer Zeit jemanden treffen, der uns versichert, wir hätten uns überhaupt nicht geändert. Akzeptieren können wir das nur, wenn er unser Alter meint und lobhudelt: «Du wirst überhaupt nicht älter!» Ansonsten hören wir nur zu gerne freundliche Lügen: «Du bist schlanker geworden!», «Der Urlaub ist dir gut bekommen!», «Die neue Frisur steht dir gut!»

Wir mögen solche Komplimente, weil sie uns bestätigen, daß wir nicht die alten bleiben, sondern uns verändern – natürlich zu unseren Gunsten. Zutiefst verunsichert aber reagieren wir, wenn sich jemand mal nicht an dieses höfliche Ritual hält und ehrlich sagt, was er denkt.

«Nenn mich nicht dämlich!» schreit in der Filmkomödie «Ein Fisch namens Wanda» Otto, der dämliche Bruder von Wanda, jeden an, der ihm die Wahrheit sagt. Sobald er das Wort «dämlich» hört, rastet er aus.

Wir rasten normalerweise nicht aus, wenn wir von anderen mit einer Eigenschaft konfrontiert werden, die wir nicht mögen. Doch wir fühlen uns ertappt, wenn unsere Außenwirkung nicht der Norm entspricht, die Perfektion vorschreibt. Ungeduldig, hektisch, aufbrausend, langweilig, jähzornig, depressiv, verfressen, laut, pessimistisch, gereizt – werden uns diese (oder ähnlich negative) Eigenschaften zugeschrieben, hat das auf uns dieselbe Wirkung wie das kleine Wörtchen «dämlich» auf Otto. Am liebsten würden auch wir schreien: «Nenn mich nicht …», doch solche Gefühlsausbrüche werden mindestens so sanktioniert wie die jeweils kritisierte Eigenschaft. So bleibt uns nichts anderes als die Schlußfolgerung: Wir müssen uns ändern.

Müssen wir?

Müssen wir selbstsicher und selbstverwirklicht sein? Gehören nicht auch Unsicherheit und Abhängigkeitswünsche zu unserem Leben?

Müssen wir alle idealgewichtig sein? Sind nicht auch ein paar Pfund Übergewicht ästhetisch und vielleicht sogar gesünder als extreme Schlankheit?

Müssen wir immer guter Laune und guter Dinge sein? Haben nicht auch düstere Stimmungen ihren Sinn? Müssen wir wirklich in allen Lebenslagen Gelassenheit anstreben? Wäre es nicht manchmal auch ganz klug, die Kontrolle zu verlieren? Müssen wir ständig und zu jeder Zeit sexuell potent und aktiv sein? Ist es nicht vielleicht ganz normal, sich auch sexuell eine «Auszeit» zu gönnen? Wäre es nicht wunderbar, wenn wir alle so bleiben dürften, wie wir sind?

Mir sind in den letzten Jahren immer stärkere Zweifel daran gekommen, ob das, was wir im Namen der Selbstverbesserung so treiben, wirklich sinnvoll ist. Je stärker die Zweifel wurden, desto mehr schwand auch der Wille, weiterhin in dem Zirkus «Wenn ich nur anders wäre ...» mitzumachen. Ich bin meiner inneren Stimme überdrüssig, die ständig an mir herumnörgelt und mir meine Lebensfreude stehlen will. Ich habe es satt, ständig «Ich sollte ...», «Ich müßte ...», «Ich darf nicht ...» zu denken. Ich habe es satt, ein schlechtes Gewissen zu haben, nur weil ich meine eigenen «guten» Vorsätze nicht einhalten kann. Ich will mir endlich selbst die Erlaubnis geben, so zu sein, wie ich wirklich bin: gutgelaunt und schlechtgelaunt, körperlich fit und schlaff, depressiv und optimistisch, unbeherrscht und geduldig, aggressiv und sanftmütig, unglücklich und glücklich, maßlos und bescheiden, anklammernd und autonom, freundlich und unhöflich. Ich will meine Schattenseiten und Schwächen nicht mehr verstecken und bearbeiten, ich will nicht perfekt sein. Kurz: Ich will so bleiben, wie ich bin.

«Ich will so bleiben, wie ich bin.» Diesen Wunsch habe ich mit der jungen, attraktiven, gertenschlanken, beschwingten Frau aus dem Werbespot für Light-Produkte gemeinsam. Ihr, der Makellosen, nimmt man diesen Wunsch auch ab. Sie darf – natürlich – so bleiben, wie sie ist. Für mich und alle anderen Durchschnittsmenschen ist es jedoch sehr viel schwieriger, mit sich zufrieden zu sein und von der Umwelt akzeptiert zu werden. Wenn wir sagen: «Ich will so bleiben, wie ich bin», antwortet uns niemand aus dem Off: «Du darfst!» Ganz im Gegenteil ...

2. Kapitel

«So werden Sie ein starker Typ»

Die verführerischen Wege
zur Vollkommenheit

Mary ist anders. Sie fällt auf. Ihre schwarzgelockten langen Haare
sind ungezähmt und geben ihr ein wildes Aussehen. An ihren
letzten Friseurbesuch kann sie sich nicht mehr erinnern. Das muß
zu der Zeit gewesen sein, als sie noch in ihrer Heimat Schottland
lebte. Vor 22 Jahren kam sie nach Deutschland, und seit dieser Zeit
stutzt sie sich ihre Haare ab und zu selbst.

Mary liebt bequeme Kleidung, über die sie sich nicht viel Gedanken machen muß. Am liebsten trägt sie Schwarz. Ihre Schön-
heitspflege besteht aus Wasser, Seife und – einziges Zugeständnis an
den Alterungsprozeß – einer Babycreme («Irgendwas muß man
schließlich für seine Haut tun.»). Allen anderen kosmetischen oder
sonstigen Verschönerungsmaßnahmen aber verweigert sich Mary
konsequent. Sie hat noch keinen Pfennig ausgegeben für Mascara,
Lippenstift und Make-up, und sie kann auch nicht verstehen,
wenn andere das tun. «Du hast doch so schöne blaue Augen, wofür brauchst du dann noch das Blau obendrüber?» fragt sie verständnislos die Kollegin, die sich ohne blauen Lidschatten nackt
fühlt.

Das Wort «Diät» kennt Mary weder in ihrer Muttersprache noch
in der perfekt erlernten Fremdsprache. Sie ißt Schokolade, so oft es
ihr Freude macht (und das ist häufig der Fall), und sie berichtet
ohne das geringste Zeichen von schlechtem Gewissen, daß sie am
Abend vor dem Fernseher ganz alleine eine Familienpackung Eis
verspeisen kann. Sieht sie auf der Straße Kinder fröhlich hüpfen,
läßt sie sich anstecken und hüpft ebenfalls. Mögen die Leute sagen:
«Die spinnt» – Mary hat sich noch nie viel darum gekümmert, was

andere über sie denken. Wenn sie Probleme hat, macht sie sie mit sich aus. Sie hält nichts vom «Laß uns mal drüber reden». Sie redet erst, wenn sie weiß, was sie unternehmen will. Mary ist mit sich im reinen.

Doch ihre Umwelt glaubt ihr das nicht. «Die Leute können mich nicht lassen, wie ich bin», klagt sie. Da gibt es die wohl-meinende Kollegin, die ihr einen Modekatalog mitbringt, um sie zu einer «vorteilhafteren» Kleidung zu verführen. Die Freundin will sie zu ihrem Friseur mitnehmen, damit er den «Wildwuchs» auf Marys Kopf zähmt und die immer zahlreicheren grauen Haare wegzaubert. Ihr Schokoladenkonsum wird als «Sucht» bezeichnet und als Zeichen irgendeines Mangels gewertet. Ihre Abneigung, über ihre innersten Angelegenheiten zu sprechen, gibt Anlaß zur Sorge: «Du verdrängst zuviel!» Und ihre Angewohnheit, manch-mal mit sich selbst zu sprechen, ist für besserwissende Mitmen-schen ein Hinweis auf psychische Verwirrung.

Marys Kolleginnen, Freunde und Nachbarn haben große Schwierigkeiten damit, daß sie anders ist, anders denkt, sich anders kleidet, anderes für wichtig hält als der Durchschnitt. Sie haben Probleme damit, daß sie bleiben will, wie sie ist. Marys Weigerung, bei dem Spiel «Selbstverbesserung» mitzuspielen, verunsichert ihre Mitmenschen gewaltig.

Ihre Zufriedenheit mit sich selbst bringt uns zum Grübeln: Ist vielleicht der Wunsch, besser, schöner, klüger zu werden, gar nicht so sinnvoll? Nein, diesen Gedanken dürfen wir nicht zulassen. Nur zu gut wissen wir, daß wir von anderen mißtrauisch beäugt wür-den, würden wir nicht mehr auf unsere inneren Stimmen hören und einfach so bleiben, wie wir sind.

Was geschieht zum Beispiel, wenn wir mal unbeherrscht und launisch sind? Wie reagieren unsere Mitmenschen, wenn wir uns aggressiv gegen Zumutungen wehren? Wie gehen andere mit uns um, wenn wir traurig sind oder gar depressiv? Was denken die anderen von uns, wenn wir wie die Kinder auf der Straße hüpfen, weil uns gerade danach ist? Welche Blicke fangen wir auf, wenn wir − ob schlank oder mollig, ist dabei gleichgültig − in einer Konditorei zwei Stück Sahnetorte auf einmal bestellen? Nur we-nigen gelingt es wie der Journalistin Christa Damkowski, «seelen-ruhig» neben Freundinnen zu schlemmen. «Ich rechtfertige mich vor ihren mißbilligenden Blicken, indem ich leichthin sagte: ‹Bei mir ist sowieso Hopfen und Malz verloren.› Zwar hatte ich nie versucht, mir eine Idealfigur anzuhungern, aber das wußten sie ja nicht. Ich hatte schon lange Frieden mit meiner Figur geschlossen, die von Verkäuferinnen als ‹vollschlank›, von Freundinnen und Freunden als pummelig oder mollig bezeichnet wurde. Mein Mann nannte das später einfach ‹fett›.»

Die Mitmenschen sind unbarmherzig mit uns, wenn wir Fehler machen und Schwäche zeigen. Sie sind unbarmherzig, weil inzwischen jeder und jede zu wissen glaubt, wie man Fehler und Schwächen vermeiden kann. Man weiß Bescheid. Man kennt die Wege zum Glück – alle. Deshalb gibt es kein Pardon für Menschen wie Mary, die willentlich diese Wege meiden. Deshalb können auch wir es uns nicht erlauben, so zu sein wie Mary. Vielleicht beneiden wir sie im stillen um ihre Unbefangenheit und ihren Mut, sich zu sich selbst zu bekennen. Offen zugeben würden wir dies aber nicht. Denn wir haben längst unsere «Unschuld» verloren. Wir glauben, auf Selbstverbesserung nicht mehr verzichten zu können. «Arbeite an dir. Täglich besser werden», so wirbt inzwischen schon eine Stahlfirma für ihre Produkte und zeigt damit, wie tief verankert in unserer Gesellschaft das Selbstverbesserungsdenken ist.

Eine kleine – persönliche – Geschichte der Selbstverbesserung

An sich arbeiten zu müssen, das ist ein relativ neuer Gedanke, der sich erst in den letzten Jahrzehnten in unseren Köpfen festgesetzt hat. Was wußte man früher schon über richtige Ernährung, über Kalorien und Body Mass Index? Wer ging damals ins Fitneßstudio, quälte sich auf dem Heimfahrrad oder joggte auf dem Laufband? Nur sehr sportliche Menschen setzten sich in Bewegung und nannten dies dann nicht Jogging, sondern Waldlauf, nicht Aerobic, sondern Gymnastik. Auch von psychischer Selbstverbesserung, von Selbstverwirklichung, Selbstbehauptung, pessimistischer oder optimistischer Grundstruktur hatten die Menschen damals noch nichts gehört. Frühere Generationen wären sicher fassungslos, könnten sie uns dabei beobachten, wie wir uns abstrampeln.

Was würden wohl, so frage ich mich oft, meine Großtanten Rosa und Anna denken, die 1896 und 1898 geboren wurden?

Rosa und Anna waren die Schwestern meines Großvaters väterlicherseits, der sehr früh verstorben ist. Sie nahmen seine Stelle ein und versuchten mich als Ersatz-Großeltern das Leben zu lehren. Die beiden Schwestern lebten in einem alten Haus im Allgäu, ohne Zentralheizung und ohne Wasser-WC, dafür aber mit einem idyllischen Blick auf Bergwiesen und die Allgäuer Berge. Der Weg vom Dorf zurück nach Hause war sehr steil und beschwerlich, doch bis ins hohe Alter ließen es sich die beiden nicht nehmen, täglich zum Einkaufen oder Kirchgang fast eine ganze Stunde ins Dorf hinunterzusteigen und dann denselben Weg langsam und mit vielen Pausen wieder hinaufzuklettern. Sie kannten diesen verschlungenen Pfad längst in- und auswendig, seit ihrer Kindheit sind sie ihn Jahr für Jahr, Tag für Tag gegangen. Das alte Haus, in dem sie lebten, war ihr Elternhaus, und bis auf seltene Ausflüge in die Großstadt, zu ihren Verwandten nach München, sind sie nicht aus ihrem Heimatort hinausgekommen. Rosa und Anna hatten keinen Fernseher, nur ein kleines Radiogerät. Es befindet sich heute in meinem Besitz, ich habe es – zusammen mit einem wunderbaren Fernglas – geerbt, nachdem Rosa, ein paar Jahre nach ihrer Schwester, mit 95 Jahren gestorben ist.

Rosa, die ältere der beiden, war einmal verlobt. Aus der geplanten Hochzeit aber wurde leider nichts, denn der Verlobte kam aus dem Ersten Weltkrieg nicht zurück. Anna hatte, soviel ich weiß, zahlreiche Verehrer, aber erhört hat sie keinen von ihnen. Seit ich denken konnte, lebten die Schwestern zusammen. Sie arbeiteten als Handarbeitslehrerinnen und waren berühmt für ihre Stickereien. Einige davon schmücken heute noch den Altar der katholischen Kirche ihres Dorfes.

Aus meiner damaligen Sicht lebten die beiden ein langweiliges und eintöniges Leben. Keine Abwechslung, nichts Unvorhergesehenes geschah, ein Tag verlief wie der andere. Ich wunderte mich über die Bedürfnislosigkeit und die Zufriedenheit der beiden und stellte ihnen, als ich älter wurde, neugierig-mitleidige Fragen: «Bedauert ihr es nicht, niemals geheiratet zu haben?» «Wollt ihr nicht mal Urlaub machen?» «Wollt ihr euer Haus nicht renovieren?» «Interessiert euch denn gar nicht, was im Kino läuft?» «Stört euch das Plumpsklo nicht?» «Wäre es nicht bequemer, im Dorf zu wohnen?» Nein, Rosa und Anna wollten nichts verändern. Sie waren zufrieden mit ihrem Leben, so, wie es war. Alle nötigen Informationen erhielten sie aus dem Radio und ihrer Tageszeitung. Mehr brauchten sie nicht zu wissen. Und ich muß zugeben, sie waren über die politischen Vorgänge im Lande oft besser informiert als manch anderer. Über vieles, was die Politiker so trieben, konnten sie sich furchtbar aufregen, und wenn sie gekonnt hätten, hätten sie sicherlich gerne einiges geändert. Mit ihrem eigenen Leben aber waren sie zufrieden. Natürlich klagten sie über die Wehwehchen und Krankheiten des Alters. Und wahrscheinlich hätten sie ihre Großnichte gerne öfter bei sich zu Besuch gehabt. Aber sonst? Ich kann mich nicht erinnern, daß sie sich jemals etwas anderes gewünscht hätten, daß sie mit sich und ihrem Leben unzufrieden gewesen wären.

Ganz sicher hätte ich es komisch gefunden, wenn Rosa mich gefragt hätte, ob ihr wohl eine Kurzhaarfrisur stehen würde, oder wenn die pummelige Anna auf einmal eine Personenwaage mit nach Hause gebracht und sich nur noch von Knäckebrot und Diätquark ernährt hätte. Die Schwestern reflektierten nicht über ihr Aussehen, sie verglichen sich nicht mir irgendwelchen anderen Frauen. Sie waren ihr eigener Maßstab.

Warum ist ihnen der Gedanke «Wenn ich nur anders wäre ...» niemals in den Sinn gekommen? Warum besaßen sie wie von selbst, wofür wir uns heute so anstrengen müssen: Selbstzufriedenheit und Gelassenheit?

Rosa und Anna waren geschützter, als wir es heute sind. Sie waren geschützt vor allzu großen Selbstzweifeln, nicht nur weil sie keinen Fernseher hatten und auch keine Hochglanzzeitschriften lasen, sondern weil sie klare Lebensrichtlinien besaßen. Diese Richtlinien waren ihnen vorgegeben durch ihre bürgerliche Familie, die unerbittlich vorschrieb, was ledige «Fräuleins» vom Leben zu erwarten hatten, und die ihnen kaum Spielraum für eigene Entscheidungen ließ. Sie waren ihnen auch vorgegeben durch die katholische Kirche, die es ihnen leichtmachte, zwischen «Gut» und «Böse» zu unterscheiden. Bis ins hohe Alter hörten Rosa und Anna mit großer Verzückung die Predigten ihres Dorfpfarrers (der, wenn ich darüber nachdenke, eigentlich ein viel zu häufiger Gast im Hause der beiden alten Damen war), und selbst als sie nicht mehr aus dem Haus konnten, versäumten sie keinen Gottesdienst, der im Hörfunk gesendet wurde. Rosa und Anna wußten sehr genau, wo es in ihrem Leben «langging». Wenn sie es mal nicht schafften, nach den Vorgaben der christlichen Lehre zu leben (was sicherlich äußerst selten vorkam), konnten sie durch die Beichte ihr Gewissen beruhigen, und ihre Welt war wieder in Ordnung.

Wir dagegen haben uns von familiären und religiösen Zwängen befreit. Unser Leben wird nicht mehr von äußeren Orientierungsgebern gesteuert. Wir leben freier, autonomer als meine Großtanten, die Anfang dieses Jahrhunderts jung waren. Rosa und Anna wäre es wahrscheinlich ganz schwindelig geworden, hätten sie damals so viel allein entscheiden müssen, wie wir heute. Weder Familie noch Kirche, noch die Gemeinschaft geben uns vor, was wir zu tun oder zu lassen haben.

Dies ist eine noch ziemlich junge Entwicklung. Wenn ich meinen Lebenslauf (ich bin 1954 geboren) mit dem meiner um zehn Jahre älteren Schwester vergleiche, dann wird sehr deutlich, wieviel sich in äußerst kurzer Zeit verändert hat.

Meine Schwester hatte zum Beispiel noch nicht die Möglichkeit, ihre Ausbildung frei zu wählen. «Sie heiratet ja doch», war das Argument meiner Familie gegen den Wunsch der Schwester, eine höhere Schule besuchen zu dürfen. Als sie mit 20 ungewollt schwanger wurde, war das Mitte der sechziger Jahre noch ein Skandal. Das ganze oberbayerische Dorf, in dem wir wohnten, war in Aufruhr – es wurde geklatscht und getratscht. Meine Schwester stand am Pranger. Um den Skandal nicht noch größer werden zu lassen, entschied der Patriarch der Familie, mein Vater: «Du mußt heiraten!» Meiner Schwester blieb keine Wahl.

Als *ich* den Kinderschuhen entwachsen war, hatte sich die Situation schon grundlegend geändert. Die Studentenrevolution hatte ihre Spuren hinterlassen, die Familien hatten an Einfluß verloren.

Und auch andere, bis dahin sinnstiftende Instanzen wie zum Beispiel die Kirche oder auch Vereine hatten an Image eingebüßt. Ich fragte niemanden um Erlaubnis, als ich im Alter von 18 Jahren beschloß, mit meinem Freund zusammenzuziehen; ich fragte und informierte niemanden, als ich im gleichen Jahr aus Protest aus der katholischen Kirche austrat, weil sie die Empfängnisverhütung verbot; ich fragte niemanden um Rat, als ich mit 17 Jahren meine erste Arbeitsstelle bereits nach einem Dreivierteljahr kündigte und beschloß, das Abitur nachzumachen und zu studieren. Ich entschied, was gut für mich war. Unbeeinflußt und ganz alleine. Meine Wahlmöglichkeiten waren im Vergleich zu denen meiner Schwester ungleich größer.

Dennoch hatte ich es nur oberflächlich gesehen leichter als sie. Litt sie unter dem Druck von Moral und Anstand, der in den fünfziger und sechziger Jahren das Klima prägte, litt ich unter dem Streß, mich richtig entscheiden zu müssen und keinerlei Orientierungshilfe von außen zu bekommen. Alle Wegweiser, für die meine Großtanten Rosa und Anna dankbar waren und gegen die meine Schwester rebellierte, gab es für mich nicht mehr. Meine Generation hatte die Qual der Wahl, und sie trug ganz alleine die Verantwortung, wenn sie sich falsch entschied.

Wir hatten große Probleme mit unserer «Freiheit». Wir stellten fest, daß wir selbst, unsere Persönlichkeit, unser Ich, mit den rasanten gesellschaftlichen Veränderungen nicht Schritt halten konnten. Wir spürten schmerzhaft, daß unsere Psyche – noch stark verwurzelt in den Traditionen – nicht stark genug war, um den neuen Herausforderungen zu begegnen und sie bewältigen zu können – um in einer Welt ohne richtungsgebende Instanzen die Orientierung zu behalten.

Dies war eine äußerst unangenehme Erkenntnis. Sie verunsicherte und ließ uns nach etwas suchen, an dem wir uns festhalten konnten. Doch da war nichts: An Gott und seine irdischen Vertreter glaubten wir nicht, den Familienverbund hatten wir als einengend und krankmachend entlarvt. Wir hatten nur noch uns selbst. Um unser schlingerndes Lebensschiff wieder in sicheres Fahrwasser zu steuern, mußten wir Halt an uns selber finden. Das aber konnte nur gelingen, so erkannten wir bald, wenn wir unser Selbst stärker machten, wenn wir es mit allem ausstatteten, was der

Zeitgeist verlangte. Das bedeutete: Wir mußten uns selbst wichtiger nehmen, als alle anderen Generationen vorher dies taten, wir mußten an uns arbeiten, uns selbst – unsere Wünsche, Bedürfnisse, unsere Körper – unter Kontrolle bringen und uns eine Form geben, die den Erfordernissen der neuen Zeit entsprach.

Wir mußten schlank werden und bleiben, weil das geltende Schönheitsideal schlanke Menschen vorschreibt.

Wir mußten erfolgreich sein, weil der Zeitgeist Erfolg mit Glück gleichsetzt.

Wir mußten unsere Gefühle beherrschen, weil unbeherrschte Menschen in dieser Gesellschaft schnell Außenseiter sind.

Wir mußten möglichst lange jung bleiben, weil alte Menschen in unserer Gesellschaft keine wirkliche Funktion mehr haben.

Wir mußten attraktiv sein, weil attraktive Menschen beliebter und erfolgreicher sind.

Wir mußten fit sein, weil muskulöse und durchtrainierte Körper als Zeichen des Erfolgs gewertet werden.

Wir mußten positiv denken, weil sogenannte negative Menschen kein gutes Image besitzen.

Wir mußten selbstsicher und offen sein, weil Zurückhaltung und Schüchternheit nicht «in» sind.

Wir mußten autonom und selbständig sein, weil Abhängigkeit als psychische Unreife gewertet wird.

Anpassung an die Norm erschien uns – und erscheint uns heute mehr denn je – als der Königsweg zum Glück. Was nicht in die Glücks-Norm paßt, muß abgeschliffen, wegtherapiert, verändert werden. Jedes Mittel, das uns bei dieser Aufgabe unterstützt, war und ist uns willkommen. Jeder Prediger, der uns Veränderung verheißt, stößt bei uns auf offene Ohren und – wie es mir manchmal vorkommt – auf einen ausgeschalteten Verstand.

«Plötzlich und unerwartet»

Wundersame Veränderungsgeschichten

«Mediziner am Happy Days Hospital in Nirwana, New York, haben eine neue Operationsmethode entwickelt, psychische Gesundheit und Vollkommenheit in wenigen Stunden zu erreichen. Die neue Technik besteht darin, daß mit einem Laser-Skalpell im Gehirn des Patienten alle störenden Elemente entfernt werden: falsche Annahmen, negative Erwartungen, schlechte Eigenschaften. Die ersten Patienten, bei denen dieses Verfahren angewandt wurde, berichten begeistert, sie seien seit der Operation frei von Depressionen, Sorgen, Ärger und Schuldgefühlen. Ebenso sei ihr Selbstwertgefühl enorm gestiegen. In zehn Jahren etwa soll die neue Technik so ausgereift sein, daß jeder in ihren Genuß kommen kann.»

Natürlich ist diese Nachricht frei erfunden. Doch angenommen, sie stünde in einem seriösen Wissenschaftsmagazin, kämen wir dann nicht doch in Versuchung, mehr über die neue Wunderwaffe gegen das Unglück in Erfahrung bringen zu wollen? Wenn wir uns mit einem Schlag befreien könnten von all dem Negativen, Belastenden und Behindernden in unserem Leben, wenn wir von heute auf morgen glücklich werden könnten, wer würde diese Chance nicht gerne ergreifen?

Der Wunsch, möglichst schnell ein anderer Mensch zu werden, hatte schon immer eine besondere Faszination. Bereits in der Schule hörten wir voller Erstaunen, daß aus dem bösen Saulus durch plötzliche Einsicht ein frommer Paulus wurde. Mich beeindruckte als Kind besonders die wundersame Wandlung des Ebenezer Scrooge vom geizigen Geschäftsmann zum wohltätigen Menschenfreund, die Charles Dickens so meisterhaft in seiner Erzählung «Ein Weihnachtslied» beschreibt.

Ebenezer Scrooge ist als Geschäftsmann sehr erfolgreich, doch als Mensch eine Niete. Am liebsten ist es ihm, wenn ihm die Menschen vom Leibe bleiben. Sogar an Weihnachten läßt sich sein Herz nicht erwärmen. Eiskalt weist er seinen Neffen ab, der ihn zum Weihnachtsfest einladen will, eiskalt wirft er zwei Herren aus seinem Haus, die für Bedürftige sammeln wollen, und eiskalt zieht er seinem Schreiber einen Tag Lohn ab, weil dieser das Weihnachtsfest zusammen mit seiner Familie feiern möchte. «Allein seinen Weg durch die engen Pfade des Lebens zu wandern, jedem menschlichen Gefühl zu sagen: ‹Bleibe mir fern›; das war es, was Scrooge gefiel.»

So ist er durchaus zufrieden, am Christabend einsam und ungestört sein Mahl einnehmen zu können. Doch plötzlich wird seine Ruhe gestört. Im Laufe der Geschichte erscheinen dem Ebenezer Scrooge drei Geister: Ein Geist entführt ihn in seine Vergangenheit und zeigt ihm das glückliche Kind, das er mal war. Er erinnert ihn an die Wohltaten, die er als Heranwachsender von anderen Menschen erhielt, und führt ihm vor Augen, welches Glück ihm durch seine Entwicklung zum Geizhals entgangen ist. Der zweite Geist führt ihn in die Gegenwart und läßt ihn sehen, in welcher Not andere Menschen leben und welchen Anteil Scrooge daran hat, weil er die Not nicht lindern will. Scrooge sieht die Familie seines Angestellten Bob Cratchit. Bobs jüngster Sohn Tiny Tim liegt im Sterben, weil sich die Familie die rettenden Medikamente nicht leisten kann. Wenn sich Scrooge nur etwas für seine Mitmenschen interessierte, wüßte er von der verzweifelten Lage seines Mitarbeiters.

Der dritte Geist entführt ihn in die Zukunft – zu seinem eigenen Begräbnis – und zeigt ihm, in welch großer Einsamkeit er sterben wird, weil er alle Menschen von seiner Seite vertrieben hat. Er kann zuhören, wie die Menschen über seinen Tod reden: «Der alte Knauser ist endlich tot.» «Es wird wohl ein billiges Begräbnis werden, denn so wahr ich lebe, ich kenne niemanden, der mitgehen sollte.» «Warum war er nicht besser zu Lebzeiten? Wäre er's gewesen, dann hätte er auch jemanden um sich gehabt, als er starb, statt daß er mutterseelenallein seinen letzten Atem fahrenlassen mußte.»

Ebenezer Scrooge ist vor Schreck völlig außer sich, er bettelt den Geist um sein Leben an, das er bislang, so erkennt er nun schmerzlich, vergeudet hatte. Und Scrooge bekommt seine zweite Chance, er muß noch nicht sterben. Dem Geschäftsmann ist jedoch klar, daß ihm die Zukunft nur deshalb gehört, «um sich zu bessern». Und Scrooge bessert sich, ja, er ist wie verwandelt. Der geizige Kaufmann wird zum Wohltäter, den alle verehren und lieben.

Erhoffen wir uns nicht auch für unser Leben, daß gute Geister oder eine höhere Macht uns helfen, so manches zum Besseren zu wenden? Glauben wir nicht, daß auch wir durch ein Aha-Erlebnis, eine plötzliche Einsicht, ein anderer Mensch werden können? Wir sind davon überzeugt. Moderne Geschichtenerzähler bestärken uns in diesem Glauben. Sie berichten uns von so phantastischen Veränderungsmöglichkeiten, daß wir uns dem Wunsch, diese an uns selbst auszuprobieren, kaum entziehen können.

Was geht vor sich, wenn Menschen sich plötzlich und grundlegend verändern? Handelt es sich dabei um eine wirkliche Veränderung? Diese Fragen stellten sich die Psychologen William R. Miller und Janet C'deBaca von der New Mexico Psychology Clinic in Albuquerque. Sie suchten in ihrer örtlichen Tageszeitung per Kleinanzeige nach Menschen, «die eine tiefgreifende Veränderung in ihren Werten, ihren Gefühlen oder Handlungen» erlebt hatten. 89 Menschen reagierten auf ihre Anfrage, 55 davon wurden von ihnen ausführlich befragt. Die meisten der Befragten konnten auf den Tag genau festlegen, wann ihre Veränderung eingetreten war. Sie erinnerten sich noch genau an das Datum, manchmal sogar an die Uhrzeit. Übereinstimmend erzählten sie, daß sie von der Veränderung vollkommen überrascht worden seien und daß der Auslöser ein äußeres Ereignis gewesen sei: Therapeutische Erfahrungen, Krankheit oder Unfall verhalfen den Befragten zu einer drastischen, schnellen Veränderung ihres Lebens.

«Angie beschreibt eine plötzliche Veränderung, die sie vor vier Jahren erlebte, nachdem sie einen Workshop zur Ärgerbewältigung besucht hatte. ‹Ich hielt plötzlich inne und dachte: Mein Gott, ich war mein Leben lang in einem Zustand der Scham. Das ist der Grund dafür, daß ich immer so ärgerlich bin.› Sie begann zu weinen und konnte nicht aufhören: ‹Jahrelang aufgestaute Gefühle überschwemmten mich.› Danach fühlte sie sich von einer großen Last befreit, befreit von der ‹Verantwortung, übermenschlich sein zu müssen›. ‹Es war eine außergewöhnliche Heilung. Mein Selbstwertgefühl wuchs, und mein Ärger verschwand zu 100 Prozent. Nun habe ich eine Zukunft.›»

«Barbara mußte sich einer Operation unterziehen, die sie für zwei Monate ans Bett fesselte. ‹Da lag ich, blickte auf die Berge und dachte über mein Leben nach. Ich erkannte, daß ich nichts von den Dingen realisiert hatte, die mir wirklich wichtig waren.› Danach folgten tiefgreifende Veränderungen: Sie kündigte ihren Job und ging noch mal zur Schule. ‹Ich habe zuviel Zeit damit verbracht, etwas für andere zu tun; ich habe aufgehört, immer ja zu sagen, wenn jemand etwas von mir wollte, statt dessen begann ich mich mehr auf mich selbst und meine Familie zu konzentrieren und mehr Zeit mit meinen Freunden zu verbringen.›»

«Carl befand sich in einer Alkohol-Entzugstherapie, als er seinen Moment der Wahrheit hatte. Er hatte gerade einen häßlichen Streit mit seiner Frau gehabt und saß nun vor einem Poster der Anonymen Alkoholiker, auf dem die zwölf Schritte aufgeführt waren. ‹Ich blieb an dem Wort Gott hängen, und plötzlich erkannte ich, ich konnte glücklich sein, gesund und ein ganzer Mensch. Es war ein körperliches, intensives Gefühl. Ich war so, aber ich konnte mich verändern.› Carl berichtet, daß dieser Moment, der nun vier Jahre zurückliegt, ihn veränderte: seine Art, die Dinge zu sehen, sein Verhalten, seine Freunde und vor allem seine Aufrichtigkeit.»

«Edward, ein athletischer Mann, der sich nicht vorstellen konnte, jemals hinter einem Schreibtisch arbeiten zu müssen, wurde durch einen Unfall schwer verletzt: Er war vom Nacken abwärts gelähmt. In der Notaufnahme ‹fühlte ich, als ob Gott zu mir sprechen würde: Du kümmerst dich um die körperlichen Umstände, ich übernehme alles andere.› Edward hatte den Eindruck, daß sein Leben nun ein zweites Mal begann. In der Folge berichtete er von deutlichen Veränderungen: Er war geduldiger und vertrauensvoller anderen gegenüber, er genoß die Schönheiten der Welt, und er hatte ein tieferes Gottvertrauen.»

Was ist von solchen Instant-Veränderungen zu halten? Wie allgemeingültig sind sie? Können wir aus ihnen schließen, daß es eine grundlegende Fähigkeit zur Veränderung gibt? Können auch wir verändern, was wir als störend und belastend empfinden?

Beschränken sich die Veränderungen nur auf Äußerlichkeiten (Orts-, Berufs- oder Partnerwechsel), oder können wir auch Charaktereigenschaften, Verhaltensweisen, Einstellungen verändern? Die amerikanischen Psychologen Miller und C'deBaca glauben, daß diese Geschichten «mit Vorsicht» interpretiert werden sollten. Zum einen handelt es sich bei den Befragten um Personen, die sich selbst auf die Anzeige gemeldet hatten und möglicherweise nicht repräsentativ für andere sind. Zum anderen können bestimmte Persönlichkeitseigenschaften dieser Freiwilligen dazu geführt haben, daß sie bestimmte Ereignisse überbewertet oder im Laufe der Zeit durch Erinnerungen verfälscht haben.

Zwar halten es die amerikanischen Psychologen für möglich, daß Schlüsselerlebnisse (wie zum Beispiel ein Unfall, eine Krankheit, eine spirituelle Erfahrung) eine Wirkung haben können – wie die Geister, die Ebenezer Scrooge erschienen: Sie können zu einer Wahrnehmungsveränderung und dadurch zu einem Werte- und Einstellungswandel führen. Doch die Psychologie wisse noch viel zuwenig über solche Veränderungen, noch seien zu viele Fragen offen: Wer erlebt solche Veränderungen? Was sind die Voraussetzungen dafür? Wie lang anhaltend sind Veränderungen? Können psychotherapeutische Maßnahmen positive Persönlichkeitsveränderungen auslösen?

Fragen wie diese interessieren uns normalerweise wenig. So genau wollen wir es gar nicht wissen, denn Veränderungsgeschichten geben uns Hoffnung, daß auch wir möglicherweise unangenehme Situationen, schlechte Angewohnheiten, negative Charaktereigenschaften zu unseren Gunsten verändern können. Wie die Schlange wollen auch wir unsere «Haut», die nicht (mehr) zu uns paßt, abstreifen. Deshalb glauben wir Veränderungsgeschichten, mögen sie noch so phantastisch sein. Deshalb klammern wir uns an verführerische Veränderungsversprechen, wie sie uns zum Beispiel vom immer unübersichtlicher werdenden Psychomarkt gemacht werden.

«Unterwegs zur Vollkommenheit»

Selbstverbesserung durch Psychotechniken

Der Psychoboom der siebziger Jahre hat uns die Berührungsängste gegenüber Psychotherapie genommen. In den achtziger und neunziger Jahren wurden wir immer unbefangener im Umgang mit Psychotechniken und -therapien. Galt es vor Jahrzehnten noch als Makel, Hilfe bei einem Psychotherapeuten zu suchen, so wirkt es heute fast als Nachweis besonderer Einsicht und Bewußtheit, wenn jemand sagt: «Ich mache Therapie.» Wer sich einem therapeutischen Prozeß unterzieht, leistet «Arbeit am Ich» und erfüllt die Ansprüche, die im «Zeitalter der Selbstverbesserung» gestellt werden.

Nehmen wir zum Beispiel die Psychotechnik NLP, das «Neurolinguistische Programmieren». Diese Technik hat in den letzten Jahren einen beispiellosen Erfolg zu verzeichnen, nicht zuletzt deshalb, weil sie, plakativ wie kaum eine andere, Selbstverbesserung verspricht.

Unzählige Ausbildungsinstitute sind in den letzten Jahren gegründet worden, um diese schnelle Methode möglichst schnell unter die Leute zu bringen. Als Begründer des NLP gelten der Mathematiker und Psychotherapeut Richard Bandler und der Linguist und Pädagoge John Grinder. Sie wollten das Geheimnis des Erfolgs dreier renommierter Psychotherapeuten – Virginia Satir, Milton H. Erickson und Frederick Perls – ergründen und beobachteten diese bei ihrer therapeutischen Arbeit. Bestimmte Vorgehensweisen und Strategien erkannten sie als besonders effizient und bündelten diese in einer neuen Therapie, eben dem NLP.

Der Name ist dabei Programm: Mit Hilfe der Kommunikation, der Sprache (linguistisch), sollen bestimmte, im Laufe des Lebens erworbene Programmierungen des Gehirns (neuro) verändert werden. Das NLP verhilft Menschen nach Auskunft der NLP-Trainerin Alexa Mohl, zu lernen, «daß sie nicht in ihrem Denken, Fühlen und Verhalten die Person bleiben müssen, zu der sie ihre bisherige Lebensgeschichte zusammen mit ihren natürlichen Anlagen gemacht hat, sondern daß sie sich in einem nicht unerheblichen Maße verändern und von belastenden Bewältigungsstrategien befreien können». Und was das Wunderbare am NLP sein soll: Die grundlegende Veränderung geschieht in Windeseile. NLP gilt als Kurztherapie, bereits wenige Stunden reichen angeblich für Umprogrammierungen aus.

NLP-Trainer achten auf die Körperhaltung, den Tonfall, die Blickrichtung und «schwingen» sich darauf ein. *Pacing* heißt dieser Therapieschritt, und er soll dazu dienen, einen guten *Rapport*, eine emotionale Beziehung zwischen Klient und Trainer, herzustellen. «Wenn ich mit Hilfe vom Pacing Zugang zum Erleben meines Gesprächspartners gefunden habe», erklärt Alexa Mohl in ihrem Buch *Der Zauberlehrling*, «kann ich ihm helfen, dieses Erleben zu verändern: So kann ich einen durch Körperhaltung gespiegelten Zustand von Trauer bei meinem Gesprächspartner dadurch mildern, indem ich mich aufrichte und meine Muskeln entspanne. Er wird mir in der Veränderung des Ausdrucksverhaltens folgen.»

Ist dieser Rapport hergestellt, kann der Trainer den Klienten umprogrammieren, indem er ihm andere, neue Denk- und Handlungsweisen anbietet. Hauptziele sind dabei: gut draufsein, erfolgreich sein, Ängste verlieren. Negative Gefühle sollen «wegprogrammiert» werden, indem man sich zum Beispiel an positive Erlebnisse erinnert.

Als ich vor vielen Jahren mit einer NLP-Trainerin ein Interview machte, um die neue Methode vorzustellen, versuchte sie die Technik des Umprogrammierens auch bei mir anzuwenden. Sie forderte mich auf: «Erinnern Sie sich an einen gelungenen Artikel. Rufen Sie ihn sich ins Gedächtnis. Welche Gefühle hatten Sie? Waren Sie stolz, wer hat Sie gelobt?» Weil ich keine Spielverderberin sein wollte, tat ich ihr den Gefallen. «Und nun», so fuhr sie fort, «denken Sie an unser Interview und den Artikel, den Sie über NLP schreiben werden. Verknüpfen Sie das Gefühl des Erfolges mit diesem Beitrag.» Leider hat die NLP-Technik bei mir versagt. Schon während des Gesprächs hatte ich den Eindruck, daß diese Trainerin mit ihrer «Lehre» auf dünnem Eis steht, daß ich niemals einen wirklich seriösen, informativen Artikel auf der Grundlage ihrer Informationen schreiben werde.

Bei mir hat die Methode also versagt. Eigentlich schade, denn «NLP ermöglicht einem Menschen nicht nur, der zu werden, der er sein könnte, sondern darüber hinaus, der zu werden, der er sein möchte», schreibt Alexa Mohl. Buchtitel aus dem NLP-Bereich verdeutlichen die Versprechen: *Gut draufsein, auch wenn's schiefgeht, Unterwegs zur Vollkommenheit, Bitte verändern Sie sich jetzt!, Veränderung des subjektiven Erlebens, Cool bleiben, Erfolgstraining für Manager, Magic Words. Der minutenschnelle Abbau von Blockaden.* Wissenschaftlich begründbar sind die vermeintlichen Wunderwirkungen des NLP anscheinend nicht. Alexa Mohl: «Was es bedeuten kann, NLP zu lernen, ist einem in der abendländischen Kulturtradition denkenden Menschen nur schwer nahezubringen. Es grenzt an Zauberei.»

Da wir alle die Zauberformeln zum schnellen Glück erlernen wollen, ist der Zulauf zum NLP nicht weiter verwunderlich. Auch daß sich NLP in Managementseminaren einen festen Platz erobert hat, ist nicht erstaunlich. Manager stehen in besonderem Maße unter Erfolgsdruck. Sie sind daher brennend daran interessiert, einen besseren Verkäufer aus sich zu machen, sie wollen lernen, Mitarbeiter zu lenken oder Kunden zu durchschauen. NLP scheint sich dafür hervorragend zu eignen, denn NLP ist «Manipulation», wie NLPler offen zugeben. Thomas Rückerl schreibt in seinem Buch *NLP in Stichworten*: «Wenn ein Klient einen Coach aufsucht, dann erwartet er von ihm eine hilfreiche Beeinflussung – also eine gezielte Manipulation.» Nicht umsonst ist NLP gerade für jene Berufsgruppen interessant, die in anderen Bedürfnisse wecken müssen, um ihre Ware an den Mann und die Frau zu bringen. So wirbt auch ein NLP-Institut: «Nutzen Sie alternative Strategien der Beeinflussung mit dieser Methode des Verhandelns. Ihr Zugang zu weiteren Fähigkeiten im Umgang mit sich und anderen. Dr. Richard Bandler lehrt, was NLP im Umgang mit Gruppen wirklich leisten kann. Fühlen Sie sich endlich wohl bei allen Präsentationen. Zehn Tage für Ihren persönlichen Performance State. Werden Sie jetzt der Trainer, der Sie schon immer sein wollten.»

Abgesehen davon, daß das NLP einige erprobte Therapietechniken aus anderen, etablierten Therapieformen übernommen hat, für die inzwischen Wirkungsnachweise vorliegen, sind die vollmundigen Versprechen der NLP-Trainer bislang nicht überprüft worden. Die wenigen Wirkungsstudien zum NLP sind eher ernüchternd und können nicht bestätigen, daß weitreichende, schnelle Veränderungen möglich sind. Wie sagt Alexa Mohl? Es ist eben «Zauberei»!

Die Vertreter des NLP ficht Kritik nicht an. Solange sie weiter starken Zulauf haben, solange die Glückssucher nicht weniger werden, solange wir mit Versprechen auf schnelle Veränderung zu ködern sind, solange müssen sie ihre Arbeit nicht legitimieren.

Einer, der ebenfalls mit NLP-Psychotechniken arbeitet und von unserem Wunderglauben profitiert, ist der Persönlichkeitstrainer Anthony Robbins. Vor Tausenden von Teilnehmern verbreitet er seine «Lehre». «Wie schnell kann man sein Leben verändern?» fragt Robbins dabei meist das Publikum. Und gibt dann gleich selbst die Antwort: «In a heartbeat.» Wie der *Spiegel* (28/96) über ein Robbins-Seminar in Brüssel berichtet, verspricht Robbins seinen Zuhörern, «daß nach dem Seminar Ihr Leben ‹nicht mehr dasselbe› sein wird».

Offensichtlich glauben ihm die Menschen, denn jedes seiner bislang drei Bücher hat weltweit eine Auflage von über einer Million erreicht. Von seinen Kassetten wurden nach Meldung des *Spiegel* 25 Millionen abgesetzt.

Persönlichkeitstrainings à la Robbins «sind im Trend», meldete das Life-Style Magazin *Focus* (29/1996). Wer sich weiterentwickeln und Erfolg haben will, scheint an diesen Veränderungsangeboten kaum noch vorbeizukommen, wie ein Blick in die Rubrik «Vermischtes» einer Wochenendausgabe der *Süddeutschen Zeitung* zeigt: «Persönlichkeitstraining-Beratung. Freude am Leben und Gelassenheit wiederfinden, Erfolge wagen, Ziele erreichen …», lautet das einschlägige Angebot in einer Kleinanzeige in der Tageszeitung. Ein anderer Anbieter inseriert: «Power Mind Business. Das Seminar für mentale Stärke, Kreativität und Erfolg …», und ein «Institut für Persönlichkeitsentwicklung» verspricht: «Erfolg im Beruf und/oder Privat ist lernbar …» Ein Konkurrent, die «Gesellschaft für Persönlichkeitsentwicklung mbH, Conversa», fordert auf: «Realisieren Sie Ihre Ziele und Wünsche. Unsere Seminare helfen Ihnen dabei.»

Die meisten Persönlichkeitstrainings bestehen aus einem Sammelsurium verschiedenster therapeutischer Techniken, und ausnahmslos arbeiten auch sie mit NLP-Verfahren. Ein «Persönlichkeitstraining in fünf Tagen» läuft nach Recherchen von *Focus* zum Beispiel folgendermaßen ab:

«1. Seminartag: Ankunft am Nachmittag, Verkündigung des Schweigegebots, Selbstdarstellung der zehn Teilnehmer, Laufübung, Fragebögen zu Erlebnissen usw. Spazierganggespräch mit einem Partner. ‹Was-willst-du-wirklich›-Übung, Sprung mit verbundenen Augen in einen unbekannten Raum, Meditation ‹Sinneswahrnehmung›.

2. Seminartag: Wecken um 7.15 Uhr, Bioenergetik, Muskelanspannungen, Imaginationsentspannungsreise, Partnerübungen, Niederschrift eines ‹emotionalen Lebenslaufs›, Hilfe geben/annehmen, ‹schreckliche Erlebnisse› im Psychodrama nachspielen, sich an ‹schlimme› Elternbotschaften und Vorwürfe erinnern, dagegen damals gewünschte Sätze stellen, ‹Imaginationsreise in den Tod›, Angst vorm Tod – Angst vorm Leben.

3. Seminartag: Feldenkrais-Atemübung, Alexander-Technik, Selbstbild-Fremdbild, interaktive Atemarbeit ‹rebirthing›, ‹Gib's-mir›-Übung (Selbstbewußtsein, Fordern können), Vertrauensspaziergang mit verbundenen Augen (Problem Führen/Geführtwerden), Ja-Nein-Übung, Auseinandersetzung mit inneren Widerständen: Was guten Vorsätzen entgegensteht, wird auf 30 Seiten niedergeschrieben und anschließend rituell verbrannt.

4. Seminartag: Perspektivenbeschreibung vom Wasserturm, Tierspiel mit Partner: Annäherung, Zuneigung, Abschied, imaginäre Tierwahl und anschließende Analyse der Wahl mit Partner, Verrücktspielen, Tanzen, wechselseitiger Coaching-Versuch mit Partner, Derwisch-Tanz, bei den meisten bis zur schließlichen Aufgabe, Fragebogen Sexualität, ‹Blamier-dich›-Übung, Wunschbitte, Massagen, erotisierte ‹Nacht der Wunscherfüllung›.

5. Seminartag: Große Schritte, kleine Schritte, Abstreifen von Ballast und Müll, barfuß über Kies gehen, Blick in den Spiegel,

Frage: Wie hat sich dein Gesicht verändert?, Feedback der Gruppe, Brief an sich selbst schreiben, imaginäre Reise in die Zukunft in fünf Jahren, Bild malen, Tanz zu selbstgewähltem Lied, Info zum Training, Abschied, Abreise nachmittags.»

Man muß nicht unbedingt wissen, was sich hinter den einzelnen Methoden konkret verbirgt, um zu erkennen, daß die Seminarteilnehmer sich fünf Tage lang mit sich selbst beschäftigen und fest daran glauben, daß diese fünf Tage ihr Leben verändern werden. Sie müssen daran glauben, schließlich sollen die investierten 3450 Mark nicht umsonst ausgegeben worden sein.

Zwei Tage mehr Zeit zur grundlegenden Persönlichkeitsrenovierung gibt den Teilnehmern ein anderes Training. In sieben Tagen kann man dort ein anderer Mensch werden, vorausgesetzt, man ist bereit, bis zu 4500 Mark zu investieren und eine Woche lang «ehrlich» und «schonungslos» an sich zu arbeiten. Der *Hoffmann-Quadrinity-Prozeß* ist eine Mixtur aus verschiedenen Psychotechniken, die allen Interessierten verspricht, daß sie all ihre Probleme «schnell, gründlich und ein für allemal» loswerden können, wie eine begeisterte Teilnehmerin, eine Journalistin, in einer Werbebroschüre schreibt. Allerdings erfordert der «Prozeß» eine Entscheidung. «Die Entscheidung, für sich zu kämpfen und sich selber mit seinen Ängsten und Nöten ernst zu nehmen. Sich zu sagen, diese Verzweiflung und diese Wut sind berechtigt. Ich bin um sehr viel Glück in meinem Leben betrogen worden, ich habe etwas Besseres verdient. Es ist die Entscheidung, sich ein großes Stück Leben, das man verloren hat oder noch nie hatte, zu erobern, und zwar ausschließlich deshalb, weil man als Mensch ein Recht darauf hat.»

Die Journalistin ist ein gutes Beispiel dafür, wie erfolgreich die Indoktrinationen der Veränderungsprediger sind. Sie hämmern uns ein, daß wir ein besseres Leben verdient hätten, sie machen uns glauben, daß es ein Recht auf Glück gibt, sie erzählen uns, daß uns viel Unrecht geschehen ist – und bieten sich dann als Veränderungsagenten an. Robert Hoffmann, der verkaufstüchtige Begründer des «Prozesses», wird nicht müde, seine Lehre immer und immer wieder zu verkünden. So tönt er in der erwähnten Werbebroschüre: «Wir leben in einer völlig neurotischen Gesellschaft» –

«Unsere Eltern haben uns negativ programmiert» – «Auf dem Weg zur Wahrheit muß man den Schweinestall des eigenen Lebens ausmisten. Erst dann kann man negatives in positives Verhalten verwandeln. Und so das Leben in Liebe und Frieden, in seiner ganzen Fülle erfahren.»

Seine Methode unterscheide sich, so Hoffmann, von anderen Therapieverfahren durch ihre Schnelligkeit und Effizienz. «In vielen Fällen», so Hoffmann, handele es sich bei therapeutischen Veränderungen nur um «vorübergehende. Etwa so anhaltend wie die guten Vorsätze fürs neue Jahr». Der *Hoffmann-Quadrinity-Prozeß* dagegen verändere einen Menschen dauerhaft. Zwar gibt die Journalistin vier Monate nach der Teilnahme am «Prozeß» zu, daß sich bestimmte Muster «hartnäckig halten». «Doch die Grundeinstellung – auf die kommt es an – hat sich geändert.»

Ein anderer Teilnehmer schwärmt in der Werbebroschüre der Quadrinity-Veranstalter, «daß dieser Prozeß genau das ist, was ich schon so lange suche, aber noch nie irgendwo gefunden habe. Ich habe das Gefühl, nicht nur für eine kurze Zeitspanne aufgepäppelt worden zu sein, sondern eine Chance, wenn nicht die Chance meines Lebens, gefunden zu haben.» Ein anderer meint: «Frisch gescheuert mit den Drahtbürsten des Prozesses fühle ich mich total neu. So richtig eine Runderneuerung.» Und ein sogenannter «Fachmann», ein psychotherapeutisch tätiger Buchautor, erklärt: «Der *Quadrinity-Prozeß* ermöglicht Nachreifung, indem er den Kindern dieser Gesellschaft, die sich in verschiedensten Erwachsenenpositionen auf allen möglichen Ebenen ängstlich verschanzt haben, die Chance bietet, zu wachsen und zu guter Letzt – und sei es im fortgeschrittenen Alter – doch noch erwachsen zu werden.»

Die Erfolgsmeldungen der Veränderungsprediger sollten uns nicht täuschen. Es ist ein psychologisch leicht nachvollziehbarer Prozeß, daß man nur sehr selten eigene Entscheidungen in Frage stellt. Je mehr investiert wird (an Zeit, an Geld, an Glauben), desto weniger objektiv kann die einmal getroffene Entscheidung beurteilt werden. Wir neigen dazu, das stellte der Psychologe Leon Festinger bereits in den fünfziger Jahren fest, «kognitive Dissonanz» zu vermeiden. «Kognitive Dissonanz» entsteht, wenn wir nach einer getroffenen Entscheidung Informationen erhalten, die uns an der Richtigkeit dieser Entscheidung zweifeln lassen. Weil «kognitive Dissonanz» als unangenehm erlebt wird, versuchen wir unser Tun zu rechtfertigen und damit die Dissonanz zu reduzieren. Wenn zum Beispiel ein starker Raucher mit der Tatsache konfrontiert wird, daß Rauchen Lungenkrebs verursachen kann, dann wird er vielleicht versuchen, den Zusammenhang abzumildern: «Ich kenne Raucher, die sind schon über 80 und noch kerngesund» oder: «Ich rauche nur nikotinarme Zigaretten.» Ähnlich verhalten sich Menschen, die an Veränderungsseminaren teilgenommen haben: Ihre Anstrengungen müssen sich doch gelohnt haben, deshalb werden sich die wenigsten eingestehen, daß die Veränderungen, wenn sie überhaupt stattfanden, nur kurzfristiger Natur waren.

«Die kognitive Dissonanz bringt eine Motivation hervor, das diskrepante Verhalten rationaler erscheinen zu lassen, so, als folge es ‹natürlich› aus den eigenen Einstellungen. Wenn Sie die Ausführung einer bestimmten Handlung nicht abstreiten können, können Sie doch darauf bestehen, daß Sie dabei Ihren Einstellungen treu geblieben sind... Die Einstellungsänderung wird dann internalisiert, um etwas akzeptabel zu machen, was andernfalls wie ‹irrationales Verhalten› aussehen würde», erklärt der renommierte Psychologe Philip Zimbardo das Phänomen, daß Menschen oftmals wider besseres Wissen bei einer Handlung oder einer Entscheidung bleiben.

NLP, Quadrinity, Persönlichkeitstrainings – nur drei Beispiele aus einer unüberschaubaren Fülle von Veränderungsangeboten. Der Psychomarkt boomt dank unserer Unzufriedenheit und unseres unerschütterlichen Glaubens an die Möglichkeit der Selbstverbesserung.

«Glück kann man schlucken»

Psychopharmaka und Selbstverbesserung

Die vollmundigen Erfolgsstorys klingen beeindruckend, die realen Erfolge der Psychotechniker bleiben jedoch bescheiden. Die großen Hoffnungen, die wir in psychotherapeutische Maßnahmen setzen, erfüllen sich in vielen Fällen nicht. Der Prozeß der Selbstverbesserung geht häufig nicht schnell genug, bleibt in den Anfängen stecken oder ganz aus. In den letzten Jahren hat deshalb ein anderer Anbieter Konjunktur, der schnellere und unkomplizierte Lösungen zur Stärkung des eigenen Ich parat hat: die Pharmaindustrie. Obwohl wir längst über die schädlichen Nebenwirkungen von Psychopharmaka aufgeklärt sind, faszinieren uns dennoch neu entwickelte Drogen, die versprechen, uns das Leben zu erleichtern. Zum Beispiel die «Glücksdroge» *Prozac*, die erst in den USA, dann auch bei uns Furore machte.

Prozac (in Deutschland unter dem Namen *Fluctin* auf dem Markt) wurde für die Pharmafirma und die verschreibenden Psychiater zu einem beachtlichen Erfolg: Millionen depressiver, ängstlicher, niedergeschlagener, unglücklicher Menschen bestürmten ihre Ärzte und wollten teilhaben am Glück durch die Pille. Angeblich fühlten sich die Patienten mit *Prozac* innerhalb kürzester Zeit «besser als gut», wie der amerikanische Psychiater Peter Kramer in seinem Buch *Glück auf Rezept. Der unheimliche Erfolg der Glückspille Fluctin* berichtet. «Ich fand es erstaunlich, daß eine Pille in wenigen Tagen das bewirken konnte, was Psychiater oft – auch vergeblich – mit anderen Mitteln im Laufe von Jahren zu erreichen versuchen: einer Person wieder Handlungsspielraum geben.» Das Selbstbild vieler Menschen hat sich durch die Glückspille nach Kramers Erfahrungen häufig zum Positiven gewandelt. «Heute ist es offensichtlich möglich, daß Medikamente wie *Fluctin* das bewirken, wozu früher nur die Psychotherapie fähig war – eine Person in ihrem Innersten zu erreichen und einen bestimmten Teil der Persönlichkeit zu verändern.» Erfolgsmeldungen wie diese machten nicht nur den depressiv Erkrankten, sondern auch den ganz normal «Mühseligen und Beladenen» große Hoffnung.

Der Gedanke, daß mit einer Pille alle Sorgen weggeschluckt, jede Verstimmung endgültig verbannt und nebenbei auch noch der Appetit gezügelt werden kann, dieser Gedanke war verlockend. Auch Menschen, die noch niemals einen Psychiater aufgesucht hatten, interessierten sich – zumindest theoretisch – für dieses Wunderprodukt. *Prozac* ist seit zehn Jahren auf dem Markt und hat es in den USA auf Platz 1 der Psychopharmaka-Hitliste geschafft. Es ist dort das am häufigsten verschriebene Antidepressivum. Nach Angaben des amerikanischen Nachrichtenblattes *U.S.News & World Report* (9.12.96) wird dieses Medikament weltweit in 107 Ländern von 24 Millionen Menschen geschluckt, allein in den USA gibt es 18 Millionen *Prozac*-Nutzer. Im Jahre 1995 verdiente die Pharmafirma Eli Lilly, die *Prozac* entwickelt und auf den Markt gebracht hat, mit dieser Wunderdroge über zwei Milliarden Dollar. Der starke Wille, seine Persönlichkeit positiv zu verändern, verhilft der Pharmaindustrie zu stolzen Bilanzen. Wie sieht die Bilanz für die Nutzer aus?

Ernüchterung ist eingekehrt. Das versprochene Glück blieb in vielen Fällen aus, und die oftmals erheblichen Nebenwirkungen veranlaßten deutsche Psychiater, die Euphorie zu dämpfen. Viele Patienten, die über lange Zeit hinweg *Prozac* einnehmen, leiden unter Libido- und Kreativitätsverlust, Übelkeit, Erbrechen, Nervosität, Schlaflosigkeit, Kopfschmerzen, Zittern, Angst, Schwindel, Schwitzen, Allergien, Durchfall.

Das psychische Glück ist zu teuer erkauft. Doch diese Negativbotschaft läßt die Nachfrage nach der Glücksdroge nicht abflauen.

Peter Kramer, gefragt nach Erklärungen, warum so viele Menschen trotz der inzwischen bekannten Nebenwirkungen nicht auf *Prozac* verzichten wollen, meint: «Ich glaube, daß es sich um eine sozial bedingte Nachfrage handelt. Introvertiertes Verhalten, In-sich-gekehrt-Sein wird in unserer Gesellschaft nicht belohnt… Zwischen dem, was *Prozac* bewirkt und was die Gesellschaft verlangt, gibt es eine fast unheimliche Übereinstimmung. Um es genauer zu sagen: Unsere Gesellschaft verlangt eine bestimmte Ellenbogenmentalität, Aggressivität und Durchsetzungsfähigkeit – *Prozac* macht's möglich.»

Nicht nur *Prozac*, ergänzt der deutsche Pharmakologe Gerd

Glaeske. Auch viele andere Pillen werden geschluckt, um sich in DIN-Form zu bringen. Obwohl das Beispiel *Prozac* zeigt, daß Wunder noch immer nicht möglich sind, geben wir die Hoffnung nicht auf. Ein indirekter Beweis dafür ist die hohe Zahl von Medikamenten, die wir uns ohne ärztlichen Rat selbst verordnen. 1995 wurden 1,7 Milliarden Packungen Arzneimittel verkauft, das sind etwa 1100 Tabletten jährlich pro Person, wie Gerd Glaeske errechnet hat. Mehr als 40 Prozent dieser 1,7 Milliarden Packungen gingen ohne Rezept über die Ladentheke, das heißt, wir haben sie uns selbst «verschrieben». Wir schlucken Schlaftabletten, weil Schlaflosigkeit uns davon abhält, erfolgreich unsere Frau oder unseren Mann zu stehen; wir schlucken Vitamintabletten, weil wir immer wieder lesen, wie wichtig Vitamine für unsere Gesundheit sind; wir verordnen uns Beruhigungsmittel, damit wir in jeder Situation die Fassung bewahren; wir erhoffen uns von leichten, antidepressiv wirkenden Pflanzenheilmitteln eine Aufhellung unserer Stimmung; wir glauben, daß Potenzmittel uns zu jederzeit bereiten Liebhabern machen können.

Seit neuestem weckt eine Wunderpille gegen den Alterungsprozeß große Hoffnungen. *Melatonin* heißt die Zauberdroge, die ewige Jugend, Fitneß und Gesundheit schenken soll, ganz ohne eigenes Zutun. Zahlreiche Bücher sind über den neuen «Jungbrunnen» erschienen, doch die anfängliche Euphorie weicht (wie bei allen anderen Wunderdrogen auch) der Realität. Abgesehen davon, daß die behauptete positive Wirkung des *Melatonin* heftig angezweifelt wird, wird nun auch vor gefährlichen Gesundheitsschäden gewarnt: Herzrhythmusstörungen, Augenschäden, Depressionen, sexuelle Unlust können bereits durch geringe Mengen *Melatonin* verursacht werden.

Das alles tut dem Glauben an die Wunderpillen keinen Abbruch. Glaeske: «Man muß sich bei der ‹Pillenmanie› bewußtmachen, daß die Pharmafirmen vor allem den Traum vieler Menschen nach dem schluckbaren Glück und machbarer Gesundheit bedienen möchten – und deswegen immer wieder neue ‹Wunder-Pillen› angeboten werden. Im wesentlichen entsteht dieser Markt der vermeintlichen Wundermittel durch eine sogenannte angebotsinduzierte Nachfrage, bei der man dem Käufer direkt in der Apotheke bestimmte Arzneimittel offeriert, die einschlägige Bedürfnisse der Menschen ansprechen – etwa nach Schönheit, Jugendlichkeit oder geistiger, mentaler Power.»

«Lies und werde glücklich»

Gedruckte Lebenshilfe

Schönheit, Jugendlichkeit, mentale Power – wie wir all das und noch mehr erreichen, darüber informieren uns nicht nur Persönlichkeitstrainer und Pharmakologen. Eine weitere Branche profitiert von unserer Unzufriedenheit mit uns selbst und läßt es an «guten» Ratschlägen nicht mangeln: In Büchern und Zeitschriften wird unermüdlich behauptet und mit phantasievollen Beispielen und «Rezepten» belegt: Selbstverbesserung ist möglich – und zwar in allen gewünschten Lebensbereichen.

Im Februar 1997 kam mir ein druckfrisches Exemplar eines amerikanischen Ernährungsratgebers auf den Tisch. Der Befehlston, den die Autoren darin anschlagen, zeigt, daß da jemand für uns das Denken übernommen hat.

«Hier ist die neue Fitonics-Formel für natürliche Gesundheit, die Sie künftig anwenden werden: Jede Woche wird unterteilt in Tage, an denen Sie bei den Hauptmahlzeiten die Speisen, die Sie gern essen, zu sich nehmen. Sie werden an einigen Tagen Fleisch essen können, an anderen Milchprodukte. Bei warmem Wetter gibt es Saft- und Obsttage für einen rascheren Erfolg beim Abnehmen, und bei kaltem Wetter entschlacken Sie Ihren Körper am besten mit einer Suppe und gedünstetem Gemüse. Am Sonntag werden Sie einen Rohkosttag einlegen (wir nennen ihn ‹Funday›) und sich ausruhen.» Und jeden Morgen, so empfehlen die Autoren weiter, machen wir erst mal ein zwölfminütiges *Bodytonics*-Übungsprogramm. «Auf diese Weise beginnen Sie den Tag voller Energie, unterstützen das Abnehmen und kämpfen gegen das schlaffe Aussehen und all die Beschwerden an, die so viele mit dem ‹Älterwerden› verbinden ...»

Irgendwie erinnerte mich das an Karl Valentin, der zur Lösung von Verkehrsproblemen vorschlug, man solle an bestimmten Tagen nur Autos mit ungeraden Nummern die Fahrerlaubnis geben, an allen anderen Tagen dürften sich dann die Autofahrer mit geraden Autonummern hinters Steuer setzen. Valentin machte sich mit diesem Sketch über die Regelungswut der Deutschen lustig. Warum nur brechen wir nicht in schallendes Gelächter aus, wenn wir hören, wir sollen sonntags dies, an kalten Tagen jenes und an warmen wieder etwas anderes essen? Statt die Veränderungsratschläge der Lächerlichkeit preiszugeben, nehmen wir sie mit schlechtem Gewissen zur Kenntnis. Wir wissen, wir können das Erfahrene in unserem Alltag nur sehr begrenzt oder gar nicht umsetzen, doch wir glauben, daß wir es können *sollten*.

Auch das folgende Buch wird Abnehmerinnen finden, denn es trägt den verführerischen Titel: *Wie ändere ich meinen Mann?* Im Verlagstext zum Buch heißt es: «Eigentlich ist ‹er› ja der Beste, Schönste, Liebste, na ja ... Aber manchmal würde ‹sie› ihn schon gern ändern. Doch wie? Meistens stehen Frauen ziemlich ratlos da mit diesem Wunsch, denn oft versucht und oft gescheitert, wissen auch sie: Man kann einen Menschen nicht ändern, schon gar nicht gegen seinen Willen. Doch, man kann! Resignation zählt ab jetzt nicht mehr, die weibliche Ausdauer wird endlich belohnt: In ihrem neuen Psycho-Ratgeber zeigen (die Autoren), wie frau ihren Mann maßgerecht ummodeln kann.»

Von der Ernährung bis zur Partnerschaft, vom Sexualleben bis zum Seelenleben – die «Experten» haben uns voll im Griff. Weitere Kostproben gefällig?

Sie wollen «gelassen werden»? Dann ist dieses Buch für Sie geschrieben, das der Verlag mit folgenden Worten anpreist: «Das Mittel gegen jede Hektik: Gelassenwerden. Statt Beruhigungstabletten zu nehmen: Standfestigkeit und Sicherheit entwickeln ... Die innere Gelassenheit wächst, wenn man ihr Raum gibt, wenn es gelingt, loszulassen, das Ganze zu sehen, sich nicht zu zerfasern.»

Sie suchen «Wege aus der Lebensangst», «Wege zur Ich-Entfaltung», «Wege zur inneren Freiheit»? Diese Wegweiser gibt es in Ihrer Buchhandlung!

Sie wollen erfahren, ob Veränderung möglich ist? Lesen Sie, was eine Bestsellerautorin dazu schreibt:

«Wir möchten alle, daß sich unser Leben verändert, daß die Umstände besser und einfacher werden, aber wir selbst wollen uns nicht verändern müssen. Wir hätten es lieber, daß *sie* sich verändern. Damit das geschieht, müssen wir uns innerlich verändern. Wir müssen unsere Denkweise verändern, unsere Sprechweise verändern, unsere Ausdrucksweise verändern. Nur dann werden auch äußere Veränderungen stattfinden.»

Sie wollen Ihr «Leben von Grund auf verändern»?

Dann ist das Buch *Ein starkes Selbst* Ihr Fall. Dort heißt es: «Sie sind Ihr eigener Psychotherapeut. Durch Anwendung dieses einfachen, praxisorientierten Programms können Sie lernen, *aus eigener Kraft* die folgenden ‹schwierigen› oder gar ‹unmöglichen› Ziele zu erreichen:

- sich von Selbstzweifeln und negativer Selbstkritik zu befreien;
- sich höhere und weiter gefaßte persönliche und berufliche Ziele zu stecken;
- finanziell erfolgreicher zu werden;
- ein befriedigenderes und gesünderes Liebesleben zu verwirklichen;
- Unentschlossenheit, übertriebene Hemmungen und irrationale Ängste zu überwinden;
- in privaten und berufsbedingten zwischenmenschlichen Beziehungen selbstsicherer zu werden;
- diejenigen Elemente in Ihre Persönlichkeit zu integrieren, die Sie zu einem erfolgreichen Menschen machen;
- den für Sie idealen Beruf zu finden oder, wenn nötig, zu erfinden;
- Ihre Widerstände gegenüber jeder Art von Veränderung zu überwinden;
- den Streßpegel in Ihrem Leben zu senken;
- Ihre Träume in konkrete Pläne zur Selbstverwirklichung zu verwandeln;
- effektiv gegen Süchte wie Rauchen, Eßstörungen und aggressives Verhalten anzukämpfen;
- die Narben alter emotionaler Wunden zu heilen.»

Noch Fragen offen? Ich erspare Ihnen und mir weitere Beispiele. Wenn Sie denken, ich hätte in manipulativer Absicht extreme Buchbeispiele herausgegriffen, dann brauchen Sie nur eine gutsortierte Buchhandlung aufzusuchen. In der Abteilung «Psychologie/ Lebenshilfe/Esoterik» werden Sie schnell fündig werden: Reihenweise werden Sie auf «How-to-do»-Bücher stoßen, die Ihnen sagen, wie Sie was warum ändern können und müssen.

Du mußt nur wollen! Du schaffst das Glück aus eigener Kraft! Hör auf, vor dir selbst davonzulaufen! Verändere deine Denkweise! Verändere deine Stimmung! Werde gelassen und souverän! Entfalte deine Fähigkeiten! Werde klüger! Werde, wer du bist! Erbringe Höchstleistungen! Lebenshilfe-Autoren bombardieren uns mit Geschichten, die alle auf eine übergreifende Botschaft hinauslaufen: Wenn du nicht glücklich bist, liegt es an dir. Verändere dich, und das Glück wird sich einstellen.

Aufforderungen wie diese bestärken uns in dem Glauben, daß vieles an uns verbesserungswürdig sein muß. Wäre es das nicht, dann blieben doch all diese Ratgeber ungeschrieben oder wenigstens ungelesen in den Regalen liegen.

Und auch die Zeitschriftenkioske wären wahrscheinlich weniger überladen. Denn die Mehrzahl der Hochglanzmagazine lebt von dem bedingungslosen Veränderungswillen vieler Menschen. Wären wir zufrieden mit uns, würden wir dann glauben, daß «fit» uns «fun» macht, und die gleichnamige Zeitschrift kaufen? Wären wir interessiert an dem, was diese in einer einzigen Ausgabe (1/97) verspricht?

«Neue Erfolgsmethoden. Schlank ohne Streß» – «Gesund und dauerhaft abnehmen – ohne Diät. Endlich gibt's Wege raus aus der Sackgasse Diät: Bei den neuen Methoden wird der Erfolg auf den tieferen Ebenen des Bewußtseins programmiert: Werden Sie mühelos schlank – mit Akupunktur, Hypnose und Mentaltraining.» – «So werden Sie ein starker Typ.» – «Wie Sie sich dem Glück öffnen.»

Würden wir uns auf die *Für Sie* (1/97) stürzen, die den «Psychohit aus den USA. Die 4-Minuten-Diät» ankündigt? Natürlich ahnen wir schon, daß es keine Diät der Welt schafft, uns in vier Minuten zur Traumfigur zu verhelfen. Aber neugierig sind wir schon. Und werden noch neugieriger, wenn wir den Ankündi-

54

gungstext im Heft überfliegen: «Keine Kalorien zählen, alles essen, was schmeckt – und trotzdem abnehmen? Das gibt's nicht? Doch, behaupten US-Wissenschaftler. So funktioniert's.» Langsam essen, Teller nicht leer essen, kleine Teller benutzen, nach dem Essen entspannen – that's it! Selbst schuld, wer sich verschaukelt fühlt!

Der brancheninterne Nachrichtendienst eines großen deutschen Verlagshauses meldete im Januar 1997: «Journal für die Frau.

Heft 1 mit Schwerpunktthema ‹Erfolgsdiät› und EXTRA ‹Für immer schlank› erfreute sich trotz geringer Angebotszeit (Weihnachten und Neujahr inmitten der Woche) einer ausgesprochen regen und deutlich besseren Nachfrage gegenüber dem Vorheft.»

Und auch *Bild der Frau* konnte nach Angaben des Nachrichtendienstes mit Heft 1 (Schlank-Plan '97/Der Super-Glücks-Spiegel) «eine deutliche Absatzsteigerung gegenüber der Vorwoche und dem Vorjahr erzielen».

Wir kaufen, glauben und hoffen. Zwar wissen wir noch vom letzten Jahr, daß all die wunderbaren Rezepte in den Frauen- und Fitneßzeitschriften aus uns keine schlanken Gazellen machen und auch sonst keine wesentlichen Veränderungen bewirken. Das hält uns aber nicht davon ab, immer wieder nach den bunten Blättern zu greifen: Vielleicht sind die Ratschläge der Redaktionen diesmal besser …?

Warum tun wir all das? Der französische Psychologe Jean-Claude Cohen ist der Überzeugung, daß es heute das «erste Gebot» ist, «in Form zu sein», psychisch wie physisch. «Die Arbeitswelt verlangt nach Menschen, die immer in Form, solide und allen Anforderungen gewachsen sind. Schwächezeichen sind nicht erlaubt», stimmt ihm der Pariser Gesellschaftsanalytiker und Psychiater Edouard Zarifian zu. Der Psychomarkt, Lebenshilfebücher, Mode-, Männer- und Frauenzeitschriften liefern uns die «Formen». Sie führen uns vor Augen, wie Menschen, die «in Form» sind, heutzutage aussehen: schlank, schön, fit, positiv, dynamisch, erfolgreich, sexy. Und sie zeigen, wie sie sich verhalten: selbstbewußt, gelassen, streßfrei, glücklich.

Der ständige Vergleich mit Idealbildern und der gesellschaftliche Zwang zur Selbstverbesserung schaffen eine enorme Nachfrage: Wie gelingt es auch mir, in Form zu kommen? Wer und was kann mir helfen? Die Nachfrage hat – wie gezeigt – in den letzten Jahrzehnten eine ganze Veränderungsindustrie geschaffen, die natürlich ein grundlegendes Interesse daran hat, daß die Nachfrage nicht versickert. Wir dürfen niemals zufrieden sein mit dem, was wir haben, denn dann wären einige Berufszweige überflüssig. Durch immer neue Veränderungsangebote sorgen sie deshalb für immer neue Veränderungsbedürfnisse.

Als Diplompsychologin gehöre auch ich einer Profession an, die neben vielen anderen «Branchen» Veränderungsbotschaften aller Art verbreitet und sich als Unterstützungsagentur anbietet. Ich bin überzeugt, daß Psychologen und Psychotherapeuten – neben vielen anderen – einen wesentlichen Anteil an unserer Unzufriedenheit haben. Je mehr wir von ihnen darüber erfahren, welchen Einengungen menschliches Leben unterliegt und welche Möglichkeiten es angeblich gibt, diese aufzuheben, desto stärker wird zwangsläufig unser Wunsch nach Verbesserung. Die Psychologie sorgt durch ihre «Aufklärung» dafür, daß ihr die Kundschaft nicht ausgeht. Sie gibt unserer Unzufriedenheit ständig neue Nahrung und bietet sich dann als Gegenmittel dazu an. Wären wir zufrieden mit uns, wollten wir so bleiben, wie wir sind, würde es mehr Menschen wie Mary geben, dann müßte so manche therapeutische Praxis schließen, Psychoseminare fänden mangels Teilnehmer nicht statt, und zahlreiche Ratgeber würden in den Regalen der Buchhandlungen verstauben.

Da wir aber an die grundsätzliche Möglichkeit der Selbstverbesserung glauben, da wir unbedingt «in Form» kommen wollen, finden all die «guten» Ratschläge unser Interesse. Dabei tun wir nichts anderes, als die Generation meiner Großtanten schon getan hat: So wie sie damals, öffnen wir unsere Herzen und Ohren Predigern, die uns dabei helfen sollen, den Halt zu finden, den wir so dringend brauchen. Anders als früher stehen unsere Prediger jedoch nicht (mehr) auf den Kanzeln der Kirchen. Aber es ist sicher kein Zufall, daß einige von ihnen aufgrund ihrer Ausbildung dort besser aufgehoben wären.

Der Talkmaster Jürgen Fliege, gelernter Pfarrer, ist einer derjenigen, die erkannt haben, daß Predigten, die er vor Fernsehpublikum hält, sehr viel begieriger aufgenommen werden als vorher seine Sonntagspredigten in der Kirche. Seinen Leitspruch

«Passen Sie gut auf sich auf!» verbreitet er zusätzlich in – im doppelten Sinn des Wortes – dünnen Büchlein und sorgt so für eine flächendeckende Versorgung seiner «Schäfchen» mit aufbauenden Weisheiten.

Auch Peter Hahne, der immer lächelnde Nachrichtenmann der ZDF-Sendung «Heute», ist Diplomtheologe und wollte eigentlich Pastor werden. «Als er aber erkannte, daß in den Kirchen überwiegend alte Weiblein hocken, tat der engagierte Protestant, was vor ihm schon viele Verkünder getan: Er zog in die öffentlichrechtlichen Anstalten», schreibt der *Stern* (8/97). Dort, so das Magazin, verkauft er den Zuschauern die schrecklichsten Nachrichten mit seinem «trutzblanken AWG-Blick»: Alles Wird Gut. Da er als Fernsehmann nur körpersprachlich wirken kann, verbreitet Pastor Hahne seine Botschaft, daß das Leben eine durch und durch positive Angelegenheit sei, in Büchern, die Titel tragen wie *Kein Grund zur Resignation, Gute Nachrichten* und *Gute Aussichten.*

Die modernen Pediger haben erkannt, daß die Menschen von den Kirchen keine frohen Botschaften mehr hören wollen, daß das Bedürfnis nach aufbauenden Worten und Ratschlägen deshalb aber noch lange nicht verschwunden ist. Sie haben zeitgemäßere Möglichkeiten gefunden, die «frohe Botschaft» an die Frau und den Mann zu bringen:

Unsere Prediger schreiben Bücher und Zeitschriftenartikel, sie halten Seminare und Workshops, sie arbeiten als Psychotherapeuten und Psychologische Berater, sie bieten sich als Coachs an, sie verkaufen Edelsteine und Bachblüten, sie legen Tarotkarten, erstellen Enneagramme und pendeln unser Leben aus, sie entwikkeln Wunderpillen, die uns ein glückliches, depressionsfreies Leben versprechen oder uns zu Schlankheit verhelfen sollen. So unterschiedlich sie auch arbeiten, alle Prediger verbreiten die verlockende Botschaft: Du brauchst nicht so zu bleiben, wie du bist. Und sie versichern uns: «Alles, was du für die Selbstverbesserung auf dich nimmst, ist zu deinem Wohle.»

An Ideen und Ratschlägen mangelt es den Predigern der Selbstverbesserung wahrlich nicht. Gegen jedes unserer Selbst-Probleme gibt es ein Rezept. Je einfacher dieses Rezept formuliert ist, je schneller die Veränderung, die wir uns wünschen, erreicht werden kann, desto begieriger sind wir, das Rezept auszuprobieren. Weil wir auf keinen Fall wir selbst bleiben wollen, verzichten wir häufig auf eine kritische Überprüfung der Prediger und ihrer Versprechen. Dieses Versäumnis bleibt relativ folgenlos, solange es sich nur um die Verbesserungsrezepte in Hochglanzzeitschriften handelt. Es gehört nicht viel dazu, diese als guten Trick zu durchschauen. Sehr viel schwieriger wird es, wenn wir die Predigten aus den anderen Branchen auf ihren Sinn- und Wahrheitsgehalt überprüfen wollen. Was ist von all den wunderbaren Veränderungsgeschichten zu halten, die uns von Buchautoren, von Pharmakologen, von Psychotherapeuten, von Persönlichkeitstrainern und vielen anderen erzählt werden?

Mein Schnelldurchgang durch einige beispielhaft ausgewählte Branchen der Veränderungsindustrie zeigt: Der Wunsch «Wenn ich nur anders wäre ...» verschafft ganzen Berufszweigen ein passables, wenn nicht gar stolzes Einkommen. Psychologen, Psychotherapeuten, Esoteriker profitieren von der weitverbreiteten Unzufriedenheit. Diese Branchen verändern sich durch die Suche nach Selbstverbesserung ganz sicher zum Positiven. Doch was ist mit uns?

Verändern wir uns?

Erreichen wir das Ziel unserer Suche?

Haben wir etwas davon, wenn wir die schlauen Ratschläge in Zeitschriften und Büchern lesen und befolgen? Bringt es uns etwas, wenn wir in Psychotherapien unser wahres Ich suchen oder die Kindheit aufarbeiten wollen, uns zum Buddhismus bekehren lassen oder barfuß über Feuer laufen? Müßten wir bei der Fülle der Veränderungsangebote nicht schon längst viel weiter in unserer Entwicklung sein?

Wenn nur die Hälfte dessen stimmte, was uns die Veränderungs-Agenten versprechen, müßten wir dann nicht alle eine Idealfigur besitzen und auch unsere Psyche in Stromlinienform gebracht haben? Müßten wir nicht erfolgreicher, glücklicher und sozialer sein? Kurz: Müßte eine grundlegende Persönlichkeitsveränderung nicht schon längst eingetreten sein?

Die Antwort darauf kennen wir, auch wenn wir uns dies nicht eingestehen wollen. Die meisten sind von ihren individuell gesteckten Zielen noch genauso weit entfernt wie zu Beginn ihrer Veränderungsmaßnahmen. Wohl jeder hat schon einmal, wenn nicht mehrmals, die Erfahrung machen müssen, daß trotz enormer Anstrengungen die erhofften Veränderungen ausbleiben und auch unser Wille uns immer wieder im Stich läßt. Wie antwortete mir eine Teilnehmerin eines von mir durchgeführten Seminars auf die Frage, was sie gerne an sich ändern würde: «Wenn ich die Wahl hätte, dann wäre ich gerne *schlanker. Ein Wunsch, der mein Leben durchzieht; obwohl er so stark ist, schaffe ich es nicht, dieses Ideal zu erlangen.*»

Nicht nur die Idealfigur rückt immer wieder in weite Ferne, auch in anderen Bereichen scheitern wir – früher oder später – in unseren Veränderungsbemühungen. Wir brechen Therapien frustriert ab, wir pilgern von einem Seminaranbieter zum anderen, wir lesen ein Ratgeber-Buch nach dem anderen und haben bereits eine ganze Sammlung von Enttäuschungen im Regal stehen. Doch welche Konsequenz ziehen wir aus diesen Erfahrungen? Ganz offensichtlich die falsche: Wenn wir in unseren Veränderungsbemühungen scheitern, dann schieben wir die Schuld auf uns. Wir sind willenlose, schwache, undisziplinierte, inkonsequente Versager. Wir hätten es in der Hand, uns zu verändern, bei uns liegt die Verantwortung, doch wir enttäuschen uns regelmäßig selbst. Aber aufgeben wollen wir dennoch nicht.

Damit aber manövrieren wir uns in einen Teufelskreis, der langfristig gefährliche Auswirkungen auf unsere psychische Stabilität und auch körperliche Gesundheit haben kann. Je verzweifelter wir uns zu verändern versuchen, desto unzufriedener werden wir und desto ungesünder leben wir.

Die wichtigen Fragen, die uns aus diesem Teufelskreis befreien könnten, stellen wir leider nicht:

Wie seriös sind die Veränderungsversprechen? Können wir überhaupt verändern, was wir verändern möchten? Sind unsere Veränderungsmöglichkeiten möglicherweise sehr viel eingeschränkter, als wir es uns wünschen?

Der Philosoph Reinhold Niebuhr hat schon vor langer Zeit erkannt, wie wichtig es ist, die eigenen Spielräume zu kennen. Er formulierte das inzwischen sehr bekannte Stoßgebet: «Gott, gib mir die Gelassenheit, jene Dinge zu akzeptieren, die ich nicht ändern kann, den Mut, die Dinge zu ändern, die ich ändern kann, und die Weisheit, das eine vom anderen zu unterscheiden.» Mut zur Veränderung besitzen wir im Übermaß. Was uns fehlt, ist die Gelassenheit, Unveränderbares zu akzeptieren, und die Weisheit zu erkennen, was verändert werden kann und was nicht. Wir sind in einem Zustand geistiger Verwirrung, in dem wir nur noch auf Veränderungsprediger aller Art hören, die uns einlullen mit Versprechen wie «Alles ist machbar», «Alles ist veränderbar».

Sie erzählen uns Märchen von einer «schönen, neuen Welt», in der es nur noch erfolgreiche, glückliche, aggressionsfreie, schlanke, optimistische Menschen gibt. Sie erzählen uns von unseren Stärken und Fähigkeiten, die wir mit ihrer Hilfe entdecken und entfalten können. Sie gaukeln uns vor, daß auch wir uns verwirklichen und verändern können, wenn wir nur wollen. Doch sie verschweigen uns, daß so manche unserer Anstrengungen vergeblich sind, weil wir von vornherein auf verlorenem Posten kämpfen.

Vieles, was uns stört und was wir gerne verändern möchten, *muß* überhaupt nicht verändert werden. Wir wollen es nur deshalb verändern, um anderen, nicht uns selbst zu gefallen.

Vieles, was uns stört und was wir gerne verändern möchten, *kann* überhaupt nicht verändert werden. Wenn wir es verändern wollten, müßten wir zwangsläufig scheitern. Der Satz «Du mußt nicht so bleiben, wie du bist» ist in vielen Fällen eine Irreführung oder eine Lüge. Mit vielem, was uns nicht «paßt», müssen wir uns abfinden. Es gibt Bereiche unserer Persönlichkeit, Charaktereigenschaften oder körperliche Besonderheiten, die zu uns gehören und die gar nicht – oder nur unter größten Mühen – zu verändern sind.

Pessimisten werden daraus schlußfolgern: «Ich *muß* so bleiben, wie ich bin!»

Optimisten aber werden erleichtert feststellen: «Ich *darf* so bleiben, wie ich bin!»

3. Kapitel

«Wie ich *euch* gefalle?» –
«Wie ich *mir* gefalle»

Aufforderung zum Widerstand

«Wenn das Wörtchen wenn nicht wär', wär' mein Vater Millionär.» Meine Mutter, eine humorvolle und schlagfertige Westfälin, hatte eine Menge Sprüche auf Lager, die sie mehr oder weniger gezielt für meine Erziehung nutzte. Diesen Spruch bekam ich immer von ihr zu hören, wenn ich mit irgend etwas haderte und unzufrieden war. *Wenn* ich nur nicht vom Fahrrad gefallen wäre, *wenn* ich lange Haare hätte, *wenn* ich Schlittschuhe hätte, *wenn* ich keine Hausaufgaben machen müßte ... Es waren harmlose Kinderwünsche, die sich mit dem Wörtchen *wenn* verbanden.

Je älter ich wurde, desto mehr verloren die Wenn-Wünsche ihre Harmlosigkeit. Jetzt hieß es, wenn ich nur andere Eltern hätte, wenn ich reicher wäre, wenn ich klüger und schöner wäre, wenn ich eine bessere Ausbildung hätte, wenn, wenn, wenn. Die spöttische Stimme meiner Mutter verlor an Kraft, niemand relativierte mehr meine Unzufriedenheit, niemand stellte die Frage, was *dann* wäre. Ungehindert konnte sich das Wenn-dann-Denken ausbreiten und verführte mich zu dem Glauben, daß ich glücklicher und zufriedener wäre, *wenn* ...

Wenn ..., dann ... Dieses Denken ist den meisten Menschen vertraut. In einem Wochenendseminar, das ich vor einiger Zeit in einem Bildungshaus in Österreich abhielt, bat ich die Teilnehmer und Teilnehmerinnen, folgenden Satz spontan schriftlich zu ergänzen: «Wenn ich die Wahl hätte, dann wäre ich gerne ...» 68 anonyme Antworten erhielt ich zurück. Eine Auswahl aus den Satzergänzungen zeigt, wie vielfältig Veränderungswünsche sein können:

«Wenn ich die Wahl hätte, dann wäre ich gerne ...

- schlanker (ein Wunsch, der mein Leben durchzieht; obwohl er so stark ist, schaffe ich es nicht, dieses Ideal zu erlangen);
- unkomplizierter im Umgang mit Menschen, möchte spontan aus mir herausgehen, meine Meinung sagen;
- selbstsicherer, humorvoller, beliebter, zufriedener, erfolgreicher, sportlicher, nicht so selbstkritisch, sexuell aktiver» – und so weiter und so weiter bis zum «Mensch, der alles leichtnimmt» und zum «Kind reicher Eltern».

Ähnlich wie in der *Psychology today*-Umfrage war nur eine Minderheit mit sich zufrieden. Zwei von den abgegebenen 68 Antworten fielen positiv aus. Eine Person schrieb: «Ich bin im Laufe meiner 50 Jahre auf Erden zu der Erkenntnis gekommen, daß ich niemand anderer sein möchte.» Und eine andere ergänzte den Satz «Wenn ich die Wahl hätte, dann wäre ich gerne ... ich.»

Kann es sein, daß es sich bei dieser Stichprobe um besonders unzufriedene Zeitgenossen handelte? Ich glaube nicht. Es waren junge und alte Menschen anwesend, Männer wie Frauen.

Allerhöchstens unterschied sich die Gruppe vom Durchschnitt der Bevölkerung in ihrer Religiosität. Da ich das Seminar in einer katholischen Bildungseinrichtung abhielt, kann man davon ausgehen, daß die Kirche im Leben der Teilnehmer eine gewisse Rolle spielt. Das aber würde doch eher dafür sprechen, daß diese Personen etwas zufriedener als der Durchschnitt sein müßten, da sie eventuell mehr Halt im Glauben finden. Doch das ist eine Vermutung, ich habe nicht nach dem Ausmaß der Religiosität gefragt. Überzeugt bin ich aber davon: Diese Gruppe war nicht unzufriedener, als wir es alle sind. Viele von uns wollen schlanker, beliebter, gelassener, erfolgreicher sein, viele möchten das Leben insgesamt positiver sehen können.

Wie Professor Higgins, der dem armen Blumenmädchen Eliza ihren Armeleutedialekt abgewöhnt und das richtige Sprechen beibringt, so hoffen auch wir auf einen «Professor Higgins», der uns zu den gewünschten Veränderungen verhilft. Je nach Veränderungswunsch hat der Nachhilfelehrer ganz unterschiedliche «Gesichter»: Er (oder sie) kann ein Schönheitschirurg sein, ein Diätratgeber, ein Psychotherapeut, ein Sexualberater, ein Astrologe ...

62

Wie im vorhergehenden Kapitel gezeigt, schlüpfen die Veränderungsprediger in viele Rollen.

Die Umfrage unter meinen Seminarteilnehmern zeigt, daß es uns bei all unseren Veränderungsbemühungen in erster Linie darum geht, glücklich zu sein. Allein 14 abgegebene Statements verkündeten lapidar: «Wenn ich die Wahl hätte, dann wäre ich gern – *glücklich.*» Wann aber sind wir glücklich? Wenn wir von anderen möglichst positiv wahrgenommen werden. Wir sind glücklich, wenn andere uns lieben, akzeptieren, wenn sie es möglichst leicht mit uns haben. Schön anzuschauen wollen wir sein und möglichst unkompliziert. Wir wollen nicht auffallen, nicht anecken, nicht irritieren, nicht zur Last fallen. Wir wollen so sein, wie alle (angeblich) sind. Viele unserer Veränderungswünsche laufen darauf hinaus, uns zu unserem eigenen Glück in DIN-Form zu bringen, und meist ist uns nicht bewußt, daß es sich genaugenommen um Anpassung handelt. «Wie ich euch gefalle», lautet unsere Devise, nicht «Wie ich mir gefalle». Bei vielem, was wir angeblich zum eigenen Wohle unternehmen, haben wir in Wirklichkeit «die anderen» vor Augen:

- den Partner, der sich uns schlanker oder sexuell aktiver wünscht;
- die magersüchtigen, aber als attraktiv geltenden Models in den Hochglanzzeitschriften;
- den Kollegen, der scheinbar erfolgreicher ist als wir;
- die Freundin, die so beliebt ist, wie wir es gerne wären;
- Familienmitglieder, denen wir es gerne recht machen möchten ...

Wenn wir uns um Veränderung bemühen, auf welchem Gebiet auch immer, sollten wir uns fragen: Warum und für wen tue ich das eigentlich? Ist es wirklich mein freier Wille? Tue ich das alles nur für mich selbst? Wir werden feststellen, daß das nur selten der Fall ist. Vieles wollen wir verändern, weil wir davon überzeugt sind, daß «man» so oder so sein muß, damit man ein akzeptiertes Mitglied der Gesellschaft bleibt. «Man» ist schön, «man» ist schlank, «man» ist beherrscht, «man» ist selbständig, «man» ist sexy, «man» ist nicht schüchtern, «man» hat gefälligst glücklich zu sein. Es sind vor allem jene Prediger wie die im vorhergehenden Kapitel, die sehr daran interessiert sind, daß wir diese «Wahrheiten» nicht anzweifeln. Sie verdienen nur solange gutes Geld an uns, solange wir uns um Autonomie, Selbstverwirklichung und Selbstverbesserung bemühen und nicht erkennen, daß wir nur Marionetten in einem raffiniert inszenierten Metamorphosen-Theater sind.

In den nächsten Abschnitten will ich an einigen ausgewählten Beispielen aufzeigen, was wir alles tun, um anderen zu gefallen, ohne danach zu fragen, wie hoch der Preis für uns selbst ist. Schönheit, Schlankheit, Stimmung, Sexualität, Selbstwertgefühl – das sind wohl die wichtigsten Schlachtfelder, auf denen wir um positive Veränderung kämpfen und uns mit schlechtem Gewissen herumplagen, wenn diese nicht gelingen will.

- Was unternehmen wir nicht alles, um dem herrschenden Schönheitsideal möglichst nahe zu kommen?
- Wie viele Diäten wollen wir noch ausprobieren?
- Warum halten wir schlechte Laune, Ärger und andere negative Gefühle für etwas, wofür wir uns schämen müssen?
- Weshalb glauben wir, sexuelle Versager zu sein, nur weil wir mal nicht so aktiv sind, wie es angeblich der Norm entspricht?
- Wie kommt es, daß wir uns nur dann für autonom und erwachsen halten, wenn wir von anderen Menschen möglichst unabhängig leben?
- Warum halten wir es für erstrebenswert, immer selbstbewußt und ohne jeden Selbstzweifel aufzutreten?
- Woher kommt unser Glaube, daß Experten wie zum Beispiel Psychotherapeuten Probleme lösen und das Leben leichter machen können?
- Warum glauben wir, daß Glück machbar ist?

Vielleicht werden Sie durch die Antworten auf diese Fragen dazu angeregt, Ihre eigenen Verbesserungsbemühungen in einem anderen Licht zu betrachten. Vielleicht werden Sie in Zukunft nicht mehr danach fragen, was «man» von Ihnen erwartet, sondern danach, was *Ihnen* guttut. Leitlinie Ihres Handelns wäre dann nicht mehr der Gedanke «Wie ich *euch* gefalle», sondern «Wie ich *mir* gefalle».

«Du läßt dich gehn!» – «Na und?»

Schönheit muß nicht leiden

«Heute kann ich mich selbst nicht leiden!» Schon der erste Blick in den Spiegel am Morgen hat ausgereicht, um die Stimmung in den Keller sinken zu lassen. Die Haare sitzen schlecht, die Falten sind tiefer denn je, die Waage spinnt und zeigt ein Gewicht an, das unmöglich stimmen kann, der Schrank ist voller Kleider, doch sie scheinen alle nicht mir zu gehören, nichts paßt zusammen, alles spannt um die Hüften oder hängt an mir wie ein nasser Sack. Schrecklich. Wie konnte das nur passieren? Da ist es, das schlechte Gewissen: Ich habe ganz offensichtlich zuwenig für die Schönheit getan.

«Wann fühlen Sie sich in Ihrem Körper nicht wohl?» wurden in einer amerikanischen Umfrage mehr als 3000 Frauen und über 500 Männer gefragt. Die Antworten kommen einem seltsam vertraut vor: wenn ich zugenommen habe, sagten 66 Prozent der Frauen (37 Prozent der Männer), wenn ich nicht regelmäßig Sport treibe (44 Prozent Frauen, 36 Prozent Männer), wenn ich meinen Bauch im Spiegel sehe (44 Prozent Frauen, 33 Prozent Männer), wenn ich mein Gesicht im Spiegel sehe (16 Prozent Frauen, 15 Prozent Männer). 29 Prozent der Frauen fühlen sich mindestens einmal im Monat unschön, nämlich dann, wenn sie ihre Periode haben.

Nicht nur die Auskunft der Waage beeinflußt Frauen mehr als Männer, auch die Meinung des Partners ist für sie von größter Wichtigkeit: 40 Prozent der befragten Frauen, aber nur 29 Prozent der Männer fühlen sich schlecht, wenn der Partner ihr Äußeres kritisiert.

«Du läßt dich gehn, du läßt dich gehn.» Vor allem Frauen kommt der anklagende Songtext von Charles Aznavour in den Sinn, wenn sie mit ihrem Äußeren nicht zufrieden sind. Befragungen zeigen deutlich: Frauen machen sich mehr Gedanken um ihr Aussehen als Männer und sind deshalb besonders anfällig für Veränderungsversprechen. Sie unternehmen viel, um ihrer Schönheit auf die Sprünge zu helfen: ein Termin bei der Kosmetikerin, ein striktes Diätprogramm, eine neue Frisur oder neue

Klamotten – irgend etwas muß doch helfen, um aus dem häßlichen Entlein einen ansehnlicheren Schwan zu machen. Situationen wie diese sind gefährlich: für unseren Geldbeutel (wie viele Fehlkäufe hängen in Ihrem Kleiderschrank?), aber auch für das Selbstwertgefühl. Das amerikanische Magazin *New Woman* stellte in einer Befragung von 600 Männern und Frauen fest: Fast die Hälfte aller Frauen, aber nur ein Drittel der Männer, hatte ein niedriges Selbstwertgefühl. Als wichtigster Faktor für einen stabilen Selbstwert bei Frauen erwies sich die Zufriedenheit mit dem eigenen Körper und dem Aussehen; bei Männern dagegen fand sich die «Zufriedenheit mit der eigenen Attraktivität» nicht unter den wichtigsten vier Faktoren.

«Das darf (eigentlich) nicht wahr sein!»
Macht der Schönheitskult dumm?

Schönheit muß leiden, heißt es, und es gibt wohl kaum eine Frau, die das noch nicht am eigenen Leib zu spüren bekam. Eine beliebte Strategie gegen das nagende Gefühl, nicht gut genug auszusehen, ist ein Friseurbesuch. Eine neue Frisur soll das angeknackste Selbstbewußtsein heben. Wenn wir einen vernünftigen Friseur haben, kommen wir manchmal «ungeschoren» davon. Wenn nicht, dann ist der Nervenzusammenbruch oft vorprogrammiert. So wollten wir doch nicht aussehen, sondern so wie Sharon Stone auf diesem Foto!

Ich erwähne nicht zufällig Sharon Stone, denn nur der Vernunft meiner Friseuse verdanke ich, daß ich meinem Typ treu geblieben bin. In einer «Du-läßt-dich-gehn»-Phase ließ ich mir einen Termin bei ihr geben, ohne genau zu wissen, was ich eigentlich wollte. Nur eines wußte ich: Ich wollte mein Aussehen verändern. Schöner, attraktiver, jünger. Während ich darauf wartete dranzukommen, blätterte ich in einem Modemagazin. Eine ganze Fotostrecke war dieser Schauspielerin gewidmet, die Fotos stammten aus unterschiedlichen Perioden: Sharon mit langen Haaren, Sharon mit mittellangen Haaren, Sharon mit extremem Kurzhaarschnitt. Mit welcher Frisur auch immer, diese Frau sah – natürlich – auf jedem Foto attraktiv aus.

Plötzlich, in meiner Kellerstimmung, geschah es: Ich verglich mich mit Sharon Stone. Wenn ihr diese extrem kurzen Haare so gut standen, vielleicht war dies auch die Lösung meiner Haarprobleme? Ich schaute in den Spiegel, schaute auf die strahlend lächelnde Sharon Stone, schaute wieder in den Spiegel – und fand, daß wir uns gar nicht so unähnlich waren: okay, sie ist blond, ich bin brünett; sie ist sehr viel jünger als ich und – natürlich – auch hübscher. Aber die Gesichtsform, und auf die kommt es doch an ... Also, ab mit meinen häßlichen Haaren! Und wie wär's, wenn ich sie mir auch gleich blond färben ließe? Schließlich hat sich Hillary Clinton erfolgreich von einer Brünetten zur Blondine gewandelt, und auch meine aschblonde Freundin Evelyn war in ihrem früheren Leben mal dunkelhaarig ...

Als ich meiner Friseuse meine Überlegungen mitteilte, hatte sie nur ein mitleidiges Lächeln für mich übrig. Ob ich denn wüßte, welche Tortur es für meine Haare wäre, sie blond zu färben! Und außerdem hätte ich ein völlig anderes Profil als Sharon Stone, ein so extremer Kurzhaarschnitt würde mich um Jahre älter aussehen lassen und nicht so strahlend jung wie Sharon Stone. Die Formel «Kurze Haare machen jünger» gelte nicht bei jedem Menschen, klärte sie mich auf. Und überhaupt: Ihr Hauptproblem seien Kundinnen, die mit einem Foto von einem Model oder einem Star ankämen und forderten: «So will ich aussehen!»

Wir haben dann gemeinsam eine recht ansehnliche Frisur zustande gebracht. Ich verließ den Friseursalon als «ich» und nicht – wie ich in einem Anfall von Teenagerhaftigkeit phantasiert hatte – als Sharon Stone. Fürs erste war ich mal wieder mit mir zufrieden.

Doch in Sicherheit wiege ich mich nicht. Ich weiß, eine solche Phase der Unzufriedenheit wird wiederkommen. Zu viele davon habe ich schon erlebt, und nicht immer war da eine warnende Stimme, die mich davon abhielt, im Dienste der Schönheit schmerzhafte oder teure Dummheiten zu begehen.

Zum Beispiel hatte ich mit Ende 30 das Gefühl, für mein Alter zu viele Falten im Gesicht zu haben. Ich war der Überzeugung, in den zurückliegenden, äußerst streß- und arbeitsreichen Wochen überdurchschnittlich schnell gealtert zu sein. In dieser Situation hörte ich von einer Kosmetikerin, die mit chemischen Peelings die

Haut einer Verjüngungskur unterzog. Eine Paste aus Kräutern wird dabei auf das Gesicht aufgetragen, diese Kräuter bewirken eine Art Verbrennung, die Haut schält sich innerhalb von drei bis vier Tagen und sieht danach aus wie neu. Wunderbar, dachte ich, fragte nicht lange nach den Konsequenzen und überließ meine Gesichtshaut vertrauensvoll den Händen der Kosmetikerin. Als ich nach etwa einer halben Stunde mit gequälter Stimme fragte, ob es normal sei, daß die Haut so höllisch brenne, meinte die Fachfrau lapidar: «Etwas brennen muß es schon. Sie sind wohl ganz besonders empfindlich, denn bislang hat noch keine meiner Kundinnen geklagt.» Irgendwann war sie mit ihrer Folter zu Ende, drückte mir ein kleines Fläschchen mit «Notfalltropfen» in die Hand («falls es weh tut») und entließ mich mit dem Hinweis, die Behandlung in ein paar Wochen zu wiederholen: «Dann ist das Ergebnis am besten.»

In den folgenden Tagen bekam ich ein Gefühl dafür, was Brandopfer leiden müssen. Mein Gesicht sah aus, als sei ich unter der Höhensonne in den Winterschlaf gesunken. Es war krebsrot verbrannt, und die Schmerzen waren so stark, daß ich einen Hautarzt aufsuchen mußte. Am vierten Tag begann der Schälprozeß. Kleine und große Hautlappen lösten sich und machten aus meinem Gesicht einen Fleckerlteppich. Ich nahm Urlaub und verkroch mich zu Hause. Am liebsten hätte ich alle Spiegel aus der Wohnung geschafft, denn jedesmal wenn ich mein Frankenstein-Gesicht sah, packte mich die nackte Wut. Wut auf mich selbst, Wut auf meine bodenlose Dummheit und Leichtgläubigkeit.

Natürlich war die ganze Tortur umsonst: Ich sah danach weder jünger aus, meine Haut war nicht glatter, und auch meine Falten waren alle noch in voller Pracht vorhanden. Nur eines hatte sich verändert: Ich war nach dem überstandenen Schrecken plötzlich wieder ganz zufrieden mit meinem Aussehen. Dafür aber schämte ich mich meiner Dummheit: Hatte ich allen Ernstes geglaubt, ich könnte mich runderneuern, ich könnte ein schönerer Mensch werden?

Aus Schaden wird man klug, heißt es im Volksmund. Nicht immer, wie ich aus eigener Erfahrung weiß. Denn mein Peeling-Abenteuer war nicht das einzige dieser Art. Einige Jahre später hatte mich mal wieder eine meiner Schönheitskrisen fest in ihrem

Griff. Wiederum war es eine Kosmetikerin (diesmal eine andere), die eine Lösung parat hatte: Permanent Make-up! Tag und Nacht ausdrucksstarke Augen, niemals mehr Kajalspuren im Auge, morgens aufwachen und perfekt geschminkt sein – all das erschien mir in dieser Niedrig-Selbstwert-Phase sehr verlockend. Immerhin fragte ich diesmal nach dem Schmerzfaktor: «Tut das auch nicht weh?» und gab mich mit der beruhigenden Antwort «Es piekst etwas» zufrieden. Selbst der hohe Preis für einen Oberlid- und einen Unterlidstrich schreckte mich nicht. Ich war bereit, zu allem.

Am Anfang piekste es wirklich nur, ich war erleichtert. Doch nach und nach wurde aus dem Pieksen ein heftiges Stechen, mir war, als ob ein ganzer Bienenschwarm auf meinen heftig tränenden Augen säße. Bei einem besonders schmerzhaften Piekser zuckte mein Auge etwas, die Nadel rutschte aus, und ich hatte eine Farbtätowierung an einer Stelle, wo man normalerweise keinen Lidstrich aufträgt.

Das alles ist Jahre her, der Lidstrich ist etwas verblaßt, aber der «Ausrutscher» ist für Leute, die mir zu nahe kommen, immer noch sichtbar. Bislang war dies mein (wie ich hoffe endgültig) letzter Beweis dafür, daß der Wunsch nach Schönheit «dumm» macht. Geblieben ist von meinen Eskapaden das Erstaunen darüber, wie bereitwillig wir Frauen uns doch um der Schönheit willen quälen lassen. Und wie wenig wir über die Folgen und Konsequenzen erfahren. Über das chemische Peeling, das mir schwere Verbrennungen eintrug, waren mir vor der Behandlung nur neutrale Berichte aus Frauenzeitschriften bekannt. Erst einige Monate danach fiel mir ein Artikel in die Hand, in dem stand, dieses Peeling sei «wohl offensichtlich doch nicht so sanft und unschädlich, wie ursprünglich in den USA propagiert. Etliche US-Patientinnen sollen häßliche Narben davongetragen haben, obwohl die Mixtur in Insider-Kreisen als besonders schonend angepriesen worden war». Da hatte ich ja noch Glück gehabt! Eine eindeutige Warnung vor diesem Verfahren finde ich aber auch in diesem Artikel nicht.

«Was ich weiß, macht mich heiß!»
Medienvorbilder und Machbarkeitswahn

Im Vergleich zu vielen anderen Schönheitsmaßnahmen sind chemisches Peeling und Permanent Make-up noch ganz harmlose Eingriffe. Und auch die Behandlung, die meine Freundin Heide gegen ihre Cellulite über sich ergehen ließ, war im Grunde nur teuer. Elektromagnetische Stimulation des Gewebes, so versprach ihr Hautarzt, würden die «Orange glätten», wie er sich charmant ausdrückte. Am Ende war Heides Konto um einen knappen Tausender glatter, ihren Oberschenkeln konnte man dagegen nur bei sehr gutem Willen und bei schmeichelhaftem Licht eine Veränderung ansehen.

Weniger harmlos als all dies ist dagegen der Ratschlag von Schönheitschirurgen, bereits mit 40 Jahren ein kleines Lifting vornehmen zu lassen. In den USA befolgen Frauen (und auch Männer) offensichtlich diesen Rat, denn dort ist das Durchschnittsalter der Menschen, die sich einer Schönheitsoperation unterziehen, von 55 Jahren auf etwa 40 Jahre gesunken. Insgesamt stieg die Zahl der «Faceliftings» in den Jahren zwischen 1989 und 1994 um 178 Prozent. 43 Prozent dieser Eingriffe wurden an Frauen im Alter zwischen 30 und 49 vorgenommen, wie die *American Academy of Facial Plastic and Reconstructive Surgery* meldet.

Dem Trend zu immer früheren operativen Verschönerungen kann der Münchener Schönheitschirurg Professor Wolfgang Mühlbauer durchaus positive Aspekte abgewinnen. «Da ist es dann mit einem kleinen, relativ unauffälligen Eingriff getan, den man nach fünf oder sechs Jahren leicht wiederholen kann. So kann man den Alterungsprozeß, jedenfalls was das Äußere angeht, enorm hinauszögern.»

Auch die Schönheitschirurgin Dr. Angelika Biewener äußert gegenüber der Zeitschrift *Cosmopolitan* (1/1997), das ideale Alter für ein Lifting läge bei Anfang 40. Allen, die dieses Alter bereits erreicht haben, liefert die Redaktion hilfreiche Informationen: «Woran kann man eine gelungene Operation erkennen? Seriöse Antworten geben alle Ärztekammern sowie die Deutsche Gesellschaft für Plastische und Wiederherstellungschirurgie ...» Wo bleibt die Frage nach den Risiken?

Werden die Risiken von Schönheitsoperationen erwähnt, dann fällt die Kritik oft vage oder ambivalent aus. Da beschreibt zum Beispiel die Journalistin Renate Scholz das Facelifting eines bestimmten Schönheitschirurgen als eine Angelegenheit für «Frauen mit viel Mut zur Schönheit». Bei dieser Operation werde «das gesamte Gesicht so umgestaltet, daß es ein ästhetisches Gesamtkunstwerk wird (also nicht nur gestrafft, sondern überall dort chirurgisch anders gestylt, wo die Natur der Korrektur bedarf)». Wo der Natur nachgeholfen werden muß, das entscheidet ganz allein der Chirurg nach seinen Schönheitsvorstellungen. Dabei kann, so die Journalistin weiter, «schon einmal ein so attraktives Frauengesicht herauskommen, daß die geschönte Frau mühelos als Liz-Taylor-Double arbeiten könnte ...»! Durch diesen positiven Hinweis verliert die Horroroperation ihren Schrecken; die Versuchung, sich ebenfalls ein perfekt schönes Gesicht stylen zu lassen, ist trotz der Erwähnung, daß frau dafür «Mut» braucht, groß.

Mut haben Frauen offensichtlich im Übermaß, wenn es um die Schönheit geht. Das schlechte Gewissen, nicht genug für das Aussehen zu unternehmen, treibt sie regelmäßig in Kosmetikläden, auf Schönheitsfarmen, in Fitneßstudios, in Schlankheitsinstitute und in steigender Zahl auch auf die Operationstische von Schönheitschirurgen. Da werden Brüste verkleinert oder vergrößert, wird Fett abgesaugt, werden Nasen geformt, Lippen größer und Nasio-Labial-Falten weggespritzt. «Körperliche Perfektion ist erreichbar», sagt Lily Burana, Autorin des *New York Magazine*, «alles, was man braucht, sind 20 000 Dollar und einen Traum!» Offensichtlich sind immer mehr Frauen (und zunehmend auch Männer) bereit, ihr Konto zu plündern und sich diesen «Traum» zu erfüllen. Bereitwillig unterziehen sie sich schmerzhaften und oft riskanten Operationen, getrieben von dem Wunsch, nicht so zu bleiben, wie sie sind. «Die Hemmschwelle für solche Operationen ist niedriger geworden», erklärt Professor Mühlbauer. «Durch die Medien ist es jetzt sehr bekannt geworden, daß es diese Möglichkeiten gibt, man kennt inzwischen Beispiele von Menschen, die sich schönheitsoperieren lassen. Das ermutigt, und zudem können sich immer mehr Menschen finanziell solche Operationen leisten.»

Etwas weniger frohgemut klingt die Erklärung, die das Supermodel Beverly Johnson liefert: «In unserem Beruf sehen Kleider am besten aus, wenn sie noch am Kleiderständer hängen. Die Konsequenz: Man hat auszusehen wie ein Kleiderständer. Ich selbst habe extreme Maßnahmen ergriffen, um Gewicht zu verlieren. Schließlich wurde ich bulimisch, und einmal war ich sogar magersüchtig ... In Kürze wird meine 13jährige Tochter als Model in *Vogue* zu sehen sein. Sie wiegt unter 50 Kilo und wird ein Kleid tragen, das für 35jährige Frauen bestimmt ist. Das ist wirklich äußerst unfair. Das Selbstwertgefühl von Frauen wird dadurch sehr stark beschädigt, denn sie werden sich Ziele setzen, die sie niemals erreichen können. Ich glaube, das ist der Grund dafür, daß so viele eine Schönheitsoperation wünschen.»

So unterschiedlich die Wertung von Schönheitsoperationen in diesen beiden Äußerungen ist, in einem Punkt stimmen das Model und der Chirurg überein. Ohne die Medien, die uns einerseits zeigen, was heute als schön gilt, und uns andererseits über Methoden informieren, wie wir dieses Schönheitsideal erreichen können, wären wir wahrscheinlich zufriedener mit unserem Aussehen. Wir würden uns weniger Gedanken und Sorgen um Falten und Fett machen, würden wir in den Medien nicht permanent idealen Körpern und Gesichtern begegnen und zugleich mit Veränderungsvorschlägen eingedeckt. Wüßten wir nichts von den zahlreichen Möglichkeiten, den Alterungsprozeß unseres Körpers aufzuhalten, wir kämen überhaupt nicht auf die Idee.

Das amerikanische Magazin *Psychology today* (2/1997) schreibt: «Man kann nicht länger leugnen, daß das Erscheinungsbild der Models in den Medien einen zerstörerischen Effekt auf das Selbstbild von Frauen hat.» In einer 1996/1997 von *Psychology today* durchgeführten Befragung unter 3452 Frauen und 548 Männern gaben 43 Prozent der Frauen (aber nur 28 Prozent der Männer) an, sie würden durch die «extrem dünnen und muskulösen» Models stark verunsichert, was ihr eigenes Körpergewicht anginge. 48 Prozent der Frauen sagen, daß diese überschlanken Models in ihnen den Wunsch wecken, abzunehmen und diesem «Ideal» näher zu kommen.

Hoffnungsschimmer: 34 Prozent der weiblichen Befragten zeigten sich verärgert über die klapperdürren «Kleiderständer» und die Botschaft, die diese ausstrahlen.

Nicht nur glamouröse Models, auch seriöse Medienfrauen im Fernsehen sind Vorbilder in Sachen Schönheit, auch wenn sie «eigentlich» eine ganz andere Rolle einnehmen. Fernsehfrauen sind in der Regel jung und von einer neutralen Attraktivität. Während männliche Akteure eine Vielfalt von Erscheinungsformen präsentieren, entsprechen Frauen im Fernsehen weitgehend dem jeweils geltenden Schönheitsideal. Zudem sind die Rollen klar verteilt, wie eine psychologische Studie feststellte. In allen Sparten (Spielfilm, Familienserie, Quizsendungen, Dokumentar- und Nachrichtensendungen) sind Frauen auf eher unwichtigen, zweitrangigen Positionen zu finden, während Männer das Sagen haben. In ihrem Verhalten signalisieren Frauen Unterordnung und Unterlegenheit, während Männer aktiv, dominant und auch aggressiv sein dürfen. Diese Rollenzuteilung fängt im Fernsehen schon bei den jungen Mädchen an. «Sie sind schlank bis dünn, haben halblange bis lange Haare, tragen fast nie Brille, sehen natürlich gepflegt aus und sind sportlich … Sie unterscheiden sich von den Frauen dadurch, daß sie – noch – jünger sind», beschreibt Elke Stolzenburg, Medienreferentin im Medienzentrum München, das Bild der «Girlies» im TV. Und wie die erwachsenen weiblichen Fernsehwesen zeigen auch die jungen Mädchen «Unterlegenheit, Unterwerfung und Anerkennung gegenüber Jungen und Männern, indem sie beispielsweise lächeln statt starren, kleine Schritte machen statt schreiten, räumlich ausweichen und visuelle und mimische Signale der Bewunderung senden.»

Frauen in den Medien sind – aller Emanzipation zum Trotz – in erster Linie schön und angepaßt. Andere Werte wie Klugheit, Durchsetzungsvermögen und Kompetenz sind dagegen offensichtlich weniger wichtig. Dies hat Folgen für das Selbstwertgefühl der ganz normalen Durchschnittsfrau. Der Psychologe Alan Feingold von der Yale University in New Haven verglich die Entwicklung der letzten 50 Jahre zum Thema «Schönheit und Körperbild» und stellte fest: Die Zahl der Frauen, die sich selbst als wenig attraktiv einschätzen und unzufrieden mit ihrem Körper sind, stieg in diesen Jahren «dramatisch» an. Parallel dazu nahmen auch schwere Eßstörungen bei Frauen deutlich zu. Ganz offensichtlich ist es in den letzten 50 Jahren für Frauen immer zwingender geworden, sich dem geltenden Schönheitsideal anzupassen. Für

Männer konnte Feingold einen ähnlichen Zuwachs an Unzufriedenheit mit dem eigenen Aussehen nicht feststellen. Unser Aussehen gehört zu unserer «Mitgift». Den Genen unserer Eltern und anderer Vorfahren verdanken wir die blonden Haare, die braunen Augen, die kräftigen Muskeln. Unser Aussehen gehört daher zu jenen Bereichen, die nur sehr begrenzt veränderbar sind. Natürlich: Wir können uns die Haare färben, sie streichholzkurz oder schulterlang tragen. Wir können mit Hilfe von Kontaktlinsen unsere Augenfarbe ändern und uns mit kunstvollem Make-up im besten Lichte zeigen. Doch wenn unserem Schöpfer die Nase zu lang, die Haare zu dünn, die Beine im Verhältnis zum Oberkörper zu kurz geraten sind, dann ist der Kampf an der Schönheitsfront fast aussichtslos. Schönheitsoperationen machen vieles möglich, doch sie sind nicht die Lösung. Der Preis – der finanzielle, aber mehr noch der gesundheitliche – ist viel zu hoch. Wer vernünftig genug ist, diesen Preis nicht bezahlen zu wollen, muß im wesentlichen so bleiben, wie er/sie ist. Wir können nichts ändern an unserem Knochenbau, unseren breiten Hüften, unserem ausgeprägten Kinn und unseren großen Füßen.

«Schöne Menschen haben's auch nicht leichter»
Respekt ist mehr wert als Bewunderung

Ändern können wir an unserer genetischen Mitgift kaum etwas. Aber ändern können wir unseren Blick auf uns selbst. Wer sagt, daß das ausgeprägte Kinn und die großen Füße häßlich sind? Nur weil sie mit den veröffentlichten Bildern von Schönheit nicht übereinstimmen, müssen sie deshalb noch lange nicht unansehnlich sein. Was «unattraktiv» an uns ist, entscheiden in den meisten Fällen wir ganz alleine. Im Auge des Betrachters kann das angeblich Häßliche durchaus eine attraktive Ausstrahlung haben. Warum glauben wir nicht zur Abwechslung mal einem uns gewogenen Menschen, wenn er uns versichert, daß dieser kleine Bauch, den wir unbedingt wegtrainieren wollen, auf ihn (oder sie) erotisch wirkt? Warum vertrauen wir nicht darauf, daß unser Gesicht, das von einem anderen als «interessant» bezeichnet wird, vielleicht nicht schön ist, dafür aber Ausstrahlung besitzt?

Wenn wir unseren körperlichen Besonderheiten jeglichen Charme absprechen, dann leiden wir mit großer Wahrscheinlichkeit am weitverbreiteten Häßlichkeitswahn. Die Wissenschaft nennt dieses Phänomen «Dysmorphophobie» und beschreibt im Diagnostischen Handbuch für psychische Störungen (DSM) die davon Betroffenen folgendermaßen: «Hauptmerkmal dieser Störung ist die ständige Beschäftigung mit einem eingebildeten, nicht vorhandenen Mangel in der körperlichen Erscheinung. Die häufigsten Klagen beziehen sich auf Schönheitsfehler im Gesicht wie Falten, Hautflecken, exzessive Gesichtsbehaarung, Form der Nase, des Mundes, des Kiefers oder der Augenbrauen.» Gemeinsam ist allen, die unter dieser Häßlichkeitsfurcht leiden, daß «die Sorge der Person in hohem Maße übertrieben» ist.

Aktiv gegen den «Häßlichkeitswahn» angehen kann man, indem man sich zum Beispiel verdeutlicht, daß sich hinter dem Wunsch «Ich will schöner sein» in den meisten Fällen eine falsche Schlußfolgerung verbirgt. Der kalifornische Schönheitschirurg Michael McGuire hat dies erkannt. Nach seiner Erfahrung lassen sich immer mehr Menschen operieren, weil sie hoffen, damit andere Probleme lösen zu können. «Die Menschen glauben, wenn ihre Nase perfekter geformt ist, dann wird das ihre Ehe retten oder ihnen zu einer Beförderung verhelfen.»

Offensichtlich wachsen uns die Probleme über den Kopf. Wir verlieren die Kontrolle über unser Leben und hoffen, diese dadurch zurückzugewinnen, indem wir unseren Körper kontrollieren. «Wenn ich nur schöner und schlanker wäre, dann ...»

Meist ist uns gar nicht bewußt, welche konkrete Hoffnung wir an ein attraktives Äußeres knüpfen. Doch ganz sicher sind wir beeinflußt von der weitverbreiteten Vorstellung, daß es schöne Menschen im Leben leichter haben. Das aber ist nicht der Fall. Zahlreiche psychologische Untersuchungen haben in den letzten Jahren belegen können: Schöne Menschen haben nur wenige und dann oft nur kurzfristige Vorteile.

• Attraktive Männer finden leichter eine Anstellung als weniger attraktive. Für Frauen ist ein attraktives Äußeres jedoch nur dann von Vorteil, wenn sie sich um eine nicht-leitende Tätigkeit bewerben. Je höher die Stelle in der Hierarchie angesiedelt ist, desto weniger Chancen haben schöne Bewerberinnen. Sie werden als zu «weiblich» und damit als inkompetent eingestuft. Unattraktive Frauen, die möglicherweise als weniger weiblich eingeschätzt und deshalb als geeigneter gelten, werden bevorzugt.

- Ein attraktives Äußeres wirkt sich auch hemmend auf die Beförderung von Frauen aus. In einer Studie wurden Studenten der Wirtschaftswissenschaften Leistungsnachweise plus Fotos diverser Personen vorgelegt. Die Studenten und Studentinnen sollten einschätzen, für wie geeignet sie die jeweilige Person für eine Beförderung hielten. Bei gleicher Leistung wurden attraktive Frauen deutlich seltener für eine Beförderung vorgeschlagen als weniger attraktive.

- Wenn sie die Chance bekommen, ihre Kompetenz unter Beweis zu stellen, dann wird die Leistung attraktiver Frauen seltener auf ihre Fähigkeiten zurückgeführt als auf andere, äußere Faktoren. Die Leistung attraktiver Männer wurde dagegen ausschließlich ihren Fähigkeiten und ihrem Können zugeschrieben.

- Schöne Menschen haben nicht mehr Selbstvertrauen, sie sind nicht intelligenter, sie haben nicht mehr (eher weniger) gute Freunde, sie sind nicht gesünder, und sie sind nicht selbstsicherer, was ihr Äußeres angeht. Andererseits haben Menschen, die sich aufgrund ihres starken Selbstwertgefühls selbst für attraktiv halten (obwohl sie es nach objektiven Maßstäben gar nicht sind), genau jene Eigenschaften, die wir normalerweise Schönheiten zuschreiben. So zeigten Frauen, die sich selbst für attraktiv hielten, es nach objektiven Kriterien allerdings nicht waren, in einer psychologischen Studie positivere Persönlichkeitseigenschaften als schöne Frauen. Ihr positives Selbstbild verhalf ihnen zu einem starken Selbstbewußtsein, sie waren energiegeladener und angstfreier als ihre objektiv schönen Geschlechtsgenossinnen. Schöne Frauen, die sich ihrer Attraktivität nicht bewußt waren, profitierten von ihrer Schönheit dagegen sehr viel weniger.

- Schöne Menschen sind nicht automatisch glückliche Menschen. Dies bestätigen Studien des Glücksforschers Ed Diener von der University of Illinois. Per Fragebogen erforschte er das subjektive Wohlbefinden von Studenten und Studentinnen, fotografierte diese und suchte einen Zusammenhang zwischen ihrem Aussehen und ihrer Zufriedenheit. Er fand nicht, wonach er suchte: Personen, die aufgrund der Fotografien als attraktiv eingeschätzt wurden, waren nicht glücklicher als unattraktive Versuchspersonen. Wie sich in einer anschließenden Befragung herausstellte, hielten die unscheinbareren Teilnehmer ihr Äußeres nicht für wichtig, um Ziele, die sie sich gesetzt hatten, zu erreichen.

- Neben diesen, für sehr schöne Menschen ernüchternden, allen anderen aber Mut machenden Forschungsergebnissen gibt es noch einen weiteren Trost für von der Natur weniger Verwöhnte. Das bekannte Sprichwort, wonach «jeder Topf seinen Deckel» findet, wurde in einer Untersuchung bestätigt, in der die Porträts in einem College-Jahrbuch nach Schönheit beurteilt werden sollten. *Jedes* der Gesichter wurde von mindestens einem Beurteiler als das schönste ausgesucht! Es stimmt also. Schönheit liegt im Auge des Betrachters, oder anders ausgedrückt: Bei mir biste scheen!

- Eine weitere psychologische Studie ist geeignet, uns die Angst vor dem Älterwerden zu nehmen. Die erotische Anziehungskraft bleibt nämlich trotz Falten und fülligeren Hüften erhalten. Befragt wurden Männer und Frauen im Alter zwischen 24 und über 50 Jahren, wie erotisch sie graue Haare, Falten, Brillen, füllige Hüften und ein reifes, würdevolles Äußeres finden. Erwartungsgemäß fühlten sich die jüngeren Befragten von all dem überhaupt nicht angezogen. Die Älteren dagegen fanden die körperlichen Zeichen der Zeit durchaus erotisch. Vor allem Männer und Frauen, die in langjährigen befriedigenden Partnerschaften lebten, stuften die Merkmale eines reifen Körpers als sexuell anziehend ein. «Liebe schaut nicht mit den Augen, sondern mit der Seele ...», wußte schon Shakespeare.

Man muß nicht schön sein, um im Leben gut zurechtzukommen. Eine beruhigende Botschaft der psychologischen Forschung. Und doch wird es uns schwerfallen, uns mit unserem Aussehen auszusöhnen. Vor allem Frauen haben tief verinnerlicht, daß Schönheit ein Qualitätsmerkmal ist. Die feministische Autorin Christina Thürmer-Rohr schreibt: «Das Entwicklungsziel lautet nicht: Werde zu einem ganzen Menschen, lerne zu handeln, erobere dir Wissen und Macht, erfülle dich mit Leben und Welt, nimm deinen Platz ein und behaupte dich, sei Frau deiner selbst.» Das Entwicklungsziel für Frauen lautet vielmehr: «Sei schön – wenn es unbedingt sein muß, auch erfolgreich –, aber passe dich an.»

Zwar haben Frauen längst begonnen, dieses Entwicklungsziel umzuschreiben. Sie behaupten sich, sie erobern sich Wissen (1996 waren zum erstenmal mehr weibliche Studentinnen an den Universitäten eingeschrieben als männliche). Mit der Macht allerdings hapert es noch. Die wichtigsten Plätze haben Frauen noch nicht eingenommen – die oberen Plätze in den Führungsetagen von Wissenschaft, Wirtschaft und Politik sind immer noch mehrheitlich von Männern besetzt. Möglicherweise liegt das – neben vielen anderen Gründen – auch daran, daß wir noch zuviel Zeit und Energie auf unser Äußeres verschwenden ...

«Gut, daß wir darüber geredet haben!»
Maßnahmen gegen den Schönheitsstreß

Es wäre sehr unrealistisch anzunehmen, daß uns irgendwann unser Aussehen wirklich «kalt»läßt und wir uns nur noch um wirklich wichtige Dinge kümmern. Es wird immer Zeiten geben, in denen wir mit uns hadern, uns häßlich und ungeliebt fühlen. In solchen Situationen hilft es wenig, sich zu vergegenwärtigen, daß wir Opfer eines gesellschaftlichen Schönheitsdiktates sind und daß auch schöne Menschen ihre Probleme haben.

Was also hilft, wenn wir mal wieder eine «Du-läßt-dich-gehn»-Phase durchleiden? Ganz wichtig: keinen Termin beim Friseur vereinbaren, keine teuren Einkäufe tätigen, keine gravierenden Schönheitsmaßnahmen ergreifen. Warten, bis die Phase abflaut, dann ist auch meist der Wunsch nach radikaler Veränderung verschwunden. Sinnvoller als hektische Gegenstrategien ist in solchen Kummerzeiten ein Gespräch mit einem Menschen, der weiß, was frau durchmacht: mit einer anderen Frau.

Jahrelang war ich Mitglied in einem Frauen-Fitneßstudio. Oftmals haben wir dort nicht nur unsere Muskeln trainiert, sondern auch unser Selbstwertgefühl. Jede klagte der anderen ihr Schönheitsleid, und gegenseitig trösteten wir uns über unsere schwachen oder dicken Stellen hinweg. Die konkrete Erfahrung, daß viele Frauen unter einem eingebildeten Häßlichkeitswahn leiden, schafft Solidarität und Entlastung. Solidarität, weil wir stellvertretend für die andere wütend werden, wenn sie sich zu sehr «runtermacht». Entlastung, weil wir am Beispiel der anderen Frau sehen, daß das Körperproblem «halb so wild» ist. Wenn sie über ihre zu dicken Oberschenkel klagt und wir gar nicht nachvollziehen können, wovon sie eigentlich spricht, dann kommen auch wir ins Grübeln darüber, ob unser Busen wirklich zu klein ist. «Jammer-Gespräche» zwischen Frauen (siehe auch Kapitel «Ich will ja nicht klagen») verhelfen uns zu einem realistischen Selbstbild. Die niederländische Feministin Anja Meulenbelt kritisierte zwar vor vielen Jahren, Frauen seien wie ein «Eimer voller Krabben, die sich nur wohl fühlen, wenn sie sich gemeinsam nach unten ziehen können». Diese Gefahr besteht natürlich, wenn das gemeinsame Klagen nicht zu einem versöhnlichen Ende führt. Doch der schwesterlich-wohlwollende Austausch von Schönheitssorgen hat fast immer einen erleichternden Effekt, wie Claire Bretécher in einem ihrer Cartoons treffend aufzeichnet:

Eine Frau kommt zu Besuch und erzählt der anderen, die am Küchentisch sitzt:

Haben Sie sich wiedererkannt? Ich bin sicher. Frauen führen Gespräche wie diese. Nur selten aber sind sie sich darüber bewußt, daß sie, wenn sie bei einer anderen Frau ihre Schönheitssorgen abladen, sich vom geltenden Schönheitsdiktat befreien können. Am ehesten reden sie noch mit ihrer Kosmetikerin über ihre Probleme und Ängste, doch die ist die falsche Gesprächspartnerin. Sie will an unserem Kampf um Schönheit verdienen und wird immer irgendein Mittelchen oder eine neue Methode parat haben. Reden wir stattdessen lieber miteinander – unter Freundinnen, unter Kolleginnen, beim Sport. Gemeinsam können wir erkennen, wie absurd so mancher Schönheitswunsch ist, und uns daran erinnern, daß es Wichtigeres für uns zu tun und zu denken gibt. Gegenseitig können wir uns auch mehr Respekt vor dem eigenen Körper beibringen. Denn daran mangelt es uns, wenn wir ständig etwas an ihm auszusetzen haben.

In einer amerikanischen Studie wurden 350 Frauen gefragt: «Sie wissen, daß Sport wichtig für Sie ist. Warum tun Sie's dann so selten?» Neben den naheliegenden Antworten «Ist mir zu langweilig» oder «Ich habe zuwenig Zeit» enthüllte die Umfrage die wahren Hintergründe der weiblichen «Faulheit». «Es hat ja doch keinen Zweck», «Ich bin die ganze Anstrengung nicht wert», meinten viele Frauen und zeigten ein zutiefst gestörtes Selbstwertgefühl. Diese Frauen verglichen sich mit den gertenschlanken Vorturnerinnen ihres Aerobic-Kurses oder mit den Jane Fondas, die mit ihren Gymnastik-Videos durchschnittliche Frauen zu mehr Bewegung motivieren wollen. Der Vergleich frustriert. Der Gedanke: «So wie die werde ich nie aussehen, da kann ich mich noch so anstrengen» erstickt gute Vorsätze im Keim und verursacht schlechte Laune.

Unrealistische Erwartungen zerstören unser Selbstwertgefühl. Sie zeigen, daß es uns an Respekt vor dem eigenen Körper, seiner Individualität und seiner ganz spezifischen Ausstrahlung mangelt. Wir beleidigen uns selbst, wenn wir «Röntgenbilder» (so nennt Tom Wolfe in seinem Roman *Fegefeuer der Eitelkeiten* überschlanke Frauen) als Schönheitsvorbilder auswählen, für uns selbst aber nur noch abfällige Worte finden. Außerdem beleidigen wir auch noch unseren Verstand. Wie kommen wir überhaupt dazu zu glauben, daß es erstrebenswert sei, ebenso durchtrainiert und mager wie

Jane Fonda oder Kate Moss auszusehen? Glauben wir wirklich, diese Frauen seien glücklicher als wir? Die Wissenschaftlerin Peg Jordan hat die weiblichen Gurus der Schönheit interviewt und festgestellt: «Sie geben zu, daß sie depressiv sind und unzufrieden, weil sie kein wirkliches Leben haben.» Keine der von ihr interviewten Schönheiten lebt ein «ausbalanciertes Leben». Alle beklagten sich über den ständigen Kampf um den perfekten Körper. Zum Beispiel Jane Fonda: «Wenn Ted und ich nach einer fünf- oder sechsstündigen Wanderung nach Hause kommen, legt er sich vor den Fernseher. Ich aber gehe noch eine Stunde aufs Laufband oder auf das Standfahrrad, und anschließend arbeite ich noch 45 Minuten mit Gewichten.» Ist das nicht etwas übertrieben? wollte Peg Jordan von Jane Fonda wissen. «Schon, aber ich muß es tun.»

Halten wir so ein Leben für erstrebenswert? Nein. Halten wir einen Körper, wie ihn Jane Fonda hat, für erstrebenswert? Ja. Wir müssen uns also entscheiden: leben oder leiden. Weil wir das eine wollen und das andere nicht, befinden wir uns in einem ständigen Konflikt zwischen Wunsch und Realität. Diesen Konflikt können wir lösen, indem wir mehr Respekt vor der Realität entwickeln.

Wie wichtig der Respekt vor dem eigenen Aussehen ist, zeigen amerikanische Untersuchungen an weißen und schwarzen jungen Frauen. Die von Psychologen der University of Arizona befragten weißen Frauen akzeptierten ihr Äußeres nicht. Sie waren unzufrieden mit ihrem Aussehen und mit ihrem Gewicht. 90 Prozent der Befragten wären gerne anders, auf jeden Fall schlanker, 62 Prozent gaben zu, mindestens einmal im vergangenen Jahr eine Diät durchgeführt zu haben.

Völlig anders fielen die Antworten der schwarzen jungen Frauen aus. 70 Prozent zeigten sich mit ihrem Körper völlig einverstanden. Selbst deutlich übergewichtige Mädchen beschrieben sich als glücklich. 64 Prozent waren sogar der Meinung, es sei besser, ein paar Pfunde mehr auf den Hüften zu haben, als zu dünn zu sein. Für dick halten sie einen Menschen erst dann, wenn er im Bus zwei Sitze beansprucht.

Die schwarzen jungen Frauen waren stolz auf ihr Aussehen, und sie waren davon überzeugt, daß das mit dem Alter sogar noch besser werden kann. Zwei Drittel meinten, daß Frauen im Alter schöner werden, und sie verwiesen dabei auf ihre eigenen Mütter. Ihre weißen Geschlechtsgenossinnen dagegen sahen keinen Grund, auf ihre Mütter und deren Aussehen stolz zu sein. Früher mögen diese vielleicht mal schön gewesen sein, aber jetzt seien sie eben alt.

Was verstehen die jungen Frauen unter «schön»? Die Antwort der Weißen fiel eindeutig aus: Eine Frau ist schön, wenn sie etwa 1,70 Meter groß ist und nicht mehr als 50 bis 55 Kilo wiegt. Die Afroamerikanerinnen zeigten einen ganz anderen Geschmack: volle Hüften, pralle Schenkel sollte eine Frau haben, damit sie als schön bezeichnet werden kann. Wirklich schön aber sei eine Frau erst, wenn sie die «richtige Ausstrahlung» besitzt.

Woher kommen diese gravierenden Unterschiede? Eine füllige Figur wird unter Schwarzen mit Gesundheit und Fruchtbarkeit in Zusammenhang gebracht und als schön empfunden. Weiße Mädchen dagegen spielen mit superschlanken Barbie-Puppen und lernen schon im Kindergartenalter «Mutter hält Diät». Hier wird die Saat gelegt, die spätestens mit der Pubertät aufgeht. Und noch ein zweiter Punkt kommt hinzu: Der Kampf der Schwarzen um Gleichberechtigung, der Schlachtruf «black is beautiful», hat den Respekt der Schwarzen vor sich selbst gefördert. Sehr früh schon lernen sie, daß sie es in einer von Weißen dominierten Welt auf keinen Fall zu etwas bringen, wenn sie über sich selbst negativ denken.

Auch Frauen werden es in einer immer noch von Männern dominierten Welt nicht wirklich zu etwas bringen, solange es ihnen an Respekt vor sich selbst mangelt. Negative Beurteilungen und Gedanken wirken sich auf das Selbstwertgefühl aus und signalisieren auch der Umwelt: «Ich bin nichts wert.»

Um diese negativen Selbstgespräche zu durchbrechen und die Stimme des schlechten Gewissens zum Schweigen zu bringen, sollten wir beim nächsten Anfall von «Häßlichkeitswahn» nicht still vor uns hin leiden und uns von Veränderungspredigern zu überteuerten und völlig sinnlosen Gegenmaßnahmen verleiten lassen. Nichts gegen eine wohltuende Kosmetikbehandlung, nichts gegen einen Friseurbesuch zu einer Zeit, wenn wir einigermaßen im reinen mit uns sind. Ist unser Selbstbild angeknackst, brauchen wir etwas anderes: Wir brauchen Ermutigung und die Bestätigung, daß eine Persönlichkeit nicht durch eine schöne Hülle entsteht, sondern durch Eigenschaften, die mit unserem Aussehen wenig zu tun haben: Mut, Kraft, Selbstvertrauen, Wissen, Kompetenz, Einfühlungsvermögen und vieles mehr. Wir brauchen einen Menschen, der uns vors Schienbein tritt, wenn wir uns für ein baufälliges Gebäude halten, das dringend einer Renovierung bedarf. Wir brauchen jemanden, der uns daran erinnert, wie wichtig es für uns ist, uns selbst respektvoll zu behandeln.

Nach einem solchen Gespräch kommen wir dann − hoffentlich − zu dem gleichen Ergebnis wie Claire Bretéchers «gezeichnete» Freundinnen: «Im Grunde ist es mir egal, wie ich aussehe.» Gemeinsam können wir dann beschließen: «Schöner werden wir morgen.»

«Ab Montag halte ich Diät» − «Aber bitte mit Sahne!»

Gute Gründe, «dick» zu bleiben

«Ab Montag halte ich Diät ...» Wie oft habe ich diesen Satz schon gehört und selbst gesagt. Wenn uns die Waage nach einem genußreichen Wochenende oder einem Kontrollverlust nach wochenlangem Hungern einen kleinen Schock versetzt, sind wir zu allem bereit. «Nur noch Saft − drei Tage lang», «morgens Ananas, mittags Salat, abends Hähnchenbrust ohne alles», «zwei Mahlzeiten am Tag, abends gar nichts, höchstens einen Apfel», «Körnerdiät aus der Apotheke.» Fast alle haben wir irgendeinen «Geheimtip», wie wir Ernährungssünden möglichst schnell wieder loswerden können. Joschka Fischer, Fraktionschef der *Grünen* im Deutschen Bundestag, hungerte sich mit der «Toscana-Diät» von 110 auf

83 Kilogramm herunter: Tagsüber aß er nur Obst, abends Weiß-brot. Fisch und Gemüse oder andere vernünftige Delikatessen erlaubte er sich nur, wenn er vorab im Fitneßstudio Buße getan hatte.

«Wenn bei uns morgens ein Schrei durch die Wohnung geht, dann braucht sich keiner zu wundern oder zu erschrecken: Mutter steht auf der Waage», erzählt ein 13jähriger Schüler der Zeitschrift *Eltern* (2/97). «Abnehmen bei Mutti ist schlimmer als Hausputz. Alles ist durcheinander. Wenn ich aus der Schule komme, ist kein richtiges Essen gekocht», ergänzt eine 14jährige.

Natürlich ißt «Mutti», natürlich essen wir alle, Diätvorsatz hin, Diätvorsatz her, dann doch. Mal früher, mal später verlieren wir die «Kontrolle» und stürzen uns auf alles, was «eigentlich» strikt verboten ist: Salamibrötchen, fetten Käsekuchen, Eier mit Speck oder eine Riesentüte Gummibären. Genießen können wir diese «Fehltritte» natürlich nicht. Wie früher unsere Mütter nach einem vorehelichen Geschlechtsverkehr, so plagt auch uns «danach» das schlechte Gewissen. Hätte ich nur nicht …!

«Gestern habe ich etwas ganz Fürchterliches getan», erzählt mir eine Freundin. «Hast du deinen Mann rausgeschmissen, jemanden umgebracht, bist du beim Klauen erwischt worden?» frage ich angesichts ihres ernsten Gesichtsausdrucks. «Ach was», winkt sie ab, «viel schlimmer. Du weißt doch, ich bin John-Travolta-Fan, und gestern hat RTL vier Filme hintereinander mit ihm gezeigt. Was glaubst du, was ich gegessen habe! Eine ganze Familien-packung Schokoladeneis mit Sahne!» «Na und?» frage ich ent-täuscht. Ich hatte Spannenderes erwartet. «Ich bin doch auf Diät. Alles war umsonst. Jetzt kann ich wieder von vorne anfangen. Ich kann mich selbst nicht mehr leiden, so unbeherrscht, wie ich bin. Heute gibt's nur Obst, den ganzen Tag.» Die Strafe folgt auf dem Fuß, wenn wir unsere eigenen Ernährungsvorschriften nicht einhalten.

Die Stimme des schlechten Gewissens meldet sich besonders laut und unerbittlich, wenn es um unser Gewicht geht. «Die Deutschen sind keine Genießer», zu diesem Ergebnis kam eine Umfrage, die das Londoner Marktforschungsinstitut «Harris Re-search» unter 4000 Erwachsenen durchführte. Gefragt wurde nach den Eß-, Trink- und Freizeitgewohnheiten. Wenn wir uns etwas

Gutes gönnen, dann nur mit schlechtem Gewissen, fand das Londoner Institut heraus. Kein anderes Volk in Europa hat so große Schuldgefühle wie die Deutschen, so der Leiter der Studie, Professor David Warburton.

Kürzlich erzählte im Sportstudio eine junge Frau, sie hätte in den letzten Jahren mit Hilfe von Diät und Sport 33 Kilogramm (!) abgenommen. Wenn sie berichtet hätte, Robert Redford habe ihr einen Heiratsantrag gemacht, wäre die Aufmerksamkeit aller anwesenden Frauen nicht größer gewesen. «Wie hast du das geschafft?» – «Was hast du gegessen?» – «Welche Diät hast du gemacht?» – «Wie kannst du das Gewicht halten?» Alle fragten durcheinander, und jede wollte an dem Geheimnis dieser Erfolgreichen teilhaben. Wußte sie etwas, was wir anderen noch nicht wußten? Hatte sie den goldenen Weg zum Idealgewicht gefunden?

Welche Enttäuschung, als sie uns antwortete: «1000 Kalorien pro Tag, dreimal die Woche Fitneßstudio, keine Süßigkeiten, kein Alkohol, viel Obst und Gemüse.» Nichts Neues also, kein Geheimcode zum Knacken des Diätgeheimnisses. Im Grunde wissen wir ja, daß es kein Geheimrezept gibt. Und doch geben wir die Hoffnung nicht auf. Wir sind besessen von dem Wunsch, einen anderen Körper zu besitzen. Und wir sind zu vielem bereit, um unseren Körper nach unserem Wunschbild zu verändern.

In der großen *Psychology today*-Umfrage bekannten sich 84 Prozent der Frauen und 58 Prozent der Männer dazu, regelmäßig Diät zu halten, 445 Frauen und 22 Männer gestanden anonym ein, ihr Gewicht mindestens einmal die Woche durch Erbrechen zu regulieren, und etwa 50 Prozent der Frauen und 30 Prozent der Männer gaben zu, daß sie mit Nikotin ihr Gewicht unter Kontrolle zu halten versuchen. Ganz offensichtlich sind viele Menschen dazu bereit, ihre Gesundheit für das Ziel «Schlankheit» aufs Spiel zu setzen. Nicht nur das. Um ihr Idealgewicht zu erreichen, wären einige sogar bereit, mit dem Schlankheitsteufel einen Pakt zu schließen: Schlankheit gegen Lebenszeit. 15 Prozent der Frauen und 11 Prozent der Männer würden für das Idealgewicht fünf Jahre ihres Lebens opfern. 24 Prozent der Frauen und 17 Prozent der Männer könnten sich vorstellen, drei Lebensjahre gegen Schlankheit einzutauschen.

Lieber tot als dick – deutlicher läßt sich nicht ausdrücken, wie verrückt wir nach dem Idealkörper sind.

«Lieber tot als dick?»
Auswüchse des Schlankheitswahns

«Suche Diätpillen oder andere Wege zur Gewichtskontrolle (z. B. gastric bypass)», stand im Kleinanzeigenteil einer überregionalen deutschen Tageszeitung zu lesen – und bedauerlicherweise wird die oder der Suchende sicher fündig geworden sein. Denn es gibt sie angeblich schon, die schlankmachende Pille.

In Deutschland wurden zwischen 1988 und 1991 insgesamt 680 000 Dosen sogenannter «Schlankmacher-Pillen» über einen Versandhandel an 343 000 gutgläubige Bundesbürger abgesetzt. Im Werbetext war den Interessenten garantiert worden, daß sie mit Hilfe der Pillen ohne zusätzliche Turnübungen und Diäten in wenigen Wochen bis zu 30 Pfund abnehmen könnten. Als der Schwindel aufflog, stellte ein Gericht fest, daß die Pillen nachweislich nur aus Zitronen- und Orangenschalen bestanden und zur Gewichtsabnahme «weitgehend untauglich» waren.

In den USA wandern jährlich für 200 Millionen Dollar Diätpillen über die Ladentheke, und die Wissenschaft arbeitet fieberhaft an der ultimativen Droge, die das Körperfett ohne Nebenwirkung und mit hundertprozentiger Garantie zum Schmelzen bringen kann. Skeptische Stimmen, die vor gefährlichen Nebenwirkungen dieser Produkte warnen (Durchfall, Müdigkeit, Übelkeit), werden kaum gehört. Zu schön ist der Gedanke, daß man Schlankheit schlucken kann.

Entziehen sich bestimmte Körperteile jeder Diätmaßnahme (zum Beispiel «dicke» Oberschenkel oder sogenannte «Reiterhosen»), dann ist auch dagegen ein Mittel gewachsen. Es wird aus der Rinde des afrikanischen Yohimbé-Baums gewonnen und war ursprünglich als Potenzmittel auf dem Markt. Französische Ärzte haben nun eine willkommene Nebenwirkung entdeckt: *Yohimbine* macht nicht nur Lust, sondern auch schlank. «Lustvoller kann man nicht abnehmen», berichtete die Zeitschrift *Petra* (12/95) euphorisch ihren Leserinnen.

Wem der Weg nach Frankreich zu weit ist, der kann sich von seinem Hausarzt eine andere Schlankheitspille verschreiben lassen. *Redux (Isomeride* in Deutschland) heißt das Produkt, das von Experten zu einer neuen Generation von Wunderpillen gezählt wird. Angeblich soll der Hauptwirkstoff der Wunderpille *Redux* (Dexfenfluramin) stark appetitzügelnd wirken und zu einer Gewichtsabnahme von mehr als zwei Kilo in der Woche verhelfen. Natürlich hat auch *Redux*, wie alle anderen «Wundermittel», erhebliche Schattenseiten. Bekannt sind Nebenwirkungen wie Müdigkeit, Durchfall, Übelkeit, Lungenhochdruck. Zudem gibt es Hinweise, daß man das niedrige Gewicht nach Absetzen der Pille nicht halten kann.

Offensichtlich gibt es sie doch noch nicht, die Wunderpille, die uns ohne Anstrengungen und Mühe zum erwünschten Erfolg verhilft. Doch die Pharmaindustrie wird uns immer wieder neue frohe Botschaften liefern, sie wird in ihren Forschungsanstrengungen nicht nachlassen und uns ständig weiter mit neuen Wunderdrogen beliefern. Diese sind so lange in der Diskussion, bis die ersten − negativen und ernüchternden − Erfahrungen damit vorliegen. Dann wird es Zeit für die nächste Pille, die uns Gutgläubigen dann wieder verabreicht wird.

Neben der Pharmaindustrie profitieren auch zahlreiche Institute von unserem Schlankheitswahn. Regelmäßig werben sie in Anzeigen mit Sprüchen wie «rasch Gewicht reduzieren» oder «DauerSchlankProgramm». In einer Anzeige, geschaltet drei Wochen vor dem Weihnachtsfest 1996, hieß es: «Vielleicht haben Sie schon den ersten Blick auf Ihre Festtagsgarderobe geworfen und festgestellt, für dieses besonders schicke Kleid habe ich ein paar Pfunde zuviel. Die Pölsterchen sind deutlich sichtbar! Lassen Sie sich Ihre Vorfreude auf die Festtage nicht verderben. Noch haben Sie Zeit, den Pölsterchen zu Leibe zu rücken. Noch können Sie bei täglicher ärztlicher Betreuung 10 − 15 − oder 20 Pfund abnehmen. Und denken Sie daran, schlank werden bedeutet: neues Selbstbewußtsein. Neue Lebensenergie. Neue Vitalität.»

Ein Konkurrenzunternehmen macht in derselben Ausgabe der Tageszeitung mit einer Erfolgsstory auf sich aufmerksam: «Ich habe in kurzer Zeit 82 Pfund an Gewicht abgenommen und 3,22 m an Umfang verloren», schwärmt eine «Frau Brigitte Neff aus Limburgerhof, Carl-Bosch-Str. 25» (ob sich wohl jemand die Mühe macht, diese Frau ausfindig zu machen?). Wer wie Frau Neff ebenfalls auf «natürliche Art, ohne zu hungern» abnehmen möchte, der braucht nur das Institut anzurufen, in dem die nun schlanke Frau Neff ihre Pfunde verlor. «Wir bieten Ihnen eine schriftliche cm-Abnahme-Garantie mit Rückzahlungsgarantie.»

An noch Leichtgläubigere wenden sich zwei Kleinanzeigen: «15 Minuten, die Ihr Leben verändern können: Ein Video zeigt Ihnen den Weg zur Traumfigur und Fitneß – ohne Kalorienzählen! Bestellen Sie jetzt die 15-Minuten-Videocassette ...» und: «Schlank sein beginnt im Kopf! Ohne Diät auf Dauer schlank! Einzel/Gruppen ...»

Versprechen und Angebote wie diese wecken regelmäßig unser Interesse, selbst wenn der Verstand uns sagt, daß es keine schnelle Methode gibt, um schlank zu werden. Die amerikanische Firma, welche die Methode *Slim Photo* zur schnellen Gewichtsreduktion anpreist, holt uns ganz bewußt bei diesem Wunsch ab und verstärkt ihn, ebenso wie viele andere Anbieter auch. Unter der Überschrift «Wie Sie es schaffen, ohne Diät und Sport in sieben Tagen schlank auszusehen» preist das amerikanische Lifestyle-Magazin *Self* (6/1995) die Idee dieser Firma an:

«Haben Sie jemals von einem Ihrer Fotos den Kopf abgeschnitten und ihn auf den Körper von Demi Moore gesetzt? Dann wissen Sie, welche Philosophie hinter Slim Photo steckt. Wenn Sie 39,95 Dollar und ein Ganzkörperfoto an Sound Feelings Publishing senden, zaubert der Computerkünstler alles Fett aus Ihrem Foto.

Warum sollten Sie ein solches Foto haben wollen? Die Idee ist folgende: Sobald Sie Ihr reales Selbst mit dem schlanken Selbst (das Sie an den Kühlschrank heften sollten) konfrontieren, beherrschen Sie sich beim Essen und halten Ihren Diät- und Fitneßplan ein.

Es funktioniert, denn Slim Photo zeigt Ihnen, wie Sie eines Tages wirklich aussehen können. Es berücksichtigt Ihre Knochenstruktur und zeigt Sie als schlanke Person in Ihren eigenen Kleidern. Und selbst wenn Sie kein Pfund abnehmen sollten: Sie können ein paar Kopien von Ihrem schlanken Foto anfertigen und Ihren verflossenen Liebhabern schicken.»

Wie schön wäre es, könnten wir immer so humorvoll mit unseren Schlankheitseskapaden umgehen. Doch der Wunsch nach einem schlanken Körper ist eine bitterernste Angelegenheit, die immer häufiger zur regelrechten Sucht ausartet. Wie beim Junkie um die Droge, kreist das Denken fast nur noch um Ernährung, um Kalorienzahlen und Fettwerte. In einer repräsentativen Umfrage gestanden 1991 42,2 Prozent der weiblichen Bevölkerung in Deutschland (also fast jede zweite Frau), mindestens einmal in ihrem Leben eine Diät durchgeführt zu haben. Damals gaben nur 16,6 Prozent der Männer zu, ab und zu für einen schlanken Körper zu hungern. Inzwischen dürfte diese Zahl deutlich gestiegen sein. Auch Männer machen sich zunehmend Sorgen um ihre Körperformen. Leicht gebräunt, sportlich, schlank und faltenlos – so lauten die Anforderungen an den modernen Mann. In Frankreich hat sich der Verkauf von Schönheitsprodukten für Männer in den letzten zehn Jahren verzehnfacht. Sogar vor ihrem geliebten Wein machen die Franzosen nun halt: Immer mehr bestellen nur noch Mineralwasser zum Essen, sogar in Dreisternelokalen. «Les Badoits», «Les San Pelegrino» oder «Les Vittel» nennen die verzweifelten Lokalbesitzer diese neue, schlankheitsbeflissene Generation ihrer Kunden.

Werbespots und Modemagazine, in denen überschlanke, aber muskulöse Männer posieren, setzen auch das starke Geschlecht unter Abnehmzwang. Nach Erfahrung der Münchener Beratungsstelle für Anorexie und Bulimie (ANAD) wächst die Zahl der Männer, die unter Eßstörungen leiden. Der Schlankheitswahn der Männer verknüpft sich dabei noch unheilvoll mit der Idealvorstellung vom muskulösen Körper. Um Kalorien zu verbrauchen und Muskeln zu bilden, rackern sie sich oft bis zur Erschöpfung in Fitneßstudios, beim Joggen, Radfahren, in Tennishallen und Squashcentern ab. Manfred Fichter, ärztlicher Leiter der psychosomatischen Klinik Roseneck am Chiemsee, hat nachgewiesen, daß bei Männern im Vergleich zu Frauen der Fitneßkult eine größere Rolle spielt. Aber auch Frauen unterstützen ihre Bemühungen um eine schlanke Linie zunehmend mit körperlichem Training. Von den 3,5 Millionen Mitgliedern, die in den insgesamt 5500 bundesdeutschen Fitneßstudios trainieren, sind inzwischen sogar 60 Prozent Frauen. Von allen Sporttreibenden geben in Umfragen 40 Prozent an, daß sie mit Hilfe der Bewegung Gewicht reduzieren wollen.

Die Motive der Geschlechter für diese Selbstkasteiung sind geprägt vom geltenden Schönheitsideal, das sowohl für Frauen als auch für Männer einen überschlanken, aber gleichzeitig muskulösen Körper vorschreibt und diesen Körper zudem ideologisch überhöht. So stand in der renommierten *International Herald Tribune* im Juli 1996 ein Artikel, der ein wahres Loblied auf die positiven Auswirkungen des neuen, muskulösen Schönheitsideals für Frauen sang. Illustriert mit Bildern der sporttreibenden Lady Di und der joggenden Madonna, wurde dort behauptet, daß ein durchtrainierter, schlanker Körper Zeichen eines unabhängigen Geistes sei: «In den zwanziger Jahren begannen Frauen Diät zu halten und trieben Sport, sie befreiten den Körper vom Korsett und Einschnürungen, wie sie auch ihren Geist befreiten von Ideen männlicher Dominanz und weiblicher Unterwürfigkeit. Im Laufe des Jahrhunderts übernahmen Frauen langsam die Kontrolle über ihr Leben und gewannen Gefallen an den Siegen der Gleichberechtigung. Siege über Geist und Körper. Muskelgespannte weibliche Körper sind in der ganzen Welt ein triumphales Testament der feministischen Revolution.» Ohne ihr Fitneßtraining, so wird in diesem Artikel suggeriert, hätte sich Lady Di wahrscheinlich nicht aus ihrer unglücklichen Ehe lösen können. «Sie trainierte, bis ihr schlanker Körper ‹Sieg› signalisierte, nicht ‹Opfer›.»

Zweifellos ist ein gesunder, fitter Körper größeren Herausforderungen gewachsen als ein schlaffer. Und zweifellos hat körperliche Aktivität auch einen positiven Einfluß auf die psychische Verfassung und das allgemeine Wohlbefinden. Psychologen an der University of Houston fanden heraus, daß Menschen, die regelmäßig Sport treiben, sich selbst als athletischer, fitter und kompetenter einschätzen, als Sportmuffel dies tun. Aber schon das Beispiel Lady Di zeigt, daß ein allzu euphorischer Blick auf die durchtrainierte «neue Frau» äußerst einseitig und verzerrend ist. Unerwähnt, weil nicht ins optimistische Bild passend, blieb in diesem Artikel, daß Lady Di lange Zeit unter Bulimie litt, in aller Öffentlichkeit in Tränen ausbrach und alles andere als ein Bild der Kraft und Energie bot.

Unerwähnt blieb zudem, daß Emanzipation nicht vor Körperunzufriedenheit schützt. Der Schlankheitswahn macht auch vor Frauen nicht halt, die sich selbst als «Feministin» bezeichnen. In der bereits erwähnten *Psychology today*-Umfrage zeigten sich 39 Prozent der emanzipierten Frauen als unzufrieden mit ihrem Körper.

Unerwähnt blieb weiterhin das Ergebnis einer Studie, die Mandy McCarthy von der University of Pennsylvania durchführte. Für sie ist das extreme Schlankheitsideal unserer Zeit eine Hauptursache dafür, daß Frauen an Depression erkranken. Das Streben nach Schlankheit, so glaubt McCarthy, kann folgende fünf Tatsachen erklären:

1. Frauen erkranken doppelt so häufig wie Männer an Depression.
2. Dieser Geschlechterunterschied entsteht in der Pubertät (vor der Pubertät sind Jungen häufiger betroffen).
3. Dieser Geschlechterunterschied tritt nur in westlichen Ländern auf.
4. Depressionen haben in den letzten Jahrzehnten deutlich zugenommen, sie treten heute zehnmal häufiger auf als noch vor 50 Jahren.
5. Das Alter, in dem Menschen erkranken, ist gesunken. Früher galten die über Fünfzigjährigen als besonders anfällig für depressive Erkrankungen, heute sind verstärkt die Fünfundzwanzig- bis Vierundvierzigjährigen betroffen.

Die Wissenschaftlerin begründet ihren Verdacht, daß ein Zusammenhang zwischen Schlankheitsideal und Depression besteht, folgendermaßen: In allen Kulturen, in denen ein extremes Schlankheitsideal herrscht, erkranken mehr Frauen als Männer an Depression. Umgekehrt läßt sich in Ländern, in denen Männer wie Frauen gleichermaßen depressiv werden, kein derartiger Kult um die Schlankheit feststellen.

Daß die ständige Sorge um das Gewicht die Stimmung beeinflußt, bestätigt eine Umfrage unter mehreren tausend Frauen. Wenn die Waage zuviel anzeigt, dann «kann ich mich nicht leiden», geben 41,6 Prozent der Befragten zu. Um sich wieder besser zu fühlen, fangen 33,5 Prozent zu hungern an.

Wir alle reden vom Ideal- und Normalgewicht, errechnen anhand von Formeln und Tabellen, wieviel wir wiegen dürfen.

Kaum jemand kommt auf die Idee, nachzufragen: Warum sind ausgerechnet soundso viele Kilogramm mein Idealgewicht? Wer sagt das? Wer hat das festgelegt? Inzwischen ist erwiesen, daß das «Idealgewicht» eine große Irreführungskampagne ist. Sie wurde in den sechziger Jahren von einer amerikanischen Lebensversicherung gestartet, die das Idealgewicht «erfand», um Versicherten, die über diesem Phantasiewert lagen, mit dem Hinweis «Sie sind zu dick!» mehr Geld abknöpfen zu können. Die Versicherung hatte Daten ihrer Versicherten ausgewertet und war dabei auf ein «ideales» Körpergewicht gestoßen, das, statistisch gesehen, eine hohe Lebenserwartung garantierte. Neuere Untersuchungen belegen inzwischen eindeutig, daß es das Idealgewicht allerhöchstens in jungen Jahren gibt, daß Menschen über 30 mit dem Idealgewicht sogar untergewichtig sein können. Und wer einen schweren Körperbau hat, kann sich anstrengen, soviel er oder sie will − das Idealgewicht wird unerreichbar bleiben.

Ein heftiger Kritiker des «Idealgewichts» ist auch der Psychoanalytiker Christoph Klotter. «Das Idealgewicht ist eine Lüge», stellt er klipp und klar fest. Es sei «medizinisch überhaupt nicht begründbar», sondern vielmehr abhängig von den jeweiligen Modetrends. Klotter macht dies am eigenen Beispiel deutlich: «Ich bin 1,76 m groß, mein Normalgewicht beträgt 76 Kilo, das Idealgewicht ungefähr 70 Kilo ... Anfang dieses Jahrhunderts hätte ich noch 90 Kilo wiegen dürfen, um an der Schwelle zum Übergewicht zu stehen, folgt man den Gewichtsnormen der damals bekanntesten Fettsuchtforscher ... Daran erkennt man, wie variabel die Norm ist.»

Und schließlich gibt es noch den Verdacht, daß Übergewicht in manchen Fällen genetisch bedingt sein kann. Zwar ist es bislang nicht gelungen, ein bestimmtes, für Übergewicht verantwortliches Gen ausfindig zu machen. Doch daß es eine Veranlagung zum Dickwerden oder Dicksein gibt, steht für Ernährungswissenschaftler fest. «Wissenschaftler kommen immer mehr zu dem Schluß, daß Übergewicht eher eine Schicksals- als eine Schuldfrage ist», so Volker Pudel, Professor für Ernährungswissenschaft an der Universität Göttingen und Vizepräsident der DGE. Die Deutsche Gesellschaft für Ernährung (DGE) fordert daher, Übergewicht nicht mehr länger als Willensschwäche abzuurteilen, sondern als chronische Krankheit zu betrachten. Menschen mit Übergewicht sollte dabei geholfen werden, nicht ihre Pfunde, sondern ihre Schuldgefühle abzubauen, meint Pudel.

Informationen wie diese wirken entlastend. Sie können allerdings das geltende Schönheitsideal nur langsam und auf lange Sicht verändern. Im Moment jedenfalls ist ein Wandel noch nicht in Sicht. Im Moment träumen die meisten Menschen weiterhin vom Idealkörper.

Für viele Menschen, vor allem für Frauen, ist dieses Ziel zum Lebensinhalt geworden, weil sie glauben, daß sie, sobald das Idealgewicht erreicht ist, mit ihrem Leben insgesamt besser zu Rande kommen. «Wenn ich erst mal schlank bin ...», dann lösen sich auch alle anderen Probleme. Dann finde ich den Traumpartner, dann kommt der Erfolg im Beruf, dann bin ich glücklich. Der schlanke Körper soll das Selbstwertgefühl erhöhen, mehr Selbstsicherheit und Durchsetzungskraft geben.

Die Prediger der Schlankheit sorgen durch ihre Versprechen dafür, daß wir am Zusammenhang zwischen Idealgewicht und Lebensglück nicht zweifeln. Scheitert mal wieder eine Diät, dann schreiben wir das unserem eigenen Unvermögen und unserer Willensschwäche zu. Wir fühlen uns als Versager. Erst ein neuer Diätanlauf läßt die Stimmung steigen. Bereits der Entschluß, sich zu disziplinieren, hebt das allgemeine Wohlbefinden und mindert das schlechte Gewissen. Zeigt die Waage zwei Pfund Gewichtsverlust an, fühlen wir uns schon sehr viel schlanker, gesünder, fitter. Dies ist der Teufelskreis, der uns den Glauben an Diäten nicht verlieren läßt: kurzfristige Steigerung des Selbstwertes – Scheitern der Diät, Sinken des Selbstwertes – neuer Diätversuch – kurzfristige Steigerung des Selbstwertes und so weiter.

Der ständige Nachschub an neuen Diäten und Schlankheitsmitteln sorgt dafür, daß unsere Motivation ebensowenig nachläßt wie unser schlechtes Gewissen. Wenn wir kurzfristig auch immer wieder mal frustriert aufgeben, so schöpfen wir doch mit jeder Ankündigung eines neuen Mittels oder einer neuen Ernährungsvariante wieder Hoffnung.

Doch wie berechtigt ist diese Hoffnung?

Nicht wir, sondern die Erfolge bleiben auf Dauer mager

Erfahrung und Statistiken zeigen: 70 Prozent all derer, die ein Diätprogramm beginnen, führen es nicht zu Ende; die Hälfte der Menschen, die es mit sogenannten Formula-Diäten aus der Apotheke versuchen, gibt die Diät nach einigen Wochen frustriert wieder auf.

In einer amerikanischen Studie wurden Abnehmwillige vier Jahre nach ihrer Diät gefragt, wieviel sie nun auf die Waage bringen: Nur drei Prozent hatten ihr neues Gewicht halten können. Eine andere Untersuchung ergab, daß fünf Jahre nach einem Diätprogramm der durchschnittliche Gewichtsverlust knapp drei Kilogramm betrug. Nach deutschen Schätzungen liegt die Rückfallquote zwischen 50 und 95 Prozent. Der Trend ist eindeutig: Die überwiegende Mehrheit aller Diätwilligen nimmt das abgenommene Gewicht vollständig (wenn nicht sogar mehr) innerhalb der nächsten fünf Jahre wieder zu.

In den letzten Jahren hat es immer wieder Versuche gegeben, Menschen von der Diät abzubringen, sie über deren negative Auswirkungen aufzuklären und sie mit ihrem Körper auszusöhnen.

In zahlreichen psychologischen Ratgebern versuchen Autorinnen das Selbstbewußtsein ihrer Leserinnen zu stärken und ihnen dabei zu helfen, ihren Körper zu akzeptieren. Aufklärung über das gesellschaftliche Schönheitsideal und dessen Ursprung soll bewußtmachen, wie sehr das eigene Körperideal von außen manipuliert wird. «Wir können lernen, unseren Körper so zu akzeptieren, wie er ist, mit all seinen Unzulänglichkeiten», schreiben zum Beispiel die Psychologinnen Rosalyn M. Meadow und Lillie Weiss in ihrem Bestseller «Good Girls don't eat Dessert» (Brave Mädchen essen keinen Nachtisch). «Das mag zunächst unmöglich erscheinen, doch eine Menge Frauen haben sich mit ihrem Körper angefreundet. Sie haben begonnen, ihren Körper als Quelle der Freude zu betrachten und nicht als Qual.» Die Autorinnen empfehlen die allseits bekannte Spiegel-Übung: Stellen Sie sich vor den Spiegel, stülpen Sie sich eine Papiertüte mit Augenschlitzen über die Augen (das schafft Distanz zum eigenen Körper), und betrachten Sie unvoreingenommen, was Sie sehen. Wenn Ihnen etwas nicht gefällt, zum Beispiel der doch etwas dicke Bauch, betonen Sie diesen Körperteil noch: Strecken Sie ihn heraus, machen Sie ihn noch dicker. «Das Ziel ist, sich im eigenen Körper wohl zu fühlen und zu lernen, ihn zu mögen», erklären die Psychologinnen. «Viele Frauen, die diese Übung machen, sind überrascht, daß ihre Körperformen durchaus etwas Attraktives haben, was ihnen vorher noch gar nicht aufgefallen war.»

Auch aus einer anderen Richtung kommen inzwischen beschwichtigende Töne: Wer länger leben will, der sollte nach Möglichkeit leicht übergewichtig sein. In einer 14 Jahre laufenden Langzeitstudie an 1244 Amerikanern wurde festgestellt, daß jene Menschen die geringste Sterblichkeitsrate aufwiesen, deren Gewicht 24 bis 38 Prozent über dem offiziellen Idealgewicht lag. Auch der Epidemiologe Steven Blair vom *Cooper Institute for Aerobic Research* in Dallas konnte in seinen Studien keinen Zusammenhang zwischen Schlankheit und Gesundheit feststellen. Seine Daten basieren auf der Langzeitbeobachtung von über 25 000 Männern, die sich in seinem Institut regelmäßig zum medizinischen Check up einfanden. Übergewichtige Männer haben nach Blairs Erkenntnis durchaus ein höheres Risiko, an Bluthochdruck, Diabetes oder auch Krebs zu erkranken. Aber: Dieses Risiko besteht nur dann, wenn die Übergewichtigen körperlich nicht fit sind. Zu viele Pfunde, so Blair, sind dann kein Problem, wenn regelmäßig Sport getrieben wird. Mehr noch: Schlanke Männer, die ihren Körper nicht regelmäßig trainieren, haben ein größeres Risiko, krank zu werden und vorzeitig zu sterben, als gewichtige, aber sportliche Männer. Schlanksein, so Blair, ist keine Garantie für ein gesünderes oder längeres Leben. Wer regelmäßig Sport treibt, braucht sich um ein paar Pfunde mehr auf den Hüften keine Sorgen zu machen. Ein Ergebnis, das für Männer und Frauen gelten soll.

Die Amerikaner hören solche Botschaften gerne. Sie haben offensichtlich die Nase voll von Diätratschlägen und «Lean»-Produkten. Nach Berechnungen des *National Center for Health Statistics* sind Übergewichtige in den USA inzwischen in der Mehrheit. Und diese Mehrheit setzt sich gegen die Tyrannei der Schlanken zur Wehr. «Amerika wird fetter», klagt zwar noch die *New York Times*, doch andere Magazine versuchen, das neue Selbstwertgefühl ihrer übergewichtigen Leserinnen und Leser zu stärken. Die Boulevardzeitung *USA today* spricht von der «Renaissance der stolzen Fetten», Kaufhäuser bieten nicht nur Konfektionsgröße XL, sondern längst XXL an, und fettes Essen ist wieder «in». McDonald's hat seinen fettarmen Burger «McLean Deluxe» sang- und klanglos aus dem Angebot genommen. Die Nachfrage war zu schwach. Gern geordert wird jetzt dagegen der «Arch Deluxe», dick belegt mit allem, was der «reife Geschmack» (so die McDonald's-Werbung) erwartet. Die Amerikaner haben ihr schlechtes Gewissen satt und wagen es wieder, sich satt zu essen. Das ist *eine* Möglichkeit, sich von der Tyrannei der Schlankheit zu befreien. Abgesehen davon, daß diese Lösung nicht unbedingt gesundheitsfördernd ist, werden wir schlankheitsbewußten Deutschen damit wohl kaum glücklich werden können. Es sind sicherlich nur wenige, die sich zurücklehnen und sagen: «Also wenn Diäten sowieso nichts nutzen und ich auch mit Übergewicht alt werden kann, dann stelle ich mich mit einer Papiertüte mit Augenschlitzen vor den Spiegel und söhne mich mit meinem Körper aus. Dann treibe ich ein wenig Sport (zum Beispiel könnte ich bei McDonald's vorbeijoggen und mir einen Big Mac genehmigen) und mache mir ansonsten keine Gedanken mehr um meine Körperformen.»

Auch die Meinung der Kinder, die von der Zeitschrift *Eltern* zum Schlankheitsfimmel ihrer Mütter befragt wurden, wird diese nicht mit ihren Körperrundungen aussöhnen können. «Mutti soll so bleiben, wie sie ist», sagte eine Zwölfjährige. «Etwas füllig. Sonst sähe sie gar nicht mehr so aus wie eine Mutti.» Realistischer als die eigene Mutter zeigte sich auch ein zwölfjähriger Realschüler: «Sie kann doch nicht erwarten, daß sie bis ins hohe Alter aussieht wie ein Topmodel. Sie ist schon 36!»

Im Moment sind keine Anzeichen dafür zu finden, daß wir die Hoffnung auf einen schlanken Körper aufgegeben hätten. Noch übertönen die Veränderungsprediger auch in diesem Bereich die warnenden Stimmen. Beschwichtigungsformeln und Aufklärungskampagnen schaffen es offensichtlich nicht, den starken Veränderungswillen zu schwächen. Können sie auch gar nicht, wenn uns gleichzeitig völlig anderslautende Botschaften erreichen.

Anfang des Jahres 1997 gingen ein Foto und eine Nachricht

durch Tageszeitungen, Wochenblätter und Klatschmagazine: Miß Universum von 1996, die Venezuelerin Alicia Machado, hat in einem Jahr fast 30 Pfund zugelegt, entsetzten sich die Journalisten. «Jetzt muß sie von ihren 135 Pfund runter, denn nächsten Mai soll sie im Fernsehen ihre Nachfolgerin inthronisieren, und die Zuschauer wollen die Zwanzigjährige schlank sehen, behauptet Millionär Donald Trump, der den Wettbewerb mit ausrichtet», schreibt der *Stern* (8/97). Illustriert ist diese Meldung mit eindrucksvollen Vorher-Nachher-Fotos: hier die siegeslächelnde dürre Alicia, dort die kurvenreiche Alicia mit Springseil. Alicia, dünn und «dick» hübsch anzuschauen, lächelt zu alledem geduldig, läßt sich beim Fitneßtraining ablichten und macht das Spiel mit. Wenn sie den Mut hätte, zu ihren Pfunden zu stehen, wenn sie es auf einen Eklat ankommen ließe und darauf bestünde, normalgewichtig und nicht abgemagert die nächste Miß Universum zu krönen, dann wären wir einen bedeutenden Schritt weiter. So aber vernehmen wir nur die Botschaft: Eine Frau ist nur dann schön, wenn sie dünn ist.

Solange uns solche Botschaften erreichen, will die große Mehrheit von uns nicht so bleiben, wie sie ist. Ratschläge à la «Lernen Sie, sich zu akzeptieren» mögen wir ab und zu ganz gerne lesen, zu einer Einstellungsveränderung verhelfen sie uns nicht. Der Wunsch, schlanker zu sein, ist zu übermächtig.

«Nichts gegen Diäten!»
Fünf Regeln für ein vernünftiges Körpermanagement

Bevor wir uns jedoch ins nächste Diätabenteuer stürzen, sollten wir uns zweierlei klarmachen:

1. Unser Körpergewicht ist nur in engen Grenzen veränderbar. «Menschen haben unterschiedliche Stoffwechseleigenschaften, wie sie sich in der Farbe ihrer Haare und Augen unterscheiden. Das müssen wir akzeptieren und das eigene Diätziel sowie die Therapie stärker individuell gestalten», klärt Hannelore Daniel, Präsidiumsmitglied der Deutschen Gesellschaft für Ernährung und Professorin an der Universität Gießen, auf. Das Vorhaben, durch Crash-Diäten möglichst viel abzunehmen, muß scheitern. Aussicht auf Erfolg haben unsere Veränderungsbemühungen nur dann,

wenn wir unser individuelles, realistisches Normalgewicht kennen. Dabei kann uns am besten ein auf Ernährung spezialisierter Arzt helfen. Kommen wir mit seiner Hilfe zu dem Ergebnis: «ein paar Pfunde müssen runter», dann können wir durchaus etwas verändern.

2. Die zahlreichen Diäten, Schlankheitspillen und Abnehm-Rezepte können uns immer wieder zu neuen Anläufen verleiten, doch sie können nicht darüber hinwegtäuschen: Eine schnelle Lösung gibt es nicht. Es gibt keine Geheimwaffe gegen Übergewicht. Es gibt kein hundertprozentig sicheres Rezept fürs Abnehmen. Es gibt keine Wunderdiät und keine Superpillen. Man kann es drehen und wenden: Selbst wenn man nur einige, wenige Pfunde abnehmen will, dann erfordert dies einen eisernen Willen und die Kraft, zeitweise allen Versuchungen zu widerstehen.

Sie wollen immer noch abnehmen? Gut. Sich selbst zuliebe sollten Sie diesmal aber einige Regeln befolgen, die Ihnen helfen können, Frustrationsgefühle und das schlechte Gewissen zu vermeiden. Viele Menschen bekommen schon ein schlechtes Gewissen, wenn sie nur daran denken, eine Diät anzufangen. Sie vermeiden, mit anderen darüber zu reden oder sie in ihre Pläne einzuweihen. Weil sie Bemerkungen fürchten wie «Was, schon wieder?», «Das hat doch alles keinen Sinn», «Diäten machen krank», «Das hast du doch gar nicht nötig», greifen sie zu Notlügen, wenn andere sie zum Essen verführen wollen: «Ich kann jetzt nichts essen, ich war gerade beim Zahnarzt», «Ich vertrage keinen Kuchen. Ich hab was am Magen», «Ich reagiere allergisch gegen ...», «Mein Stoffwechsel wird eingestellt».

Allein dieses Versteckspiel oder auch der Zwang, sich für sein Ernährungsverhalten rechtfertigen zu müssen, kostet Nerven und macht schlechte Laune. Abgesehen davon, daß es andere Leute wirklich nichts angeht, wie und was wir essen, liefern uns neue wissenschaftliche Arbeiten gute Argumente für eine Diät. Wir brauchen kein schlechtes Gewissen mehr zu haben, sondern wir können darauf hinweisen, daß Diäten nicht schädlich sein müssen, wenn wir die Kunst des Abnehmens beherrschen.

Zunächst ist es ein sicherlich entlastender Gedanke, daß unsere Gewichtsprobleme nicht Zeichen eines schwachen Willens sein müssen, sondern ein Erbe der Evolution sind. Vor Tausenden von Jahren überlebten unsere Vorfahren nur dann, wenn es ihnen gelang, ausreichend Fett im Körper zu speichern. Wer damals, oft erst nach Tagen und Wochen, endlich Nahrung fand, der sagte nicht: «Nun, ich esse eine Portion, bis ich satt bin, dann höre ich auf», sondern jeder aß, soviel er nur konnte. Schließlich gab es noch keine Kühlschränke, in denen die Reste hätten gelagert werden können. Niemand ist damals auf die Idee gekommen, mit Essen aufzuhören, nur weil er satt war. Niemand hat sich mit Selbstvorwürfen geplagt, weil er nach dem großen Fressen träge und faul war. Und niemand sagte: «Ich bin so voll, ich muß unbedingt noch eine Runde in der Steppe drehen», sondern jeder wußte, daß es in den nächsten Tagen ohnehin wenig oder nichts zu essen geben würde.

Ein gesunder Appetit, die Fähigkeit, Fett zu speichern und große Mengen verspeisen zu können – das waren für unsere Vorfahren Überlebensmechanismen. Für uns jedoch wird dieses evolutionäre Erbe zum «genetischen Bumerang», meint Hannelore Daniel: Die für unsere Vorfahren überlebensnotwendige Fähigkeit, Fett zu speichern, wird uns heute, angesichts des Überangebotes an Nahrung, zum Verhängnis. Obwohl wir längst nicht mehr als bewegungsfreudige Jäger und Sammler unterwegs sind, verhalten wir uns noch so wie unsere Vorfahren: Wie sie futtern wir auch heute noch solche Mengen, als müßten wir mit schlechten Zeiten rechnen. So faul, wie sie nach einem ausgiebigen Essen in ihrer Höhle lagen, so faul liegen wir nun auf dem Sofa und verschwenden nur ein paar Kalorien auf dem Weg zum Kühlschrank. Um nicht allzu sehr die Kontrolle über den Körper zu verlieren, verschaffen wir uns von Zeit zu Zeit künstliche Hungersnöte. Wir tun so, als hätten wir bei der Jagd nichts erlegt – wir halten Diät. Bis zur nächsten Freßorgie.

Wir befinden uns also ganz im Rhythmus unserer «Natur», wenn wir mal abnehmen, mal zunehmen, mal wenig zu essen brauchen und dann wieder wahre Orgien veranstalten wollen. Fressen *und* Fasten – zwei Bedürfnisse, die zu unserem Leben gehören. Das bedeutet aber auch, daß wir uns beides erlauben sollten – auch die viel gescholtene Diät. Womit wir bei der ersten wichtigen Regel wären:

1. Regel: Erlaube dir, Diät zu halten

Die amerikanische Psychologin Judith Rodin und ihre Kollegin Kelly D. Brownell stellen in Frage, daß Diäten wirklich so sinnlos und schädlich sind, wie allgemein behauptet. Die beiden Wissenschaftlerinnen sind der Ansicht, daß es einen erheblichen Unterschied macht, ob man erklärt, es gäbe bislang wenig Belege für die Wirksamkeit von Diäten, oder ob man pauschal behauptet: Alle Diäten scheitern. Während die erste Behauptung richtig ist, kann die zweite widerlegt werden.

Rodin und Brownell kritisieren an der bisherigen Forschung:

1. Die Mehrzahl der vorliegenden Daten zum Erfolg beziehungsweise Mißerfolg von Diäten stammt von Patienten, die in Kliniken aus medizinischen Gründen auf Diät gesetzt wurden. Ein Vergleich dieser Patienten mit der Allgemeinbevölkerung ist nicht zulässig, meinen Rodin und Brownell. Denn: Diese Patienten haben meist enormes Übergewicht, leiden unter Eßstörungen und zeigen oft psychopathologische Züge. All dies trifft auf normal- oder leicht übergewichtige Menschen, die aus eigenem Wunsch abspecken wollen, nicht zu. Der in vielen Studien belegte Mißerfolg der Klinikpatienten sagt also nichts über die Erfolgschancen eines durchschnittlichen Menschen aus.

2. Daß man erfolgreich abnehmen kann, belegen Studien, die nicht mit Klinikpatienten durchgeführt wurden. Sie zeigen, daß mit sinnvoller Diät Gewicht verloren werden und dieser Gewichtsverlust auch langfristig gehalten werden kann. Vor allem die Kombination aus Reduzierung der Kalorien, Ernährungsschulung und Verhaltensänderung scheint erfolgreich zu sein.

3. Ebenso ungeklärt ist die Frage, ob ständige Gewichtsschwankungen (Jo-Jo-Effekt) gesundheitsschädlich sind. Neuere Studien kommen zu widersprüchlichen Ergebnissen: Während die einen ein erhöhtes Risiko unter anderem für Kreislauferkrankungen feststellen, kommen andere zu dem Schluß: Der Jo-Jo-Effekt hat keinerlei Auswirkungen auf die Gesundheit.

4. Ein weiterer ungeklärter Punkt betrifft die Frage, ob Diäten schwere Eßstörungen verursachen können. Unbestritten ist, daß vielen Eßstörungen Diätversuche vorangehen, doch ein eindeu-

tiger Zusammenhang konnte bislang wissenschaftlich noch nicht belegt werden.

Das Resümee der beiden Psychologinnen: Die wissenschaftlichen Arbeiten zum Thema Diät weisen zu viele Defizite und Lücken auf, als daß allgemeine Aussagen über ihren Nutzen und ihre Wirkung gemacht werden könnten. (*American Psychologist*, 9/94).

Diese Wissenslücken über Diäten sind *ein* Grund dafür, warum wir uns selbst und anderen Abnehmwilligen keine Moralpredigten mehr halten sollten. Zu widersprüchlich ist die Forschungslage, als daß wir uns ein abschließendes Urteil erlauben könnten.

Ein weiteres Argument pro Diät liefern neuere Studien, die beweisen: Wir können erfolgreich abnehmen und unser Gewicht dauerhaft halten, wenn wir vernünftig bleiben, uns keine unrealistischen Ziele setzen und auch während einer Diätphase ab und zu sagen: «Aber bitte mit Sahne!»

Wer ganz bestimmte Psychofallen vermeidet und ein paar sehr grundlegende Regeln beachtet, kann sein Gewicht verringern. Zum Beispiel verloren die Teilnehmer einer Studie zwischen 15 und 25 Kilogramm Körpergewicht. Eine Gruppe nahm sehr schnell ab, und es gelang ihr auf Anhieb, das Gewicht zu halten; eine weitere Gruppe verlor ebenfalls sehr viele Kilogramm, nahm etwa die Hälfte davon wieder zu, konnte dann aber dieses Gewicht halten; und eine dritte Gruppe schließlich nahm nach einer Diät nur wenig ab, nahm wieder etwas zu, nahm wieder ab, befindet sich aber auf einem stetigen Abwärtstrend, was ihr Gewicht angeht.

Von diesen Erfolgreichen hatten 70 Prozent bereits als Kind oder Jugendlicher mit Übergewicht zu kämpfen, ein Drittel der Teilnehmer war weit über 40 Jahre alt, als es ihnen gelang, dauerhaft abzunehmen, und fast 80 Prozent hatten vor ihrem Erfolg alle möglichen Diäten ausprobiert und Gewicht ab- und wieder zugenommen.

Die entscheidende Frage ist nun: Worin genau unterscheiden sich diese Erfolgreichen von den vielen anderen, deren Diäten immer wieder scheitern und die niemals auf Dauer ein Körpergewicht erreichen, mit dem sie sich wohl fühlen? Dazu muß man erklären, in welchen Phasen eine Gewichtsabnahme abläuft:

In der ersten Phase kommt es zu schnellen Erfolgen, die das Selbstwertgefühl steigern und uns euphorisieren. In dieser Phase glauben viele, daß sie es diesmal wirklich schaffen, ihrem Zielgewicht näher zu kommen. Doch sie wird ziemlich bald von einer zweiten abgelöst, der Phase der Frustration. Nun erkennt der Abnehmwillige, daß es ungeheure Ausdauer und Anstrengung kostet, bis das gesteckte Ziel erreicht ist. Er ist genervt, fragt sich, warum andere es scheinbar soviel einfacher haben, bemitleidet sich und will sich nicht mehr länger kasteien. Viele geben in dieser Phase auf und erreichen nicht mehr die dritte, für den Erfolg so wichtige Phase. Es ist dies die Phase der «vorläufigen Akzeptanz». Das Selbstmitleid hört auf, die Abnehmenden fangen an, sich mit ihrem neuen Körpergewicht und vor allem ihrem neuen Eßverhalten wohl zu fühlen und es zu akzeptieren. Für den, der diese dritte Phase erreicht, ist das Schlimmste überstanden. Der Erfolg ist ihm sicher.

Wie aber schafft man den Übergang von der frustrierenden zweiten zur akzeptierenden dritten Phase? Alle vorliegenden Untersuchungen zeigen, daß es vor allem auf die Beachtung folgender wichtiger Regeln ankommt.

2. Regel: Die richtige Motivation oder Warum wollen Sie schlanker werden?

Warum wollen Menschen abnehmen? Weil der Partner findet, daß sie zu dick sind? Weil die Lieblingshose spannt? Weil der Urlaub vor der Tür steht? Motive wie diese sind nicht geeignet, einen Diätwilligen bei Laune zu halten. Die meisten Menschen, die solche Motive für ihre Diät angeben, hören nach spätestens sechs Wochen damit auf. Solange eine Person nicht «intrinsisch» motiviert ist, bleibt der Erfolg begrenzt. Dies bestätigt eine Studie, an der 128 abnehmwillige Personen teilnahmen, die über einen Zeitraum von zwei Jahren wissenschaftlich begleitet wurden. Gefragt nach ihren Motiven, gab ein Teil von ihnen externe Gründe an: «Ich möchte anderen zeigen, daß ich mich wirklich bemühe, Gewicht zu verlieren», «Ich fühle mich als Versager, wenn es mir nicht gelingt, schlanker zu werden.» Ein Teil der Untersuchten nannte andere Motive: «Es ist für mich persönlich wichtig abzunehmen», «Ich glaube, ich kann mir selbst am besten helfen, indem ich abnehme.» Dies sind «intrinsische» Motive, und nur sie führen langfristig zum Erfolg. Anders als die extern motivierte Gruppe, hielt die Gruppe, die intrinsische Motive angab, das Diätprogramm leichter durch, verlor mehr Gewicht, trieb regelmäßiger Sport und hatte auch 23 Monate nach Ende des wissenschaftlichen Begleitprogramms nicht wieder zugenommen.

Eine intrinsische Motivation ist also eine wichtige Voraussetzung, soll die Gewichtsabnahme von Dauer sein. Wenn ein Schlankheitswunsch nur als Reaktion auf äußeren Druck entsteht, ist der Mißerfolg programmiert.

3. Regel: «Sünden» sind erlaubt

Alle Ernährungsratschläge und Aufklärungsversuche zu vernünftigem Verhalten haben – so scheint es – nichts weiter bewirkt als ein schlechtes Gewissen. Dieses schlechte Gewissen macht erwachsene Menschen zu heimlichen Naschern, die sich mit Schuldgefühlen herumplagen, wenn sie mal «was Falsches» gegessen haben. Und dieses schlechte Gewissen führt zu einem schwerwiegenden Fehler, zu kontrolliertem Essen.

«Nie wieder Schokolade!» – «Um Himmels willen, keinen Kuchen!» – «Auf Käse verzichte ich völlig!» Viele Menschen, die Diät halten, nehmen sich fest vor, ganz bestimmte Speisen endgültig aus ihrem Ernährungsplan zu streichen. Werden sie dann doch mal schwach, dann empfinden sie jede kleine Ernährungssünde als völligen Kontrollverlust und schämen sich ihres Versagens.

Eine kalifornische Studie mit 74 Frauen, die sehr viel Gewicht verloren hatten, fand einen wesentlichen Unterschied zwischen den nur kurzfristig und den langfristig Erfolgreichen: Frauen, die langfristig ihr neues Gewicht halten konnten, versagten sich keine bestimmte Speise, sie unterwarfen sich keinen selbstauferlegten Eßverboten. Die Frauen, die sich nur kurz über ihr neues Gewicht freuen konnten, verfuhren dagegen nach dem «alles-oder-nichts»-Prinzip: Sobald sie ihren rigiden Speiseplan nicht einhalten konnten, verfielen sie in einen regelrechten Eßrausch und fanden in der Folge nur mühsam (oder gar nicht) zu einem vernünftigen Eßverhalten zurück.

Es gibt verschiedene Ursachen für dieses unvernünftige Verhalten:

- Wer vorwiegend kalorienarme oder künstlich gesüßte Nahrungsmittel zu sich nimmt, erhält über den Geschmack keine Information über den Energiegehalt einer Speise. Der Sättigungsprozeß ist gestört, man weiß nicht mehr, wann man satt ist.
- Eine kalorienarme Ernährung verringert auch die sogenannte Thermogenese. Bei normalem Essen steigt die Wärmeproduktion des Körpers, und auch dies ist ein wichtiges Sättigungssignal. Fehlt es oder ist es nur schwach ausgeprägt, kann es ebenfalls zu Freßanfällen kommen.
- Am wichtigsten aber scheint folgendes zu sein: Menschen, die ihre Nahrung sehr stark kontrollieren, essen meist fettarme Lebensmittel. Diese aber befriedigen nicht das Bedürfnis nach Genuß. Es kommt zu einer psychologischen Deprivation, und die verbotenen Speisen bekommen eine geradezu magische Anziehungskraft.

Grundsätzlich sollten alle, die Gewicht verlieren oder es halten wollen, auf ihren Fettkonsum achten. Denn bei jeder Diät schmelzen die Fettreserven, wodurch auch die Fettoxidation sinkt: Der Körper verwandelt weniger Fett in Energie. Wer nach einer Diät dieselbe Portion Fett ißt wie vor der Diät, riskiert, daß mehr Fett in den Zellen abgelagert wird. Menschen, die erfolgreich abgenommen haben und ihr Gewicht halten wollen, müssen daher weitgehend auf fettarme Nahrung umsteigen. Allerdings sollten sie sich immer mal wieder auch richtige Fettbomben wie Schokolade, Eis, Käse oder Nüsse gönnen und diese «Sünden» ohne schlechtes Gewissen genießen. Wer mit Genuß «sündigt», braucht nicht zu befürchten, die Kontrolle über sich zu verlieren.

Und noch etwas spricht dafür, die sogenannten «Sünden» nicht völlig aus dem Speiseplan zu streichen: Wir brauchen manche Nahrungsmittel, die als «dickmachend» oder «ungesund» verschrien sind, um uns wohl zu fühlen. So weiß man inzwischen, daß der soviel gescholtene Zucker unser Lebensgefühl heben kann. Süße Sachen lassen den Blutzuckerspiegel steigen und damit auch die gute Laune. Vor allem die Schokolade ist ein wahrer «Mood food», eine «Stimmungs-Nahrung». Sie enthält zahlreiche Aromastoffe und einige Substanzen, denen eine ähnliche Wirkung wie Marihuana zugeschrieben wird. Der genußvolle Biß in einen Riegel Schokolade kann uns schnell – wenn auch kurzfristig – aus einem Stimmungsloch herausholen. «Mood food» kann, so die Bremer Ernährungswissenschaftlerin und Psychologin Gisela Gniech, als «Therapeutikum» eingesetzt werden. Sie empfiehlt jedem, genau auf die Bedürfnisse des Körpers zu achten und ihm dann «Zucker» zu geben, wenn er es wirklich braucht.

4. Regel: Ersetze das Wunschgewicht durch das Wohlfühlgewicht

Ein sicheres Rezept für das Scheitern ist auch, sich ein festes Wunschgewicht zum Ziel zu nehmen. In den meisten Fällen handelt es sich beim Wunschgewicht um ein sehr unrealistisches Ziel, das sich an den extrem schlanken Körpern der Mode- und Werbewelt orientiert. Das selbstgesteckte Ziel erreicht man meist nur unter großen Entbehrungen, und so ist es verständlich, wenn man nach langer Durst- beziehungsweise Hungerstrecke glaubt: «Jetzt kann ich wieder normal essen.» Meist aber erreicht man das hochgesteckte Ziel überhaupt nicht und gibt den Diätversuch erst mal wieder frustriert auf. Statt eines viel zu niedrigen Wunschgewichtes sollten wir unser «Wohlfühlgewicht» anstreben. Wer nicht weiß, bei wie vielen Kilo Körpergewicht er sich wirklich wohl fühlt, kann dies mit folgenden Fragen herausfinden:

- Was war mein niedrigstes Gewicht, das ich als Erwachsener mindestens ein Jahr lang halten konnte?
- Mit welcher Kleidergröße wäre ich zufrieden? Muß ich unbedingt in die kleinste Größe passen?

Erfolgreich und streßfrei kann man dieses Wohlfühlgewicht erreichen, wenn man auf langfristige Veränderungen setzt und langsam seine Ernährung umstellt.

5. Regel: Bewege dich!

90 Prozent der Menschen, denen es gelingt, ihr neues Gewicht auf Dauer zu halten, bewegen sich regelmäßig. Bewegung allein trägt allerdings nur wenig zur sofortigen Gewichtsabnahme bei, sie hat aber eine enorme Bedeutung, wenn man die verlorenen Pfunde niemals wieder auf der Waage angezeigt sehen will. Körperliche Fitneß ist ein wesentlicher Faktor, um eine erneute Gewichtszunahme zu vermeiden.

Daß körperliche Bewegung sogar dann langfristig zu einer Gewichtsabnahme führt, wenn kein spezielles Diätprogramm eingehalten wird, zeigt eine Studie, die mit 150 übergewichtigen Männern und Frauen durchgeführt wurde. Ein Teil der Teilnehmer hielt eine strenge Diät, ein anderer Teil aß normal, trieb aber regelmäßig Sport, und ein weiterer Teil unterstützte die Diätmaßnahmen mit regelmäßiger körperlicher Aktivität. Nach zwei Jahren hatten jene Teilnehmer, die nur Diät hielten, alles verlorene Gewicht wieder zugenommen. Und auch die Teilnehmer der Diät-Sport-Gruppe waren nicht erfolgreicher. Am meisten abgenommen hatten erstaunlicherweise die sportlich Aktiven. Der Grund: Durch die regelmäßige Bewegung hatte sich auch ohne Diät ihr Eßverhalten normalisiert, sie fühlten sich wohler in ihrem Körper und achteten mehr auf sinnvolle Ernährung.

Mindestens dreimal die Woche 20 Minuten Bewegung halten Experten für das Minimalprogramm. Am besten sei es, sich fünfmal die Woche für 30 bis 45 Minuten in Bewegung zu setzen. Aber Vorsicht! Kaum jemand schafft es, fünfmal die Woche zu trainieren. Es ist nicht nötig, immer und jederzeit das Idealsoll zu erfüllen. Seien wir stolz und froh, wenn wir es schaffen, einigermaßen regelmäßig ein Sportprogramm einzuhalten. Längere Pausen sollten uns nicht entmutigen. Und sie sollten auf keinen Fall dazu führen, daß wir uns mit Selbstvorwürfen und einem schlechten Gewissen die Lust an der Bewegung zunichte machen.

Fazit: Eine Veränderung des Körpergewichtes und des körperlichen Wohlbefindens zum Positiven ist also durchaus möglich. Voraussetzung ist allerdings, sich realistische Ziele zu stecken und sich klarzumachen, daß es keinen einfachen, schnellen Weg zum

Erfolg gibt. Alle Ratgeber, die uns Wundermittel oder Wunderdiäten versprechen, erzählen uns Märchen. Wie amerikanische Diätstudien zeigen, ist es nicht damit getan, für eine Weile Diät zu halten und dann zum gewohnten Lebens- und Ernährungsstil zurückzukehren. Wer langfristig sein körperliches Wohlbefinden verbessern will, der braucht Geduld und die Bereitschaft, seinen Ernährungs- und Lebensstil zu verändern. Die Veränderung des Eßverhaltens ist dabei eine lebenslange Verpflichtung, auf die Bedürfnisse von Körper und Psyche zu achten.

Wie schwierig es ist, den Wunsch «Wenn ich nur schlanker wäre ...» zu erfüllen, zeigt die «Erfolgsstory» der 47jährigen Linda Compeau, die sie dem amerikanischen Magazin *Living Fit* (11/12, 1996) erzählte:

«Meine erste Diät hielt ich, da war ich zehn Jahre alt, bei der nächsten war ich 16, und so ging es weiter. Ich hangelte mich von Diät zu Diät und scheiterte jedesmal. Ich versuchte auch, mein Selbstwertgefühl zu stärken. Ich kaufte Bücher und eine Unmenge Zeitschriften in der Hoffnung, daraus zu lernen, wie ich mich akzeptieren kann, wenn ich schon mein Gewicht nicht kontrollieren konnte. Als ich 40 Jahre alt wurde, wog ich mehr als 100 Kilogramm und bekam gesundheitliche Probleme. Ich hatte geschwollene Beine, ständig Rückenschmerzen und schreckliche Magenbeschwerden. Selbst die kleinste Bewegung brachte mich in Atemnot.

Im Juli 1993 brachte ein scheußlicher Unfall die Wende. Ich stürzte in der Dusche und schaffte es fünfzehn Minuten lang nicht, wieder auf die Beine zu kommen.

Eine Woche später schloß ich mit einem Fitneßtrainer einen Vertrag – mein Ziel war es, 100 Pfund abzunehmen. Der Trainer entwickelte für mich einen 1800-Kalorien-Ernährungsplan, und ich arbeitete dreimal die Woche mit ihm. 25 Minuten auf dem Fitneßfahrrad, 35 Minuten an Gewichten und Maschinen.

Ich verlor pro Monat etwa acht Pfund, und nach 19 Monaten harter Arbeit hatte ich mein Ziel erreicht: Ich hatte 100 Pfund abgenommen. Nun, da ich wieder in Form bin, halte ich Vorträge und teile mit anderen meine Erfahrung, daß eine erfolgreiche Lebensstilveränderung möglich ist. Man braucht allerdings Willenskraft, Entschlossenheit und Hingabe.»

Geschichten wie diese werden in Frauenzeitschriften immer wieder als persönliche Erfolgsstorys gefeiert. Beeindruckende Vorher-Nachher-Fotografien zeigen uns allen: Seht her, es lohnt sich! Auch du kannst das erreichen, wenn du nur willst!

Solche Erfolgsstorys machen uns regelmäßig ein schlechtes Gewissen. Wenn es gelingt, 20 und mehr Kilogramm abzunehmen, wenn andere Menschen so diszipliniert auf ihr Ziel hinarbeiten können, warum bringen wir dann diese läppischen drei Kilo nicht von den Hüften? Sind wir so willensschwach, so undiszipliniert?

Das sind wir ganz sicher nicht. Die Geschichten von extremen Gewichtsabnahmen sind beeindruckend (manchmal sind sie auch gefälscht). Zu verallgemeinern sind sie jedoch nicht. Zwei prominente Beispiele zeigen: Was dem einen gelingt, kann für den anderen ein aussichtsloses Unterfangen sein. Oprah Winfrey, die bekannte amerikanische Talkmasterin, wurde von der Boulevardpresse gefeiert, als es ihr gelang, mit Hilfe der Formula-Diät *Optifast* überflüssige Pfunde loszuwerden und sich in eine ranke Schönheit zu verwandeln. «Vor unseren Augen wurde sie immer dünner und dünner: 180, 160, 150, 140, 120 Pfund», berichtet der amerikanische Sozialpsychologe Martin Seligman. «Im Laufe weniger Monate verlor sie 67 Pfund und sah richtig gestählt und dünn aus.» Lange konnte Oprah ihren Triumph (und die Firma Optifast ihren Verkaufserfolg) allerdings nicht genießen: Schnell waren die verlorenen Kilo wieder da. Seligman: «Im Laufe des nächsten Jahres beobachtete das Fernsehpublikum mit morbider Faszination, wie Oprah den ganzen Weg wieder zurücklegte: von 110 auf 120, auf 130 bis schließlich auf 180 Pfund Körpergewicht.»

Joschka Fischer dagegen hat gute Aussichten, daß er seine neue Schlankheit behalten kann. Anders als Oprah war er vor seiner «dicken» Phase ein «austrainierter Taxifahrer», wie er sich selbst beschreibt. Von der Natur als «schlank» konzipiert, wird es ihm leichter fallen, das neue Gewicht zu halten. Oprah Winfrey dagegen war niemals in ihrem Leben wirklich schlank. Ihr Idealgewicht liegt sicherlich über der Norm. Sobald sie versucht, diese Norm zu erreichen, wird sie langfristig keinen Erfolg haben.

Viele Faktoren spielen zusammen, wenn wir «dicker» sind, als es das geltende Schönheitsideal erlaubt. Unser individueller Stoffwechsel, unser Körperbau und falsche Vorstellungen über unser Idealgewicht können uns immer wieder zum Scheitern bringen. Und nicht jeder Mensch hat soviel Zeit und Geld übrig, um den Großteil seiner Freizeit mit dem Kochen von Diätgerichten oder in Fitneßstudios zu verbringen.

Wenn wir – am besten mit ärztlicher Hilfe – feststellen, ob wir aus gesundheitlichen Gründen abnehmen sollten, dann ist es wichtig, sich einen Ernährungsplan erstellen zu lassen, der auf die individuellen Bedürfnisse abgestimmt ist. Auf jeden Fall aber sollten wir uns von den veröffentlichten Bildern der Schlankheit nicht mehr länger beeinflussen und von Veränderungspredigern nicht mehr länger belügen lassen. Was immer sie uns an Wunderdiäten oder Schlankheitsmitteln auch anbieten: Es hilft uns, wenn überhaupt, nur kurzfristig.

Nichts spricht dagegen, das Körpergewicht im Auge zu behalten und nicht Tag für Tag «über die Stränge zu schlagen». Wir müssen wirklich nicht ständig Schokolade, Kuchen oder Schweinebraten in uns hineinschaufeln. Aber verbieten sollten wir es uns auch nicht. Wir müssen auch nicht jeden Tag Sport treiben, nur sollten wir Bewegung grundsätzlich in unserer Zeitplanung berücksichtigen. Nur wenn wir es uns erlauben, auch faul zu sein, vermeiden wir, uns als Versager zu fühlen. Und nur wenn wir uns erlauben, grundsätzlich alles zu essen, vermeiden wir Freßanfälle.

Bei allem, was wir tun, geht es darum, das schlechte Gewissen abzubauen. Das nämlich ist unser größter Feind. Nicht die Kalorien. Nicht das falsche Essen. Das schlechte Gewissen bewirkt, daß wir noch mehr vom Falschen essen, uns auch am nächsten Tag nicht bewegen und das Gefühl haben, bei uns seien «Hopfen und Malz» ohnehin verloren.

Genießen wir es, wenn wir «sündigen», essen wir die Schokolade und den fetten Käsekuchen mit gutem Gewissen, dann verschwinden die Gelüste nach Süßem und werden nicht übermächtig. Genießen wir es, die Tennisstunde ausfallen zu lassen, nicht ins Fitneßstudio zu gehen, sondern statt dessen faul vor dem Fernseher zu liegen, dann setzen wir uns ganz sicher am nächsten Tag voller Freude wieder in Bewegung.

Gönnen wir uns regelmäßige Pausen von der Vernunft. Beruhigen wir unser schlechtes Gewissen mit dem Hinweis, daß wir ein evolutionäres Erbe mit uns herumtragen, das uns manchmal dazu verleitet, mehr zu essen, als wir brauchen. Hochkalorien-Phasen sind etwas ganz Normales. Ab und an müssen wir die Kontrolle verlieren und all das essen, wonach uns gelüstet. Doch nur wenn wir auf diese Phasen nicht mit Panik reagieren, sondern wenn wir darauf vertrauen, daß diese Phase aufhören wird und wir wieder «vernünftig» werden, können wir sie auch genießen. Denn so richtig schlemmen, das ist doch die zweitschönste Sache der Welt. Also: Hören wir auf, an uns herumzukritisieren. Quälen wir uns nicht mit Gedanken wie «Hätte ich nur das jetzt nicht gegessen ...». Selbst wenn wir fest entschlossen sind, ein paar Pfunde abzunehmen, muß es Tage geben, an denen wir den Vorsatz «Ich will schlank werden oder bleiben» vergessen und uns ohne schlechtes Gewissen beruhigen: «Schlanker werde ich morgen.»

«Ich will ja nicht klagen» – «Warum eigentlich nicht?»

Strategien gegen die Tyrannei der guten Laune

Alle waren begeistert von diesem Film. Endlich mal wieder eine Story mit viel Gefühl. «Das Geisterhaus», so hörte ich von allen Seiten, «mußt du gesehen haben.» Also ging ich ins Kino. Voller Erwartung und ausgestattet mit einer Packung Papiertaschentücher. Denn dieser Film, so berichteten mir meine Freundinnen und so war es auch in einem großen Hamburger Wochenmagazin zu lesen, rührt die Zuschauer zu Tränen. «Das Geisterhaus» war für die ansonsten eher hartgesottenen Journalisten der Startschuß zur «Rückkehr der großen Gefühle».

Tatsächlich: Die Frau neben mir weinte, in der Reihe hinter mir schnieften sie. Nur ich kam trockenen Auges davon und fragte mich, wie diese schlecht inszenierten Gefühle dort auf der Leinwand derart die Gemüter aufwühlen konnten.

Ich erforschte mich: War ich bereits so abgestumpft, war ich abgebrühter als andere Menschen? Ich fand eine bessere Erklärung: Durch einschlägige Veröffentlichungen im Vorfeld des Kinostartes war dieser Film eine offizielle Erlaubnis, Gefühle zu zeigen und Tränen fließen zu lassen. Niemand mußte sich seiner Tränen schämen. Ein Gefühl und dessen Ausdruck – Trauer und Tränen – waren plötzlich gesellschaftsfähig geworden. Menschen, die in ihrem Alltagsleben mit aller Kraft versuchten, die Fassade zu wahren, die Frust, Enttäuschungen und Depression, Haß und Wut vor anderen verbargen, durften nun einmal «loslassen». Offiziell weinten sie um die Schicksale der Filmfiguren, insgeheim weinten sie jedoch um sich selbst. Möglicherweise blieben mir die Tränen nur deshalb erspart, weil es mir damals gerade gutging und ich weitgehend frei von verdrängten Gefühlen war.

Wir leben in einer Gesellschaft, in der man tatsächlich zum Weinen ins Kino gehen muß, weil anderswo kein Platz für jene Gefühle ist, die allgemein als «unerwünscht» gelten. Gut draufsein, ausgeglichen und beherrscht sein, so heißt das Gebot der Zeit. Wir alle haben die Gefühlslektion gut gelernt, die da lautet: Don't worry, be happy! Auf die Frage «Wie geht's?» kennen wir nur noch eine Antwort: «Danke, bestens!»

Wer wagt es noch, einem anderen anzuvertrauen: Mir geht es schlecht, ich fühle mich nicht gut, ich bin wütend, ich habe alles so satt. Wer wagt es, außerhalb der eigenen vier Wände die Stimme zu erheben, eine Tür hinter sich zuzuknallen oder mal so richtig mit der Faust auf den Tisch zu hauen? Nein, so unbeherrscht sind wir nicht, wir haben uns im Griff, denn wir wollen doch nicht, daß andere uns mitleidig verurteilen. Wer öffentlich heftige Gefühle zeigt, riskiert soziale Ächtung. Ärger, Wut, Traurigkeit oder gar Depression werden uns als persönliches Versagen angelastet. Sie zeigen, daß uns nicht gelingt, was doch so einfach zu sein scheint – «gut drauf»zusein.

Natürlich weiß jeder, daß Grauschleier-Tage und negative Gefühle zum Leben gehören, doch nur wenige sind bereit, dies zu akzeptieren. Mit Stimmungsaufhellern wie Kaffee, Alkohol, Süßigkeiten, Sex, Sport oder auch Psychopharmaka versuchen wir, über Gefühlstäler hinwegzukommen. Selbst Manager glauben, daß gute Laune sie erfolgreich macht, und lassen sich von geschäftstüchtigen Seminaranbietern Humor und Lachen beibringen. So hat zum Beispiel der Amerikaner Joel Goodman angeblich bereits 750 000 Führungskräfte durch sein «Humor Project» geschleust.

Ganz fanatische «Positivdenker» schließen sich gar in Clubs zusammen, wie zum Beispiel dem Hamburger «Optimistenclub». Anlaß zur Clubgründung gab der Wunsch, «ein Gegengewicht zu dem zu schaffen, was wir täglich aus den Zeitungen und der Tagesschau erfahren», äußert die Gründerin Margrit Krummrey gegenüber der Wochenzeitung *Die Woche* (3.1.97). «Krieg, Haß, Betrug, Epidemien, Amokläufe, Katastrophen. Das stimmt einen nicht gerade fröhlich. Wir wollen mit Offenheit dagegen ankämpfen und Kenntnisse vermitteln, die einem helfen, sich selbst aus negativen Stimmungen und Ängsten herauszuziehen.» Helfen sollen dabei Selbstsuggestionen wie: «Es geht mir jeden Tag besser und besser» oder: «Es geht mir gut, ich denke positiv.»

«Was betrifft es mich, wenn in Kalkutta ein Flugzeug abstürzt?» fragt eines der etwa 250 optimistischen Mitglieder des Hamburger Vereins, «das belastet mich nur und zieht mich nur runter.»

Folgt man der Argumentation des Soziologen Norbert Elias, dann ist das langsame Verschwinden heftiger Gefühle, wie zum Beispiel Haß und Aggression, eine Folge des Zivilisationsprozesses. In früheren Zeiten wurden intensive Gefühle gezeigt und ausgelebt. So galt für die mittelalterliche Gesellschaft: «Wer in dieser Gesellschaft nicht aus voller Kraft liebte oder haßte, wer im Spiel der Leidenschaften nicht seinen Mann stand, der mochte ins Kloster gehen, im weltlichen Leben war er verloren.»

Heute verhält es sich gerade umgekehrt: Nur wer seine leidenschaftlichen und negativen Gefühle unter Kontrolle hat, wer sich nicht emotional, sondern rational verhält, ist ein anerkanntes Mitglied der Gesellschaft. Ein zivilisierter Mensch hat gelernt, seine Empfindungen zu zügeln. Wer vor Wut tobt, aus ganzem Herzen haßt, aus seiner Feindseligkeit und Ablehnung keinen Hehl macht, zugibt, daß er depressiv ist, der verstößt gegen die Norm, die da lautet: Sei positiv und gut gelaunt!

Sei so positiv wie der fröhliche Rundfunkmoderator, der mit flotten Sprüchen und Heiterkeitsausbrüchen schon am frühen

Morgen für die «richtige» Stimmung sorgt. Sei so positiv wie die schicken Menschen in den Werbespots, die nicht mehr zu ihrem Glück brauchen als porentief reine Wäsche, eine *always* sichere Binde und einen verwöhnenden Kaffee. Sei so positiv wie die fröhlichen Menschen dort im Fernsehen, die zu heimatlichen Klängen schunkeln, mit Traumschiffen zu Trauminseln reisen oder sich von aufgedrehten Showmastern zu ekstatischen Freudenschreien animieren lassen! Sei positiv, denk positiv, sorge dich nicht – lebe!

Fatal ist nur, daß das alles so wenig mit unserem Leben zu tun hat. Für die meisten Menschen ist der Alltag gespickt mit Streß, Ärger, kleinen oder größeren Kümmernissen und Sorgen. Eine banale Feststellung, dennoch muß sie betont werden. Denn offensichtlich sind die meisten Menschen inzwischen der Ansicht, daß das Leben ein Kinderspiel zu sein hat. Keine Schwierigkeiten. Keine Probleme. Keine Sorgen. Irgendwann müssen sie zwangsläufig feststellen, daß ihr Leben nicht ein andauernder Glückszustand ist. Dann reagieren sie empört, verunsichert und selbstanklagend. «Was habe ich falsch gemacht?» fragen sie sich und versuchen, schnell einen Ausweg zu finden. Manche glauben auch, sie seien im falschen Film und müßten nur die Videokassette auswechseln. Ein neuer Partner, ein neuer Beruf, eine neue Wohnung, ein neues Auto, teure Klamotten sollen aus dem Stimmungstief heraushelfen. Auf keinen Fall aber stellen sie sich ihren Gefühlen und der Tatsache, daß sie einem Schwindel aufgesessen sind. Sie wollen nicht glauben, daß das Leben schwierig ist, daß es Schmerzen und Kummer bringen kann. Und sie werden von Selbsthilfeaposteln oder wohlmeinenden Freunden in ihrer Abwehrschlacht gegen die Wahrheit auch noch bestärkt, die ihnen einreden: «Alles halb so schlimm, denk positiv.»

Psychotherapeuten sind – neben den etwas aus der Mode gekommenen Priestern – für manche Menschen die einzigen, bei denen sie ihre wahren Gefühle zeigen können. Doch auch hier werden ihnen Gefühlsgrenzen gesetzt. Der Psychotherapie-Jargon ist verräterisch. Begriffe wie «Gefühlsmanagement», «Gefühlskontrolle», «Streßbremsen», «Ärgerkontrolle» und viele mehr bringen zum Ausdruck: Leiden darfst du. Aber nicht zu lang. Du mußt an deinen Gefühlen arbeiten. Sie unter Kontrolle bringen. Das Leben ist gar nicht so negativ, wie du denkst. Du denkst nur falsch, über dich und die anderen. Du hast eine falsche Wahrnehmung.

Von allen Seiten werden uns rosarote Brillen entgegengehalten. Bereitwillig setzen wir sie auf und formulieren artig: «Das macht mich betroffen», wo wir eigentlich schreien wollen: «Ich bin stink-sauer.» Wir lügen: «Mir geht's gut», wo es ehrlicher wäre zuzuge-ben: «Ich bin traurig.» Wir heucheln dem Kollegen gegenüber, «Macht mir nichts aus, das zu übernehmen», wo wir eigentlich schimpfen sollten: «Mach deine Arbeit doch alleine.»

Wir haben uns unter Kontrolle und bemühen uns, unser Ge-sicht zu wahren und gleichzeitig auch das des anderen, den wir vor unseren Gefühlen schützen. Wir verlieren nicht die Fassung und gewähren anderen keinen Einblick in unser Gefühlsleben. Wir schlucken unseren Ärger hinunter, schweigen, wo wir wütend brüllen wollen, lächeln, wenn uns zum Heulen zumute ist.

Es klingt vernünftig, was die Autorin Hedwig Kellner Men-schen rät, die sich ärgern: «Ärger? Mund zu! Weiteratmen, zählen, Blickrichtung wechseln und dann in Ruhe reagieren – falls über-haupt nötig.» Kellner will damit nicht zum Ausdruck bringen, «daß Sie allen Ärger schweigend und wehrlos in sich hineinfres-sen sollen. Es geht darum, daß der Ärger, der uns plötzlich über-fällt, uns keine Chance gibt, wohlüberlegt und mit Vernunft zu reagieren, wenn wir uns auf der Stelle von ihm überwältigen lassen. Es besteht die Gefahr, daß wir blitzschnell und instinktiv unsere Wut herauslassen und damit anderen oder uns selbst scha-den».

Jeder kann sich Situationen vorstellen, in denen es sicher sinn-voll ist, den Mund zu halten. Aber wäre es nicht oft besser, «blitz-schnell und instinktiv» seine Wut zum Ausdruck zu bringen?

- Müßten wir nicht inkompetente und skrupellose Politiker mit unserem Ärger verfolgen, die uns für dumm verkaufen?
- Müßten wir nicht aggressiv auf all jene reagieren, die immer nur auf ihren eigenen Vorteil aus sind und niemals auch nur einen Finger rühren, wenn es um etwas anderes als ihre eigenen Inter-essen geht?
- Müßten wir nicht jedem Autofahrer deutlich unseren Ärger zeigen, der mit Tempo 100 durch Wohngebiete rast und andere Menschen in Gefahr bringt?

- Müßten wir nicht vor Wut aktiv werden, wenn Frauen und Kinder mißhandelt und mißbraucht werden?
- Müßte uns nicht jedesmal die Zornesröte ins Gesicht steigen, wenn uns die Medien dürre «Kleiderstangen», die sie Models nennen, als Körpervorbild präsentieren?
- Müßten wir nicht gegen unhöfliche, muffige Zeitgenossen sofort protestieren?
- Sollten wir nicht deutlich zeigen, daß unsere Geduld mit hausarbeits-faulen Ehemännern erschöpft ist?

Anlässe für heftige Gefühlsausbrüche gibt es mehr als genug. Und ab und an geschehen sie auch. Doch die einzige Konsequenz, die sie haben: Der «Gefühlsmensch», der sich nicht unter Kontrolle hat, wird sanktioniert. Die Mehrheit gesellt sich zur Herde der schweigenden Lämmer und deckt sich mit hilfreichen Ratschlägen ein, wie sie ihre negativen Emotionen an die Leine legen kann. Eine Meisterleistung an Gefühlskontrolle, die verheerende Konsequenzen haben kann:

Erstens: Sie führt dazu, daß wir langsam, aber sicher zu Gefühlszombies werden. In unserem Bestreben, ständig gut draufzusein, riskieren wir die totale Verwirrung der Gefühle. Wer sich nur darum bemüht, die richtigen Gefühle zu haben, weiß irgendwann nicht mehr, was er wirklich fühlt. Daniel Goleman, Bestsellerautor, hält die Fähigkeit, die eigenen Emotionen zu erkennen, für die «Grundlage der emotionalen Intelligenz». Goleman: «Wer die eigenen Gefühle nicht zu erkennen vermag, ist ihnen ausgeliefert.» Die ursprüngliche Funktion der Gefühle geht verloren.

Gefühle sind unser sechster Sinn. Ebenso, wie wir durch Tasten, Sehen, Riechen, Fühlen und Hören Informationen aufnehmen, geben uns Gefühle wertvolle Hinweise. Sie informieren uns über unser Verhältnis zur Umwelt, darüber, wie wir bestimmte Situationen und Menschen wahrnehmen und einschätzen. Gefühle wie «Ich habe Angst», «Dir kann ich trauen» oder «Das macht mich wütend» haben eine wichtige Signalfunktion, denn sie machen eine angemessene Reaktion auf bestimmte Situationen erst möglich. Wenn wir uns ständig darum bemühen, nur die verlangten positiven Gefühle zu zeigen, geht diese wertvolle Signalfunktion verloren. Die wahren Gefühle werden verschüttet.

Zweitens: Zudem bringen wir uns um die Chance, von unseren Mitmenschen richtig eingeschätzt und um unser selbst willen akzeptiert (oder auch abgelehnt) zu werden. Die Folge: Die Verständigung mit anderen wird immer schwieriger, wir sind verunsichert, fragen uns, ob wir «gut ankommen», ob unser Gegenüber es ehrlich meint oder ob auch seine Gefühle nur getarnt sind, so wie die unseren. Wir wissen immer weniger, woran wir sind, ob wir uns auf das, was wir wahrnehmen, verlassen können. Weil wir nur zu gut wissen, daß unsere veröffentlichten Gefühle selten echt sind, zweifeln wir auch an der Ehrlichkeit unserer Mitmenschen. Begegnungen werden zunehmend zu Begegnungen von Masken. Die Distanz zum anderen vergrößert sich, menschliche Nähe und Offenheit werden zur absoluten Ausnahmeerscheinung.

Drittens: Die dritte Konsequenz aus unserem Gefühlsmanagement betrifft uns direkt. Verordnete Sanftmut und permanent gute Laune sind keine Garanten für psychische Gesundheit. Die so viel gelobte Gelassenheit mag in manchen Situationen ganz wohltuend wirken, als ständiges Lebensgefühl wird sie gefährlich. Wer negative Gefühle ständig zu kaschieren versucht, wer hinunterschluckt, was ihn aufregt, ärgert, verletzt, der setzt langfristig seine psychische Gesundheit aufs Spiel.

Frauen erkranken laut Statistik doppelt so häufig an Depressionen. Das mag unter anderem daran liegen, daß von ihnen mehr noch als vom männlichen Geschlecht Gefühlskontrolle erwartet wird. Frauen, die offen Dampf ablassen, die es wagen, Wut und Verärgerung zu zeigen, verlieren schneller noch als Männer das Wohlwollen ihrer Umgebung. Zu ablehnend fallen die Reaktionen der Umwelt auf Gefühlsausbrüche aus, als daß eine Frau sich solche häufig leisten könnte. Der kanadische Psychologe Wolfgang Linden von der Universität Vancouver stellt in einer aufschlußreichen Studie fest: Wenn Männer sich austoben, wirkt sich das positiv auf ihre Herzfrequenz und ihren Blutdruck aus. Anders ausgedrückt: Nach einem Wutanfall geht es Männern wieder gut. Frauen aber, so stellte der Psychologe fest, sind, nachdem sie Dampf abgelassen haben, immer noch so aufgewühlt wie vorher. Das liegt daran, erklärt Linden, daß Frauen das Wohlwollen ihrer Umgebung verlieren, wenn sie sich «danebenbenehmen». Schreien, Toben, Türenknallen sind männliche Gefühlsäußerungen. Männer sind nun mal so, sie dürfen das. Von Frauen aber wird erwartet, daß sie sich beherrschen. Das kann jede Frau bestätigen, die schon einmal vor Zeugen ihr Gefühlskorsett gesprengt hat.

Auch ich konnte diese Erfahrung machen, als ich nach monatelanger Überarbeitung vor Kollegen und Kolleginnen «ausrastete». Voller Wut und Aggression schleuderte ich ihnen all das ins Gesicht, was sich seit langem hinter einer Fassade von Freundlichkeit und Hilfsbereitschaft aufgestaut hatte: Ich sei nicht ihr Hanswurst, ich sei es leid, ständig für andere die Arbeit mitzumachen, ich könne mir nicht andauernd ihre Wehwehchen anhören, ich sei keine 24-Stunden-Psychologin, sie seien egoistisch, blutsaugerisch, egozentrisch, ich könne ihren Anblick nicht mehr ertragen. «Raus aus meinem Büro!» schrie ich eine Kollegin an, mit der ich eigentlich befreundet bin. In diesem Moment sah ich aber nur noch rot: Zerstören wollte ich, wüten, Angst verbreiten. Ein Wust an Vorwürfen und Anschuldigungen quoll aus mir heraus, der Damm war gebrochen. Höflich war es nicht, was die Kolleginnen und Kollegen da zu hören bekamen, und meine Ausdrücke waren alles andere als gewählt. So kannten sie mich überhaupt nicht, dementsprechend groß war das Erschrecken. Und weil es so schwer auszuhalten war, daß da jemand den Gefühlskodex verletzte, mußte gleich eine einleuchtende Erklärung dafür gefunden werden: «Nervenzusammenbruch aufgrund Überlastung.»

«Nein, meine Lieben, das war kein Nervenzusammenbruch, das war die Wahrheit», hätte ich antworten sollen. Und: «Ich habe das Recht, heftig zu reagieren. Jeder hat das. Probiert es doch auch mal, vielleicht wird dann alles ehrlicher zwischen uns.» Doch all das sagte ich natürlich nicht. Ich schwieg, denn ich schämte mich. Ich hatte mir eine Blöße gegeben, ich hatte versagt, ich hatte eine Grenze überschritten. Am liebsten hätte ich meinen Gefühlsausbruch ungeschehen gemacht, denn eine reife, erwachsene Person, noch dazu eine Psychologin, sollte doch ihre Gefühle unter Kontrolle haben.

Inzwischen denke ich anders darüber. Heute ist mir jeder Gefühlsausbruch lieber als diese lauwarmen Gefühle, die wir für so erstrebenswert halten. Natürlich bin ich mir der Gefahr bewußt, die gerade Frauen eingehen, wenn sie im Berufsleben ihre wahren Gefühle zeigen. Sicherlich sind «Nervenzusammenbrüche» besser zu vermeiden. Wenn wir aber lernen, Wut, Ärger, Enttäuschung sofort zum Ausdruck zu bringen, wenn sie auftauchen, dann kommt es erst gar nicht zu einem Gefühlsstau, der sich in destruktiven Ausbrüchen entlädt.

Selbstanklagen, grübeln, dulden
Wege in die Depression

Unabhängig voneinander präsentierten in jüngster Zeit verschiedene Wissenschaftler Ergebnisse, die darauf hinweisen, daß unsere körperliche und psychische Gesundheit in hohem Maße davon abhängt, ob wir richtig mit den Sorgen und Kümmernissen unseres Lebens umgehen. Interessant dabei ist, daß die Schwere und die Anzahl der Sorgen offenbar keine so ausschlaggebende Rolle spielen, wie bislang allgemein vermutet. Vielmehr ist entscheidend, *wie* wir uns sorgen, welchen «Sorgen-Stil» wir pflegen. Neigen wir zu einer «ungesunden» Reaktion auf belastende Situationen, dann können Depressionen, Herzkrankheiten, Streß, Schlaflosigkeit, Erschöpfung die Folge sein. Tun wir dagegen instinktiv das Richtige, dann kommen wir aus einem Sorgental meist wieder heraus, und zwar, ohne an Leib und Seele ernsthaft Schaden genommen zu haben.

Was unterscheidet Menschen, die sich auf «ungesunde» Weise Sorgen machen, von anderen, die mit ihren Problemen besser zurechtkommen? Es sind vier Eigenschaften, die sich in den verschiedenen Studien als schädlich herauskristallisiert haben:

1. «High Responder» reagieren emotional überdurchschnittlich intensiv auf negative Erlebnisse;
2. «Selbstankläger» führen Mißerfolge und Probleme immer auf eigenes Verschulden zurück;
3. «Grübler» neigen dazu, sich gedanklich in Problemen zu verfangen;
4. «Dulder» teilen ihre Sorgen nur selten mit und schweigen lieber, als irgend jemandem ihr Leid zu klagen.

Bei Personen, die langfristig an ihren Problemen verzweifeln, sind fast immer alle vier Eigenschaften anzutreffen. Und, so zeigen die Forschungsergebnisse übereinstimmend: Frauen scheinen mit ihren Sorgen und Problemen selbstschädigender umzugehen als Männer.

Was genau ist nun ein «High Responder»? Dieser Begriff geht auf James Blumenthal zurück, der an der Duke University mit Herzinfarktpatienten arbeitet. Er fand heraus, daß sich die Patienten im wahrsten Sinn des Wortes vieles zu sehr zu Herzen nehmen. Sie reagieren äußerst intensiv auf jedes negative Erlebnis, was auch geschieht, es kommt einem Erdbeben gleich und erschüttert sie im Innersten. Dabei spielt es keine Rolle, wie schwerwiegend das jeweilige Ereignis ist. Gleichgültig, ob sie enttäuscht darüber sind, weil eine unwichtige Verabredung geplatzt ist, ob sie von einem Verkäufer unfreundlich behandelt worden sind oder ob ein nahestehender Mensch ernsthaft erkrankt ist – «High Responder» reagieren auf jedes Ereignis gleichermaßen sorgenvoll. Mag es noch so banal sein, es wird von ihnen mit der gleichen Intensität erlebt wie ein schwerwiegendes Problem.

Diese starke Empfänglichkeit für Negatives wurde nicht nur bei Herzinfarktpatienten, sondern auch bei depressiv Erkrankten festgestellt. Die Tatsache, daß Frauen doppelt so häufig an Depression erkranken, wird unter anderem darauf zurückgeführt, daß sie gefühlsmäßig intensiver reagieren als Männer, daß sie aufgrund ihres Geschlechts eher zu den «High Respondern» gehören.

Ein «Selbstankläger» ist, wer die Schuld für ein Problem immer zuerst bei sich selbst sucht. Der Schweizer Psychologe Guy Bodenmann von der Universität Fribourg war von der Statistik alarmiert, die Frauen als das depressive Geschlecht ausweist. Ihn interessierte, ob auch nicht erkrankte Frauen im Alltag depressiver reagieren als Männer, ob es also Faktoren gibt, die ihr Risiko, depressiv zu erkranken, vergrößern. Er konnte nachweisen, daß die Gefahr für depressive Erkrankungen dann steigt, wenn Menschen in belastenden Situationen einen «weniger günstigen kognitiven Verarbeitungsstil» haben.

Dies war das Hauptergebnis eines Experiments, das Bodenmann mit 70 Paaren, die alle in fester Partnerschaft lebten, durchführte. Den Teilnehmern wurde gesagt, sie würden an einem «Paarintelligenztest» teilnehmen, in Wirklichkeit handelte es sich jedoch um einen Streßinduktionstest. Das Paar wählte einen von zwei «Intelligenztests» gemeinsam aus, anschließend bearbeiteten die Partner diesen unabhängig voneinander in getrennten Räumen. Über eine Gegensprechanlage konnten sie sich über die gelösten Aufgaben austauschen. Um Botschaften senden oder empfangen zu können, mußten sie jedoch einen bestimmten Code eingeben, und dies war die Stelle, an der Bodenmann Fehlerquellen eingebaut hatte. Machte einer der Partner dreimal hintereinander Fehler beim Bedienen der Gegensprechanlage, wurde der Test abgebrochen. Der Versuchsleiter manipulierte die Fehlerleistung dabei nach dem Zufallsprinzip und wies einmal der Frau, einmal dem Mann die Schuld am Testabbruch zu.

Bodenmanns Interesse galt nun der Frage, wie die Versuchsteilnehmer mit ihrem (angeblichen) Mißerfolg oder dem des Partners fertig werden und wie sich ihre Befindlichkeit während des Tests verändert.

Vor der Testphase unterschieden sich Männer und Frauen in ihren Befindlichkeitswerten nicht: Beide Geschlechter beschrieben ihre emotionale Verfassung im Fragebogen als neutral. Doch bereits während des Tests erlebten sich die Frauen als deutlich deprimierter – ein Unterschied, der auch nach dem Ende des Tests und dem Mißerfolgserlebnis stark ausgeprägt blieb.

Guy Bodenmann führt diese Geschlechterdifferenz vor allem auf den unterschiedlichen kognitiven Verarbeitungsstil von Männern und Frauen zurück. So war es zum Beispiel den Frauen sehr wichtig, den Partner (oder das Paar) im Test nicht zu blamieren, während die Männer eher das Ziel verfolgten, sich selbst in möglichst gutem Licht darzustellen und die eigene Blamage zu verhindern. Diese «Außenorientierung» setzte die Frauen sehr viel mehr unter Streß als ihre Partner.

Gefragt, wie sie ihren Mißerfolg im Test begründen, schoben Frauen dies auf ihre «Ungeschicklichkeit» und auf ihre «Unfähigkeit, mit technischen Geräten umzugehen». War der Mißerfolg – durch die Manipulation des Versuchsleiters – auf das Fehlverhalten des Mannes zurückzuführen, fand dieser Entschuldigungen: Die Tagesverfassung war nicht gut, oder auch, er habe sich nicht ausreichend angestrengt. Zudem neigten die Männer dazu, die Schuld ihrer Partnerin zuzuschieben. Sie sei einfach generell zu ungeschickt, zudem fehle der Partnerin – die Männer scheuten sich nicht, es dem Versuchsleiter mitzuteilen – die nötige Intelligenz. Wenn Frauen die Ursache des Mißerfolgs beim Partner suchten, dann waren sie weit milder in ihrem Urteil: Sie führten seine Fehler allerhöchstens auf seine mangelnde Anstrengung zurück.

Dieses Experiment zeigt klar, daß Frauen «bereits in relativ unbedeutenden Streßsituationen ... ungünstiger reagieren als Männer», meint der Schweizer Psychologe. Zu allem Übel werden sie «in diesem Verhalten durch die soziale Umwelt bestärkt». Die Deprimiertheit, mit der Frauen auf Probleme in Alltagssituationen reagieren, kann, so Bodenmann, «im Falle gewichtigerer Stressoren leicht in Depression umschlagen».

Weiter fand Bodenmann in seiner Studie heraus, daß Frauen nicht nur einen im Vergleich zu Männern unterschiedlichen Verarbeitungsstil pflegen, sondern daß auch ihr Bewältigungsverhalten selbstschädigend ist. In einem Fragebogen sollten die Teilnehmer Auskunft darüber geben, wie sie versuchten, während des Tests den Streß in Schach zu halten. Sie hatten die Wahl zwischen Selbst-, Partner- und Fremdvorwürfen, Umbewertung («alles nicht so schlimm»), Informationssuche («was ist zu tun?») und negativen Selbstgesprächen («hätte ich nur nicht teilgenommen»). Während Männer im Fragebogen dreimal häufiger die Aussage ankreuzten «Ich mache meinem Partner/anderen im stillen Vorwürfe», führten Frauen eher negative Selbstgespräche und gaben sich selbst die Schuld. Negative Selbstgespräche und Selbstvorwürfe verstärken jedoch die Gefahr, ob des Problems ins Grübeln zu geraten. Und Grübeln wiederum ist ein wesentliches Merkmal depressiven Verhaltens.

Die Psychologinnen Susan Nolen-Hoeksema und Benita Jackson von der University of Michigan konnten in diversen Studien belegen, daß Menschen, die über ihre Sorgen ins Grübeln geraten, ein hohes Risiko eingehen, an Depression zu erkranken. Grübelnde Personen, so stellten die beiden Psychologinnen fest, haben ein dreifaches Handicap:

- Sie denken negativ über ihre gegenwärtige Situation, ihre Vergangenheit und ihre Zukunft;
- sie sind wenig interessiert an Aktivitäten, die ihre Stimmung

verbessern und ihnen das Gefühl geben könnten, daß sie «Herr der Lage» sind;

- sie haben Schwierigkeiten, angemessene Lösungen für ihre Probleme zu finden.

In einer Studie mit 515 Frauen und 612 Männern wollten die Psychologinnen klären, aus welchen Gründen Menschen ins Grübeln geraten und ob es dabei Geschlechterunterschiede gibt. Eindeutiges Ergebnis, das auch die Ergebnisse von Vorläuferstudien bestätigt: Frauen grübeln deutlich mehr als Männer.

Haben sie auch mehr Grund dazu?

An der Häufigkeit der negativen Lebensereignisse kann es nicht liegen, wie Nolen-Hoeksema und Jackson feststellten. Männer berichteten über deutlich mehr negative Vorkommnisse im Verlauf des zurückliegenden Jahres als Frauen. Doch wenn danach gefragt wurde, wie häufig nahestehende Menschen von kritischen Lebensereignissen betroffen waren, erinnerten sich Frauen an sehr viel mehr derartige Geschehnisse in ihrer nächsten Umgebung als Männer. Frauen scheinen also stärker auf das zu reagieren, was anderen passiert, und sich darüber Sorgen zu machen.

Zudem, so stellte sich weiter heraus, sind Frauen deutlich mehr belastet als Männer. Gefragt, wieviel Stunden sie für Berufstätigkeit, Hausarbeit, Kindererziehung und Betreuung älterer Menschen aufwenden müssen, geben Frauen sehr viel mehr Stunden an als Männer. In der Altersgruppe der Fünfundzwanzig- bis Fünfunddreißigjährigen kommen Frauen beispielsweise pro Woche auf 90 Stunden, Männer dagegen nur auf 68 Stunden. Chronische Überlastung aber führt leicht zu dem Gefühl, die Dinge nicht mehr unter Kontrolle zu haben und keine Lösung für sie finden zu können. Kontrollverlust wiederum bewirkt Hilflosigkeit, und diese ist längst als ein wesentlicher Auslöser für depressive Erkrankungen identifiziert.

Und noch ein Faktor kommt meist erschwerend hinzu: Wer Mühe hat, seine Sorgen zu «entsorgen», ist in der Regel ein «Dulder», der seine Probleme mit sich selbst abmacht. Es ist inzwischen erwiesen, daß Schweigen im Falle von Problemen alles andere als «Gold» ist. Reden hilft, das hat schon vor einigen Jahren der amerikanische Psychologe James Pennebaker herausgefunden. Wer nach dem Motto lebt, «Wie's innen drin aussieht, geht niemanden etwas an», benötigt ungeheuer viel Energie und Kraft, um die Fassade «alles in Ordnung» nach außen aufrechterhalten zu können – eine Kraft, die irgendwann erschöpft ist und dann einen körperlichen oder psychischen Zusammenbruch zur Folge haben kann.

Der Psychologe Dan Wegner hat beschrieben, wie unterdrückte Gedanken zu Grübeleien und schließlich zu Zwangsgedanken werden können. Sein Gedankenexperiment vom «weißen Bären», inzwischen viel zitiert, deshalb aber nicht weniger erhellend, zeigt die Macht von Denkverboten. Versuchen Sie mal etwa eine Minute lang *nicht* an einen weißen Bären zu denken – es wird Ihnen nicht gelingen. Genausowenig wird es Ihnen gelingen, an die Untreue des Ehepartners *nicht* zu denken oder die Sorge um das überzogene Konto beiseite zu schieben. Unerledigtes, Unangenehmes, Unglücklichmachendes drängen sich mit aller Kraft und gegen unseren Willen ins Bewußtsein. «Die Fähigkeit, Gefühle der Trauer angesichts von Verlusten oder Enttäuschungen wahrzunehmen und auszudrücken, ist ein Merkmal psychischer Gesundheit und kann als eine gelungene Abwehr gegen die Entwicklung einer ernsthafteren Symptomatik gelten.» Eine Erkenntnis, welche die amerikanische Psychologin J. P. Newman bereits 1984 formulierte, und die inzwischen durch zahlreiche Studien belegt ist.

Im Grunde wissen wir das. Wir sehnen uns danach, endlich mal «auf den Tisch zu hauen», «die Sau rauszulassen»; wir wollen nicht immer nur lächeln, die Türen leise schließen und auf Harmonie machen. Wie sehr wir uns danach sehnen, führte uns der Fall Lorena Bobbitt vor Augen. Erinnern Sie sich? Das war jene junge Frau, die sich gegen die ständigen Mißhandlungen ihres Mannes eines Tages radikal zur Wehr setzte: Sie schnitt ihm den Penis ab. «Das ganze weibliche Amerika war begeistert», berichtete die Zeitschrift *Emma*. Fast enthusiastisch feierten Frauen die eindeutig kriminelle Tat der Lorena Bobbitt. Die zierliche Kosmetikerin erhielt regelrechte Ovationen von ihren Geschlechtsgenossinnen. Bislang gesetzestreue, anpassungsfähige und harmoniesüchtige Frauen ertappten sich bei einem völlig neuen Gefühl: Genugtuung.

Diese Frauen konnten sich gut in Lorena Bobbitt einfühlen. Sie wissen, wie es ist, wenn einem Unrecht geschieht. Sie kennen das

Gefühl der Ohnmacht und des Ausgeliefertseins. Ihre Stellung in der Gesellschaft und das nach wie vor nicht partnerschaftliche Zusammenleben der Geschlechter bringen sie immer wieder in Situationen, in denen sie sich unterdrückt und wehrlos vorkommen. Doch anders als Lorena greifen sie nicht zum Messer, sie rasten nicht aus, sie laufen nicht Amok. Erziehung und kulturelles Umfeld legen ihnen Fesseln an, zwingen sie, Demütigungen zu schlucken, gute Miene zum oft bösen Spiel zu machen. Die Schwanzabschneiderin Bobbitt bewundern sie, weil sie die für Frauen so schädlichen Spielregeln durchbrochen hat.

Auch Filme wie *Thelma und Louise* oder *Der Club der Teufelinnen* wirken auf Frauen elektrisierend. Das höhnische weibliche Gelächter der Kinobesucherinnen irritiert Männer. Sie reagieren rational-abwehrend, finden solche Filme «schlecht», «einfach gestrickt» und wundern sich über die Zustimmung der Frauen. Tiefergehende Gedanken können sie sich nicht leisten, das spüren sie instinktiv. Doch auch Frauen erlauben es sich kaum, darüber nachzudenken, was sie an rachsüchtigen, mordenden Frauen so sympathisch finden. Ist die Angst zu groß, auf eigene Gefühlsuntiefen zu stoßen?

Ganz unbegründet ist diese Angst nicht. Wer es niemals wagt, aus der Haut zu fahren, wer sich weismacht, er hätte keine Aggressionen, spüre keine Wut und phantasiere niemals von Rache, der hat große Furcht vor dem Kontrollverlust. Lassen wir jedoch den Gedanken zu, daß wir nicht nur friedfertige, positiv denkende und positiv fühlende Menschen sind, dann können uns unsere eigenen negativen Emotionen nicht in Angst versetzen oder depressiv machen.

Sich «richtig» sorgen, jammern, klagen
Wege aus der Depression

Robin M. Kowalski, Psychologe an der Western Carolina University, Culluwohee/North Carolina, geht sogar noch einen Schritt weiter. Er meint, wir sollten negative Gefühle nicht nur akzeptieren, er hält es unter gewissen Voraussetzungen sogar für sinnvoll, über unser Elend regelrecht zu klagen. Das ist ein zunächst befremdender Vorschlag. Normalerweise hat ein klagender oder gar jammernder Mensch ein schlechtes Image. Wer klagt, wird von anderen negativer wahrgenommen als Menschen, die ihrer Unzufriedenheit nicht oder höchstens zurückhaltend Ausdruck verleihen. Die Furcht vor sozialer Ablehnung, die Angst, sich unbeliebt zu machen oder als selbstmitleidig zu gelten, halten die meisten Menschen davon ab, anderen ihr Leid zu klagen oder ihnen etwas «vorzujammern». Wenn es doch einmal versucht wird, dann wird meist entschuldigend vorausgeschickt: «Ich will ja nicht klagen ...» «Warum eigentlich nicht?» fragt Kowalski und erklärt: «Klagen und Jammern sind wichtige Schutzschilder gegen Depressionen, Herzinfarkt und psychosomatische Erkrankungen. Wer nicht klagt, wird krank.»

Jammern und Klagen haben eine äußerst wichtige Funktion – sie wirken kathartisch. Indem sie anderen ihre Probleme erzählen und darüber klagen, können sich Menschen von ihren Frustrationen, Enttäuschungen, Unzufriedenheiten wenn nicht befreien, so doch erleichtern. Wer im Stau gestanden hat und sich zu Hause über die vertane Zeit und die unmöglichen anderen Autofahrer ausschimpfen kann, schafft ebenso emotionale Distanz zum Geschehen wie eine Frau, die sich darüber beschweren darf, daß sie die Last der Kindererziehung oder die Betreuung alter Eltern als Zumutung empfindet und keine Kraft mehr dafür aufbringt. Durch das Klagen wird gesundheitsschädlicher Streß abgebaut.

In einem Experiment konnte die kathartische Funktion des Klagens bestätigt werden. Die Versuchsteilnehmer wurden gebeten, an eine Person zu denken, über die sie sich sehr geärgert hatten. Ein Drittel der Teilnehmer sollte dann anschließend nur aufschreiben, wie es den gestrigen Tag verbracht hat, ein zweites Drittel wurde aufgefordert, den Ärger über die betreffende Person – adressiert an den Versuchsleiter – aufzuschreiben, eine dritte Gruppe sollte ihre Unzufriedenheit schriftlich direkt an die verursachende Person richten. Die Teilnehmer, die ihren Frust niederschreiben konnten, fühlten sich nach dem Experiment – unabhängig davon, an wen sie ihr «Klagelied» gerichtet hatten – deutlich erleichtert und besser als die Gruppe, die ihrer Unzufriedenheit nicht Ausdruck verleihen durfte.

Auch Barbara S. Held, Professorin für Psychologie am Bowdoin

College in Brunswick, US-Bundesstaat Maine, ist eine entschiedene Verfechterin des «Jammerns». Sie hält nicht viel von Psychotherapien, die ihre Klienten dazu anhalten, möglichst schnell die Klagephase zu überwinden, und noch weniger kann sie jenen Selbsthilfeangeboten abgewinnen, die Menschen zum positiven Denken («Sorge Dich nicht, lebe!») anleiten. Denn: «Das Leben ist hart. Sogar wenn es einigermaßen gut verläuft, ist es hart. Außerdem gibt es keine Garantie, daß eine positive Lebensphase nicht zu jedem Moment durch eine negative abgelöst werden kann. Kurz: Wir alle haben zu irgendeinem Zeitpunkt unseres Lebens Grund zur Klage. Therapeuten, Selbsthilfeapostel oder gutmeinende Freunde machen es uns noch zusätzlich schwer, wenn sie von uns verlangen, nicht darüber zu klagen.» Die Psychologieprofessorin ist überzeugt davon, daß «Menschen mit der Schwere des Lebens besser zurechtkommen», wenn sie die Möglichkeit haben, zu jammern und zu klagen.

Wer sich Sorgen macht, zum Grübeln neigt und sich mit seinen Gedanken ständig im Kreise dreht, sollte aus seinem Herzen nicht länger eine Mördergrube machen. Allerdings bedarf es ein paar Regeln, damit wir andere mit unseren Klagen nicht in die Flucht treiben.

1. Erkenne, wer dein Klagen richtig einschätzen und ertragen kann. Nicht jeder ist dazu geeignet. Wähle mit Bedacht eine Person und vereinbare mit dieser, wie lange die Zeit des Klagens dauern soll.
2. Wenn du jammerst, tu nicht so, als ob dies nicht der Fall sei.
3. Trete nicht in einen Klagewettbewerb ein. Versuche nicht, andere davon zu überzeugen, daß deine Probleme schlimmer sind als die Probleme anderer Menschen.
4. Klage nicht ständig über dasselbe Problem. Wer keine Konsequenzen aus seinen Klagen zieht, stößt bei anderen auf Ablehnung.

Auch James Blumenthal rät seinen Herzinfarktpatienten dringend, sich einen Menschen zu suchen, mit dem sie ihre Gefühle, Ängste und Sorgen besprechen können. «Eine Person kann noch so ärgerlich, so feindlich gestimmt sein, sobald sie einen Freund findet, der sie darauf anspricht, ‹Hey, was ist los mit dir? Reg dich doch nicht so auf›, kann dies viel zum Positiven verändern», erklärt

Blumenthal die hilfreiche Funktion des Aussprechens. Sein Kollege Jonathan Schedler, Psychologe an der Harvard University, stimmt ihm zu: «Wir brauchen wahrhaftige Unterstützung von anderen Menschen; wer das nicht anerkennt, wird sich von Sorgen belagert fühlen.»

In einer perfekten Welt gäbe es keine Erkrankungen, weil alle Viren und Bakterien verschwunden wären. In einer idealen Welt gäbe es keine Depression, keine Angst, keine Eßstörungen, keine Wut, keinen Ärger, denn in einer idealen Welt gäbe es auch keinen psychologischen Streß. Wir aber leben in der realen Welt: Wir leben mit Viren und Bakterien, wir müssen mit psychischen Herausforderungen fertig werden – und wenn wir nicht genug Widerstand leisten können, werden wir krank. Die Grippeerkrankung zeigt uns dabei ebenso wie die Depression, daß etwas nicht in Ordnung ist, daß wir handeln müssen. Auch der Wutanfall, der «Nervenzusammenbruch» sind Signale, wie es auch eine Magenschleimhautentzündung oder eine Darmverstopfung sind.

Ignorieren wir diese Signale, gefährden wir unsere Gesundheit. «Es ist erwiesen, daß eine Vielzahl physischer Leiden, zum Beispiel Magengeschwüre, Kopfschmerzen, Rückenschmerzen, Kolitis, Allergien und sogar Krebs – bisweilen oder teilweise – mit der Unterdrückung ‹negativer› Gefühle zusammenhängen», schreibt die amerikanische Psychoanalytikerin Jane Goldberg. «Das pathologische Nettigkeitssyndrom – ein Verhaltensmuster, nach dem eine wahl- und unterschiedslose Nettigkeit um jeden Preis praktiziert wird, selbst auf Kosten der eigenen emotionalen Integrität – und sein Zusammenhang mit Krebserkrankungen sowie einer Unzahl psychosomatischer Erscheinungen ist hinlänglich untersucht worden.» Wer sich ständig darum bemüht, nur ja keinen Zorn, keine Feindseligkeit, keine Wut zu zeigen, wird, so Goldberg, zum «erbärmlichen Schatten seiner Persönlichkeit».

Wenn wir aber den Zugang zu unseren wahren Gefühlen freihalten, wenn wir uns dem Zwang «Sei positiv» entziehen, dann bleiben wir bereit zum Handeln, bereit zum Kämpfen. Wir ähneln dann den Rittern des Mittelalters, deren Leben sinnlos gewesen wäre, hätten sie nicht den Haß auf ihre Rivalen in blutige Taten umsetzen können. Blutige Taten müssen wir heute nicht mehr verüben. Aber auch wir bedürfen intensiver Gefühle, um widerwärtige Entwicklungen, um Schädliches und Schädigendes in unserer Gesellschaft wie in unserem Privatleben angemessen bekämpfen zu können. Wir brauchen den Haß, die Wut, die Aggression, die Depression, wir brauchen «negative» Gefühle, denn sie helfen uns, wachsam und kritisch zu bleiben.

Daß Positiv-Denker gefährdet sind, zu angepaßten, unkritischen Mitläufern zu werden, konnte der amerikanische Psychologe Galen Bodenhausen in einer Reihe von Experimenten belegen. Um sich ihre gute Laune nicht verderben zu lassen, neigen sie dazu, komplexe Vorgänge nicht grundlegend zu analysieren und sich vorschnell eine Meinung zu bilden. Dies stellte der Psychologe unter anderem in folgendem Experiment fest: Er teilte seinen Versuchspersonen mit, sie seien Mitglieder einer Jury, die über ein Sittlichkeitsverbrechen urteilen solle. Einer Gruppe sagte er, der Beschuldigte heiße John Garner, einer anderen nannte er den Namen Juan Garcia. Wie erwartet, spiegelte sich in den Urteilen ein rassistisches Vorurteil: Juan wurde häufiger für schuldig erklärt als John. Das Erstaunliche an diesem Ergebnis war jedoch, daß Teilnehmer, die vor dem Versuch in eine positive Stimmung versetzt worden waren (durch entsprechende Musik und schöne Erinnerungen), besonders klischeehaft urteilten. Für den Psychologen ein Hinweis darauf, daß positiv eingestellte Menschen sich nicht mit allzuviel Denken belasten wollen.

Möglicherweise gäbe es in unserer Gesellschaft weniger Zerstörung, wenn wir alle mehr Übung darin hätten, richtig und vernünftig mit Problemen, Sorgen, mit Aggression, Haß, Wut umzugehen. Vielleicht gäbe es weniger Gewalt, wenn wir nicht dazu angeleitet würden, uns in Sanftmut und positivem Denken zu üben. Wie schreibt Alexander Kluge in seinem Buch *Die Macht der Gefühle*: «Ohne die Fähigkeit zum Hassen auch keine zum Lieben …» Und die Psychoanalytikerin Goldberg ergänzt: «Genauso wie Gold und Silber mit weniger edlen Metallen gemischt, gebrannt und gehämmert werden müssen, um so stark zu sein, daß sie in der wirklichen Welt zu gebrauchen sind, so muß die Liebe durch Haß gehärtet werden, damit sie ganzheitlich, dauerhaft und stark wird.»

Die wichtige Funktion all unserer negativen Gefühle ist im «Zeitalter der Selbstverbesserung» immer mehr abhanden gekommen. Gefühle sind zur Ware geworden, an der andere kräftig verdienen können. Botschafter der guten Laune schüren unseren Wunsch nach Gefühlskontrolle und ausschließlich positiven Gefühlen. Sie überschütten uns mit Ratschlägen wie «Lassen Sie alles hinter sich, was Sie beengt und bedrückt, und lernen Sie, ein sorgenfreies, glückliches Leben zu führen» (Peter Kummer), sie empfehlen uns in Anzeigenkampagnen das pflanzliche Antidepressivum Johanniskraut gegen die grauen Tage in unserem Leben und verschreiben uns in «hartnäckigen» Fällen die Wunderpillen der Pharmaindustrie. Aus eigenem Profitinteresse verschweigen sie uns, was mit uns passiert, wenn wir pseudo-optimistisch und negative Gefühle verleugnend durch die Welt gehen: Wir werden auf lange Sicht zum Opfer unserer Verdrängung. Ob im Privatleben oder in der Politik: Wir können nur handlungsfähig bleiben, wenn wir Sorgen und Probleme als das wahrnehmen, was sie sind – Signale für ein gestörtes Gleichgewicht. Wenn uns dies gelingt, dann spüren wir – je nach Situation – Trauer, Empörung, Ärger, wenn nicht sogar Haß. Verpönte Gefühle, wertvolle Gefühle. Sie zeigen uns, daß etwas nicht in Ordnung ist. Fehlen sie, dann versinken wir in Hilflosigkeit und Lethargie.

Deshalb:

Knallen Sie die Tür, wenn Ihnen danach ist.

Weinen Sie, wenn Sie traurig sind.

Schreien Sie, wenn Sie wütend sind.

Zeigen Sie Ihre Erschöpfung, wenn Sie überlastet sind.

Werfen Sie den Aschenbecher an die Wand, wenn Sie vor Wut nicht mehr aus noch ein wissen.

Laufen Sie sich die Seele aus dem Leib, wenn es Ihnen guttut.

Singen Sie lauthals mit, wenn Sie im Radio freche Schlager hören wie jenen der Girlie-Gruppe *Tic-Tac-Toe*: «Ich find dich scheiße» oder den der Gruppe *Codo*: «Häßlich. Ich bin so häßlich. Ich bin der Haß.» (Nicht umsonst werden Lieder mit aufmüpfigen Texten – ganz unabhängig von ihrer musikalischen Qualität – meist zu Hits.)

Und reden Sie: Reden Sie über das, was Sie bedrückt, jammern Sie (nach allen Regeln der Kunst), befreien Sie sich von den Brocken, die auf Ihrer Seele lasten.

Was auch immer Sie unternehmen – eines sollten Sie auf jeden Fall vermeiden: den Kummer in sich hineinzufressen und zu grübeln. Verabschieden Sie sich von dem Gedanken, immer «gut drauf»sein zu müssen. Ein positiv denkendes Geduldslamm können Sie morgen immer noch werden.

«Keine Lust auf Sex» – «Dann lassen Sie's doch!»

Warum Sie ohne schlechtes Gewissen «nein» sagen dürfen

«Ihre Hand umschloß einen gewaltigen muskulösen Pfahl, der prall gefüllt mit Blut in ihrer Hand wie ein Tier pulsierte. Den Tränen nahe, vor lauter Dankbarkeit und Ekstase, richtete sie ihn in ihr eigenes feuchtes und schwülstiges Fleisch. Die Wucht, mit der er in sie eindrang, die unglaubliche Lust, ließen sie aufstöhnen, und dann empfing ihr Körper die wilden Pfeile seiner blitzartigen Stöße. Sie wölbte ihr Becken höher und höher, bis sie zum erstenmal von einem Orgasmus in Stücke gerissen wurde, und als schließlich Höhepunkt nach Höhepunkt ihren Körper ausgedörrt hatte, wie nach einer Feuersbrunst, und sie es nicht länger ertragen konnte, schrie sie: ‹Nun hol dir deinen Spaß, schnell, bevor ich sterbe.›»

Es bedarf keiner pornographischen Werke, wenn wir nach Anregungen für unseren sexuellen Alltag suchen. Diese Textstelle stammt zum Beispiel aus dem Roman *Der Clan* von Harold Robbins, einem Millionenbestseller.

Auch Frauenzeitschriften beliefern uns ständig mit neuen Infos, wie wir noch mehr Spaß im Bett haben – und sie nehmen dabei kein Blatt vor den Mund: «Es läuft immer auf das gleiche hinaus: Wie kommt er rein, und das möglichst schnell?» klagt die Zeitschrift *Cosmopolitan* (2/97) und verspricht ihren Leserinnen Abwechslung: «Er muß draußen bleiben, und schnell darf es schon gar nicht gehen. Zum Orgasmus führen noch ganz andere Wege. Man braucht etwas Kreativität, Phantasie und Zeit.» Zeit müssen die Leserinnen selber mitbringen, der Kreativität und Phantasie helfen die journalistischen Sexualtherapeutinnen mit «Fünf aufregenden Alternativen zur üblichen Rein-raus-Nummer» auf die Sprünge. Wir erfahren unter anderem, wie wunderbar Oralsex ist («Sein Kopf verschwindet zwischen ihren Beinen. Dann küßt er sie zärtlich, überall. Läßt seine Zunge sanft um ihre Klitoris kreisen, saugt mit den Lippen ...»), welche Funktion der Vibrator im Liebesspiel haben kann («Die schönste Stellung: Sie sitzt mit dem Rücken zu ihm, er ganz eng an ihr; die eine Hand streichelt oder hält sie, die andere streicht mit dem Vibrator sanft über ihren Busen, langsam hinab zum Schamhügel und weiter ...») und wie erregend es ist, dem Partner beim Masturbieren zuzusehen («Während Sie sich befriedigen, betrachtet er Ihre Bewegungen, hört Sie atmen, stöhnen ...»).

In einer anderen Ausgabe dieser Zeitschrift (1/97) predigt der Psychoanalytiker Johannes Kemper, es sei wichtig, kreativ zu sein. Nur nicht immer die gleichen, öden Nummern! Und eine Pro-Familia-Expertin meint, es genüge nicht, nur an der Beziehung zu arbeiten, wichtig sei auch, das sexuelle Handwerk zu verbessern. Zum Beispiel mit dem *Mini-Vib*: «10 cm lang, 1 cm Durchmesser, schlicht silberfarben und batteriebetrieben. Ein Liebhaber-Stück für Puristen. Praktisch wie ein Reisefön: paßt in jede Kelly-Bag und tut seine Dienste sogar im Café», wie *Cosmopolitan* schwärmt.

Die emanzipierte Frau interessiert sich für Sex, sie nimmt sich, was und wen sie will, sie kennt keine Tabus, keine Grenzen, keine Scham. Von allen sexuellen Sorgen der Geschlechter ist offenbar nur noch eine einzige übriggeblieben: Wie bringen wir mehr Pep ins flotte Treiben? Zu diesem Eindruck muß man kommen, führt man sich die Medienbilder zum Thema Sex vor Augen.

«... alles ist so voll mit Sex, daß man sich fragt, was mit den Frauen los ist», schreibt entsetzt der Schriftsteller Matthias Altenburg, nachdem er «für euch durch die Hölle gegangen (ist) oder den Himmel, ich weiß nicht, ich habe stapelweise Hefte von *Marie Claire* und *Elle* und *Cosmopolitan* und *Vogue* und *Amica* aus dem Altpapier meiner Nachbarin gefischt und alles, alles gelesen ...»

Und fährt fort: «Ich werde das alles jetzt noch einmal lesen, damit man mir nichts vorwerfen kann, und dann werde ich mich ins Bett legen und werde Eva Herzigova ficken und Nadja Auermann und Claudia Schiffer und Jeremy Irons und Jon Bon Jovi, den ‹knackigen Kuschelrocker›, nur die Minderjährige nicht und auch nicht Bianca Jagger, weil die auf dem Foto (...) aussieht, als habe sie gerade einen Schlaganfall gehabt, weshalb ich sie wirklich nicht ficken will, und eigentlich würde man am liebsten überhaupt *nie mehr ficken* in einer Welt, die so voll davon ist ...»

Geht es uns nicht genauso? Würden auch wir manchmal «am liebsten überhaupt nie mehr ficken in einer Welt, die so voll davon ist ...»? Angewidert von allzu offenherzigen Einblicken in die Geschlechtsregionen völlig fremder Menschen, angewidert von immer neuen Spielarten der «Liebe», angewidert von schamlosen Bekenntnissen der schlüpfrigen Art, angewidert von Bildern, die uns als Erotik verkauft werden, aber nichts anderes sind als reine Pornographie, angewidert von Fernsehsendern, die glauben, ihren Zuschauern «Wichsvorlagen» liefern zu müssen, vergeht uns da nicht manchmal die Lust?

Sie vergeht uns. Nur erkennen wir oft nicht, warum. Wir kommen nicht darauf, daß wir mit sexuellem Material zugemüllt werden, sondern geben uns in altbewährter Manier die Schuld am angeblichen sexuellen Versagen. Wir erkennen nicht, daß unsere Lustlosigkeit etwas mit der medialen Sex-Flut zu tun haben könnte, sondern im Gegenteil: Wir machen — mehr oder weniger unbewußt — die dort veröffentlichten sexuellen Leistungen zum eigenen Maßstab. Ja, so wie die es dort treiben, so hätten wir es auch gerne.

Leidenschaftlich. Immer. Zu jeder Zeit. Leider sieht unser Sex-Alltag meist ganz anders aus. Da hapert es mit der Zeit und auch mit unserer Energie. Nach einem langen Tag voller Streß, Ärger und Hektik fühlen wir uns ausgelaugt und lustlos. Bleiben die Wochenenden, doch auch da läßt das Liebesleben oft zu wünschen übrig. Wann sind wir zum letztenmal beim Sex so richtig ins Schwitzen gekommen? Wann sind wir vor Lust zerflossen? Wann haben wir uns gierig auf den anderen gestürzt, ihm die Kleider vom Leib gerissen und ihn oder sie zum Wahnsinn getrieben?

«Mein Mann hat vor kurzem zu mir gesagt, er käme sich schon

vor wie eine männliche Jungfrau, weil wir so lange nicht miteinander geschlafen haben.»

«Wir haben vor sechs Wochen das letzte Mal sexuellen Kontakt gehabt. Im Moment haben wir beide 'ne Menge Streß in der Arbeit. Am Abend sind wir dann zu erschöpft.»

«Ich achte darauf, daß wir mindestens einmal die Woche miteinander ins Bett gehen. Nicht daß ich immer Lust hätte, aber ich denke, das muß sein. Sonst wird er grantig. Manchmal kommt die Lust beim Tun, manchmal ist es aber mehr eine Leibesübung.»

«Wenn er Sex will, dann sagt er das nicht, sondern fängt an, mich so ungeschickt am Nacken zu kraulen. Ich mag das gar nicht. Ich würde lieber schmusen und warten, was draus wird. Wenn ich aber denke, aha, jetzt will er wieder, komme ich nicht in Stimmung. Ich laß es dann über mich ergehen. Eheliche Pflichten!»

«Wir schlafen noch sehr gerne zusammen. Aber ich muß zugeben, daß ich oft zu müde bin für ein richtiges Liebesspiel. Mir ist aber wichtig, daß wir Sex haben. Ein Erdbeben ist das dann natürlich nicht.»

Diese Zitate stammen von Frauen zwischen Mitte 30 und Mitte 40, die sich nach langem Zögern bereit erklärt hatten, über ihr Sexualleben zu sprechen. Normalerweise schweigen wir über das, was sich dort abspielt. Selbst unter guten Freundinnen ist dieses Thema meist tabu. Zuzugeben, daß im Bett nicht alles Glanz und Gloria ist, das ist schwierig.

Sexuelle Lustlosigkeit – ein Massenphänomen?
Oder ein Phänomen der Massenmedien?

Wir wissen, wie faszinierend, erregend und befriedigend Sexualität sein kann, und das ist der Grund, warum uns das eigene Sexualleben manchmal als trübes Einerlei erscheint und wir ein schlechtes Gewissen haben, weil wir uns nicht oft genug und mitreißend genug mit dem Partner vergnügen. Wir fühlen uns ertappt, wenn wir in einer Boulevardzeitung die Überschrift lesen «Deutsche, ihr liebt euch zu wenig». Angeblich, so heißt es da, sei die Beischlafquote deutscher Paare im Laufe der vergangenen 20 Jahre von acht- auf zweimal die Woche gesunken. Achtmal die Woche!

Haben die Leute es damals wirklich so häufig getan? Kann doch gar nicht sein, beruhigen wir unser Gewissen und erinnern uns an Martin Luther, der zweimal die Woche für völlig normal hielt. Doch dann rechnen wir nach und stellen fest, daß wir in den letzten Wochen sogar dieses niedrige «Soll» nicht erreicht haben.

Die amerikanische Sexualwissenschaftlerin Helen Singer Kaplan hatte bereits Ende der Siebziger Alarm geschlagen. Sie entdeckte damals, daß die Menschen immer sexmüder werden, und gab diesem Phänomen den klinischen Namen «Inhibited Sexual Desire» (gehemmtes sexuelles Verlangen). Angeblich sollen bereits damals 20 bis 50 Prozent der erwachsenen Amerikaner von dieser Störung betroffen gewesen sein.

Inzwischen ist die sexuelle Unlust ein weitverbreitetes Phänomen. So viele sind davon betroffen, daß seriöse Medien als «Beruhigungsmittel» freiwillige Jungfräulichkeit und Langzeitenthaltsamkeit als gesunden Weg zur Selbstfindung preisen. «Zehn Millionen Singles gibt's in der Bundesrepublik. Die Damen können wochenlang ohne Sex auskommen», schrieb zum Beispiel schon vor Jahren die Zeitschrift *Brigitte* (20/89) über alleinlebende Frauen. Und fügt hinzu: «Sex als Leibesübung interessiert sie nicht. Die Tabus sind längst gebrochen, alles ist schon ausprobiert und dagewesen. Sex an sich, sagen viele junge Frauen, ist nicht spannend.»

Von denen, die «es» noch tun, sollen angeblich 84 Prozent der Frauen und 53 Prozent der Männer – so eine der herumgeisternden Zahlen – nur noch selten ein aufregendes Kribbeln in den Lenden verspüren. An der Sexualberatungsstelle der Universität Hamburg ist die Zahl «lustloser» Frauen von knapp zehn Prozent Mitte der siebziger Jahre auf über 70 Prozent im Jahr 1992 gestiegen. «Heute nicht, Liebling», soll zum meistgesprochenen Satz in manchen Beziehungen geworden sein.

Psychiater und Psychologen machen sich große Sorgen und halten die allgemeine Lustlosigkeit für eine ernstzunehmende sexuelle Störung. Bei einem Teil der Betroffenen mögen tatsächlich organische Gründe für die Lustlosigkeit vorhanden sein. Allerdings trifft das nur auf etwa fünf Prozent der Menschen zu, die wegen sexueller Lustlosigkeit eine Sexualberatungsstelle aufsuchen. Daneben können auch ernsthafte Beziehungsschwierigkeiten, psychische Erkrankungen oder auch sexueller Mißbrauch sexuelle Bedürfnisse auslöschen. Die große Masse der Lustlosen aber hat kein Problem, jedenfalls keines, das unbedingt behandelt werden muß. Die meisten Männer und Frauen, die keine Freude mehr an ihrem eigenen Körper und dem des anderen haben, sind Opfer einer völlig sexualisierten Gesellschaft geworden, die vorschreibt, wie «guter Sex» auszusehen hat.

Die Vorstellung, daß wir nur dann sexuell glücklich sind, wenn wir möglichst häufig, möglichst heftig, mit möglichst durchgestylten Körpern Geschlechtsverkehr genießen, sitzt fest in unseren Köpfen. Überlegungen wie «Ich sollte mal wieder …», «Wir haben schon seit drei Tagen nicht …», «Ich muß mit ihm/ihr schlafen, sonst heißt es, ich bin nicht mehr interessiert …» entspringen einem schlechten Gewissen und führen zu Fehlreaktionen. Entweder kommt es zu Geschlechtsakten, die mehr Pflicht als Kür und deshalb alles andere als befriedigend sind. Oder wir weichen sexuellen Kontakten aus, glauben unter Lustlosigkeit zu leiden und halten uns für gestört.

«Nicht die Dinge beunruhigen die Menschen, sondern die Vorstellungen von den Dingen», erkannte der Philosoph Epiktet. Die Beunruhigung stammt von den Vorstellungen, die wir uns über «normale» Sexualität machen. Medienbilder von Menschen, die immer können und wollen, müssen beunruhigend wirken, wenn wir uns mit ihnen vergleichen. Wenn das, was uns da gezeigt und beschrieben wird, «normal» ist, dann sind wir es nicht.

Wir sitzen vor dem Fernseher und lassen uns von nur schlecht als «Erotik» getarnten Pornosendungen der privaten TV-Sender vorführen, was sexuell heute so alles möglich ist. Wir erfahren aus Massenblättern, wie stimulierend Gummikleidung sein kann, wie schön Sex im Freien ist, welches die ideale Penisgröße ist, wo der G-Punkt sitzt und daß auch Frauen ejakulieren können. Vielleicht lachen wir über so manche dieser Dinge, aber hinter dem Lachen verbirgt sich ein anderes Gefühl: die Scham. Wir schämen uns nicht für die schlüpfrigen Bilder und Worte – nichts Sexuelles ist mehr tabu – wir schämen uns für uns selbst, weil wir feststellen müssen: Das, was wir da zu sehen und zu lesen bekommen, spielt sich in unserem Sexualleben nicht ab.

Die bekannte Sexualaufklärerin Ruth Westheimer glaubt, daß das sexuelle Schamgefühl heute eine viel größere Bedeutung hat, «als gemeinhin angenommen wird». Auch für den Psychoanalytiker Léon Wurmser sind die allenthalben zu beobachtenden «Schamlosigkeiten» kein Beleg für das Verschwinden der sexuellen Scham. Im Gegenteil: Niemals zuvor schämten sich die Menschen so heftig wie heute. Wir leben im «Zeitalter der Scham», so Wurmser, und vor allem hinter der Schlafzimmertür sind Schamgefühle keine Seltenheit. «Es gibt keinen anderen Zustand, wo der Mensch gleichermaßen verwundbar wäre, wo er im gleichen Ausmaß alle üblichen Kontrollen über seine Affekte, Handlungen und Ausdrucksbewegungen aufgibt, wo er sein Selbst gleichsam schutzlos dem anderen überliefert.»

Das schlechte Gewissen und das Schamgefühl sind aus unserem Sexleben also nicht verschwunden, wir haben nur andere Gründe dafür als in den prüden fünfziger und sechziger Jahren. Damals waren Verklemmtheit und sexuelles Unwissen dafür verantwortlich; heute schämen wir uns, wenn wir den Idealbildern eines sexuell aktiven, potenten Menschen nicht entsprechen.

Scham entsteht, so definiert der Psychologe Michael Lewis dieses quälende Gefühl, «wenn wir unsere Handlungen, Gefühle und Verhaltensweisen bewerten und zu dem Schluß kommen, daß wir etwas falsch gemacht haben». Viele Paare haben heute Probleme miteinander, weil einer (oder vielleicht sogar beide) sich ständig bewertet und glaubt, «etwas falsch zu machen».

Das Fatale an der sexuellen Scham ist: Sie ist meist nicht als solche zu erkennen. Es liegt im Wesen der Scham, daß sie sich «verkleidet». Menschen, die sich schämen, möchten sich verbergen, möchten vor Scham in den Boden versinken. Nachdem Adam und Eva verbotenerweise vom Baum der Erkenntnis genascht hatten, «gingen beiden die Augen auf, und sie erkannten, daß sie nackt waren». Vor lauter Scham «hefteten sie Feigenblätter zusammen und machten sich einen Schurz», beschreibt die Bibel den ersten Schamanfall der Menschheit. Dem modernen Adam und der modernen Eva sieht man heute nicht mehr so deutlich an, wenn sie sich schämen. Sie haben andere Maskierungen für ihre Schamgefühle: Sie bekommen ein schlechtes Gewissen, Kopfschmerzen, sind niedergeschlagen und haben keine Lust.

Statt sich der Scham zu schämen und sie mit anderen, akzeptierteren Gefühlen zu maskieren, sollten Männer und Frauen die Botschaft der sexuellen Scham entschlüsseln lernen. Scham ist ein äußerst wichtiges Gefühl, wie Léon Wurmser schreibt: «Scham ist die unentbehrliche Wächterin der Privatheit und Innerlichkeit, eine Wächterin, die den Kern unserer Persönlichkeit, unseren Sinn für Identität und Integrität schützt ...» Wenn wir uns in Zusammenhang mit Sexualität schämen, dann bedeutet das: Irgend etwas bedroht und verunsichert uns. «Uneingestandene Scham», so Léon Wurmser, «erzeugt ein sich selbst verewigendes Gefängnis.» Ausbrechen aus dem Gefängnis können wir nur, wenn wir erkennen, warum wir uns schämen, warum wir ein schlechtes Gewissen haben.

Die neue Scham
Was uns wirklich den Spaß verdirbt

Sexualtherapeuten sehen einen direkten Zusammenhang zwischen der veröffentlichten Sexualität, die alle Schamgrenzen sprengt, und den privaten Schamgefühlen: Je offener und ungehemmter über Sexualität gesprochen wird, je eindeutiger gezeigt wird, was sich zwischen zwei Menschen sexuell abspielen kann, desto mehr wächst die Anfälligkeit für Scham. Denn: Die Vergleichsmöglichkeiten nehmen zu, und damit wächst auch die Angst vor Blamage, Bloßstellung und Versagen. Wir wissen, wie ein begehrenswerter, geiler Körper auszusehen hat und welche Fähigkeiten und Qualitäten einen guten Liebhaber und eine gute Geliebte auszeichnen. Wenn unsere sexuelle Leistung hinter diesen «Standards» zurückbleibt, dann fühlen wir uns als Versager und schämen uns.

«Wenn ich einen neuen Liebhaber habe, dann vermeide ich es, mich im Bett auf die Seite zu legen. Ich schäme mich, weil in dieser Stellung mein Bauch und mein Busen so hängen», gesteht die 43jährige Monika, die kein Gramm zuviel auf die Waage bringt. Sie könnte stolz auf ihren Körper sein, doch wenn sie nackt ist, fühlt sie sich alt, schlaff und dick. Sie schämt sich ihres Körpers, auf dem die Zeit und die Geburt ihrer drei Kinder Spuren hinterlassen haben.

Sexualforscher und Psychologen bestätigen, daß Körperscham gerade Frauen oft den Spaß am Sex verdirbt. Gedanken wie «zieh den Bauch ein», «hoffentlich sieht er nicht meine Cellulite, wenn wir von hinten ...», «ich hätte mir die Achsel rasieren sollen ...», «ob ich wohl rieche?» sind Lustkiller und bringen Streß statt Entspannung.

Von unserem Körpergefühl aber hängt es ab, welche Qualität unsere sexuellen Beziehungen haben. Dieser enge Zusammenhang konnte in einer aktuellen amerikanischen Umfrage bestätigt werden. «Je unattraktiver ich mich fühle, desto weniger Lust habe ich auf Sex», gab eine Einunddreißigjährige zu. «Nach Möglichkeit vermeide ich sexuelle Kontakte, und wenn es doch passiert, kann ich mich nicht gehenlassen. Ich habe das Gefühl, eine Zumutung für meinen Partner zu sein.» Und eine Zwanzigjährige meint: «Ich versuche abzunehmen, wegen meiner Freunde. Wenn ich dick bin, dann will niemand mit mir zusammensein. Solange ich keinen ansehnlichen Körper habe, wird mich niemand wollen.»

Diejenigen, die mit ihrem Körper sehr unzufrieden sind, berichten häufiger von schlechten sexuellen Erfahrungen. Je weniger wir uns in unserem Körper wohl fühlen, desto geringer fällt unsere sexuelle Lust aus, desto negativer sind die Gefühle nach einem sexuellen Erlebnis.

Umgekehrt können sexuelle Erfahrungen auch unser Körperbild verändern. Mehr als ein Drittel von über 500 befragten Männern und fast 4000 Frauen sagten, nach unerfreulichem Sex würden sie ihren Körper nicht mögen. Ein schönes sexuelles Erlebnis dagegen, so meinen 70 Prozent der Männer und 67 Prozent der Frauen, söhne sie mit ihrem Körper aus.

Den engen Zusammenhang zwischen einem positiven Körpergefühl und einem befriedigenden Sexualleben bestätigt auch eine Studie der Universität Leipzig, in der 1034 Ostdeutsche und 1013 Westdeutsche im Alter von 14 bis 92 Jahren befragt wurden. Unter anderem stellten die Leipziger Forscher fest: Ostdeutsche fühlen sich in ihrem Körper wohler als Westdeutsche. Sie machen sich weniger Sorgen um ihr Aussehen und geben häufiger als Westdeutsche zu, stolz auf ihren Körper zu sein. Die Vorstellung, daß andere sie nackt sehen könnten, schreckt ostdeutsche Männer und Frauen sehr viel weniger als westdeutsche. Was die sexuelle Genußfähigkeit angeht, zeigen sich die ostdeutschen Befragten weniger gehemmt als die westdeutschen. Sexuelle Blockaden kennen Ostdeutsche sehr viel weniger als Westdeutsche, und sie berichten von einer höheren Zufriedenheit mit ihrem Sexualleben. Nach Ansicht der Leipziger Wissenschaftler lassen sich diese Unterschiede «am ehesten mit der stärkeren gefühlsmäßigen Kontrolle und der höheren Leistungsorientierung der Westdeutschen erklären. Sexuelle Impulse sind – wie Gefühle überhaupt – stärker beherrscht, und ein hoher Anspruch an die eigene (sexuelle) Leistungsfähigkeit und Attraktivität wirkt einer erfüllten Sexualität eher entgegen. Unter diesen Bedingungen entstand im Westen ein stärkerer repressiver und aufgesetzter Umgang mit der Sexualität, während sich im Osten ein gelösteres Sexualverhalten entwickelte ...».

Vielleicht sollten westdeutsche Frauen und Männer sich ein Vorbild an ihren ostdeutschen Schwestern und Brüdern nehmen und sich nicht mit den Hochglanzfiguren der Medien vergleichen. Zu befürchten ist allerdings, daß auch Ostdeutsche – nun, da auch ihre Kioske überquellen an bunten Blättern, voll mit Sex – in den Sog der veröffentlichten Bilder geraten und ihre eigenen, gesunden Maßstäbe verlieren. Dann wird auch sie die Körperscham ergreifen, unter der die Mehrheit im Westen bereits zu leiden hat.

Wir schämen uns und möchten gerne anders sein. Begehrenswerter und begehrter. Wir möchten eine «richtige» Frau, ein «richtiger» Mann sein, wir möchten die sexuelle Norm erfüllen. Der amerikanische Psychologe Joseph Lo Piccolo hat in einer Umfrage unter 93 Paaren im Alter von durchschnittlich 34 Jahren festgestellt: Zwölf Prozent der befragten Männer wünschen sich mehr als einmal am Tag Geschlechtsverkehr; allerdings können sich dies nur drei Prozent der Frauen als lustvoll vorstellen. Die Mehrheit der Befragten glaubt, daß «es» drei- bis viermal die Woche passieren sollte. Doch wie sieht die Realität aus? Gerade mal zwei Prozent der Männer und ein Prozent der Frauen schlafen nach eigener Aussage tatsächlich mehr als einmal in der Woche mit dem Partner, während 12 Prozent der Männer wie auch der Frauen zugeben, höchstens alle 14 Tage einmal zusammenzukommen. Drei Prozent haben sogar weniger als einmal im Monat Geschlechtsverkehr.

Mit anderen Worten: Wunsch und Realität klaffen weit auseinander. Die «Schreckensmeldungen» über die zunehmende Lustlosigkeit beziehen wir mit schlechtem Gewissen auf uns selbst, weil wir unseren eigenen Ansprüchen nicht genügen. Wer nicht auf den statistisch erwünschten Schnitt kommt, fühlt sich ertappt und ist schnell bereit zu glauben, daß mit seinem Sexleben etwas nicht in Ordnung ist. Das schlechte Gewissen und die Scham über unsere Unzulänglichkeit machen uns blind für die Realitäten. Wir erkennen nicht, daß vieles, was über die angeblich normale Sexualität verbreitet wird, ins Reich der Mythenbildung gehört.

Mythos Nr. 1: Zuwenig Sex macht krank

Bei der Frage, ob es einen Sexualtrieb gibt, scheiden sich die Geister. Während Sigmund Freud daran keinen Zweifel ließ und annahm, daß innere Spannungszustände nach Triebabfuhr verlangen, sind moderne Sexualwissenschaftler wie etwa Gunter Schmidt anderer Ansicht: «Nicht weil wir sexuell erregt sind, haben wir Sexualität, sondern wir produzieren sexuelle Erregung oder suchen sie auf, um Sexualität erleben zu können.» Von einem inneren Drang ist hier nicht mehr die Rede. Vielmehr wollen wir Sex, weil wir erfahren haben, daß es Spaß machen kann.

Selbst wenn man davon ausgeht, daß es einen Sexualtrieb gibt, haben wir normalerweise die vollständige Kontrolle darüber. Wir brauchen kein «Ventil» für eventuell angestaute sexuelle Energie, wir müssen nicht unser regelmäßiges Quantum Sex bekommen, um psychisch oder körperlich gesund zu bleiben.

Hinzu kommt: Das Bedürfnis nach Sexualität ist bei jedem Menschen unterschiedlich ausgeprägt. So, wie es lebhafte und ruhige, jähzornige und geduldige Menschen gibt, so hat jeder Mensch auch sein ganz individuelles sexuelles «Temperament». Die Stärke des sexuellen Interesses ist möglicherweise zum Teil angeboren; zu einem größeren Teil aber hängt sie von den Erfahrungen ab, die ein Mensch im Laufe seines Lebens auf sexuellem Gebiet gemacht hat. Eine strenge, sexualfeindliche Erziehung und seltene oder nur unerfreuliche Sexualkontakte können einem Menschen die Lust vergehen lassen. Das bedeutet aber nicht unbedingt, daß sexuell desinteressierte Menschen weniger glücklich und zufrieden sind. So heißt es in einem Psychologie-Lehrbuch: «Im Unterschied zu Hunger und Durst muß ‹Appetit› auf Sexualität weder befriedigt werden noch überhaupt vorhanden sein, damit der einzelne überleben und, wie es scheint, auch glücklich leben kann.»

Mythos Nr. 2: Zuwenig Sex beeinflußt die Psyche

Dieser Mythos ist eng mit dem ersten verbunden. Die Meinung, daß eine Frau, ein Mann, die/der regelmäßige Sexualkontakte hat, mehr erotische Ausstrahlung besitzt, ausgeglichener und weiblicher beziehungsweise männlicher wirkt als eine «frustrierte» Person, hält sich hartnäckig. Doch sowenig Einfluß sexuelle Lustlosigkeit auf das psychische Wohlbefinden hat, sowenig lassen sich die Quantität und Qualität des Sexuallebens am Verhalten oder Aussehen eines Menschen ablesen. Unzufriedenheit oder fehlender «Sex-Appeal» (was immer das auch sein mag) ist ganz sicher kein Indiz für sexuelle Inaktivität.

Mythos Nr. 3: Wer liebt, begehrt auch

Dieser Mythos dürfte die Hauptschuld daran tragen, wenn Männer oder Frauen sich als sexuell gestört erleben. Am Anfang einer Beziehung reicht oft ein Blick aus, um in Stimmung zu kommen, doch je länger ein Paar miteinander lebt und liebt, um so mehr Anregungen benötigt Eros. Bereits im zweiten Jahr ihrer Ehe schlafen die meisten Paare nur noch halb soviel miteinander wie im ersten Jahr, und die Kurve sinkt mit zunehmendem Alter der Partner und Dauer der Ehe weiter ab.

Es ist sicher kein Zufall, daß berufstätige Paare am häufigsten wegen sexueller Unlust in die sexualtherapeutische Beratung kommen. Das Ideal einer lebenslangen, leidenschaftlichen Partnerschaft läßt sich am allerwenigsten in Beziehungen einlösen, in denen beide Partner am Abend gestreßt von der Arbeit nach Hause kommen, sich dann den Kindern widmen und die Hausarbeit erledigen müssen — was meist Sache der Frau ist. Sie ist von «des Tages Arbeit» dann oft noch erschöpfter als der Mann und muß sich eventuell Vorwürfe anhören, wenn er noch Energien fürs Liebesspiel übrig hat, sie aber lustlos «nein» sagt.

Paare wie diese sollten wissen, daß Sexualwissenschaftler grundsätzlich Zweifel haben, ob sich lang dauernde Zweierbeziehungen überhaupt mit intensiver Sexualität vereinbaren lassen. Zunehmende Vertrautheit und sich einschleichende Gewohnheiten sind Lustkiller. Ob «glücklich» oder «unglücklich» verheiratet – spätestens nach fünf Jahren Ehe ist der «Kick» bei den meisten weg. Kein Wunder, wie die amerikanische Therapeutin Lonnie Barbach meint: «Auch Ihr Lieblingsmenü wäre für Sie nicht schmackhaft, wenn es jeden Mittag auf den Tisch käme.» Wenn also wochenlang nichts läuft, ist das noch lange kein Grund, die Beziehung in Frage zu stellen, sondern ein ganz normaler Prozeß.

Mythos Nr. 4: Lustlos ist nicht gleich lustlos

Über die grassierende Lustlosigkeit wurde inzwischen so viel berichtet, daß wir diese Nachricht als Fakt hinnehmen. Niemand fragt mehr nach, woher die Medien ihre beeindruckenden Zahlen über die angeblich Betroffenen haben. Wenn es sich um seriöse Statistiken handelt, dann stammen sie in der Regel aus Sexualberatungsstellen oder Kliniken, die Menschen behandeln, die wegen eines sexuellen Problems den Rat der Experten suchen. Bevor jemand diesen Schritt tut, muß ein enormer Leidensdruck vorhanden sein, muß das Problem als massive Störung erlebt werden. Wenn von zunehmender Lustlosigkeit die Rede ist, dann bezieht sich das nur darauf, daß zunehmend Menschen wegen ihres sexuellen Problems eine Beratungsstelle aufsuchen. Das fällt ihnen heute leichter als früher, weil sie erstens mehr über Behandlungsmöglichkeiten wissen und weil zweitens die Hemmschwelle gesunken ist, sich bei sexuellen Schwierigkeiten helfen zu lassen. Wahrscheinlich war die Anzahl der Lustlosen immer gleich hoch, nur bemühten sich früher die Betroffenen nicht so zahlreich um Hilfe.

Stammen die kursierenden Zahlen aus wissenschaftlichen Studien, dann gibt die Psychologin Kirsten von Sydow folgendes zu bedenken: «Sexualität erscheint bis heute als Forschungsthema nur dann legitim, wenn es um Probleme geht. Erforscht werden sexuelle Störungen, die sogenannten Perversionen, sexuelle Funktionsstörungen, neuerdings ist natürlich AIDS ein Thema und auch der sexuelle Mißbrauch. Forschungsarbeiten, die sich an der normalen, alltäglichen Sexualität orientieren, werden kaum durchgeführt.» Mit anderen Worten: Man weiß viel über die gestörte Sexualität, aber äußerst wenig über die «normale». Und ganz besonders gering ist das Wissen über die Sexualität der Frauen. Man weiß wenig darüber, was ihnen gefällt, was ihnen nicht gefällt und inwieweit sie etwas mitmachen, was sie vielleicht nicht wollen. Ebensowenig ist erforscht, was sich in Beziehungen eigentlich abspielt.

Da lassen wir uns einschüchtern von sexuellen Medienvorturnern, von Berichten über Super-Sex und wie man ihn erreicht, und dann müssen wir erfahren: Nichts Genaues weiß man nicht! Wir lassen uns verunsichern, obwohl Jahre nach der sexuellen Revolution die ganz normale Lust von Männern und Frauen immer noch eine unbekannte Größe ist! Und wir hören auf sogenannte Sex-Experten, die Richtlinien aufstellen, die sie durch ihre Forschungen über gestörte Sexualität gewonnen haben.

Das sollten wir bedenken, wenn wir uns mal wieder lustlos fühlen. Die Lustlosigkeit *kann* ein Zeichen für eine tiefgreifende Störung sein, muß aber nicht. In den meisten Fällen dürfte es sich um eine ganz normale Reaktion handeln, über die wir uns keinerlei Gedanken machen würden, wären wir nicht von den Medien so einseitig «aufgeklärt». Sexualtherapeuten und Sexualforscher wissen sehr wenig über das ganz normale sexuelle Empfinden, wir sollten daher ihren Rat und ihre Veröffentlichungen mit der gebotenen Vorsicht genießen. Was sie uns zu sagen haben, mag interessant und für tatsächliche sexuelle Störungen wichtig sein. Mit unserer Lust (und der Last, die wir möglicherweise damit haben), hat all dies aber sehr wenig zu tun.

Ob täglich, wöchentlich oder monatlich – normal ist in der Sexualität alles, was gefällt. Zum Problem wird sexuelle Unlust nur dann, wenn zu hohe Ansprüche und das daraus resultierende schlechte Gewissen jede Spontaneität verhindern. Wir können nicht perfekt sein. Es ist unmöglich, neben all den vielen Alltagsverpflichtungen auch noch eine gute Geliebte, ein wunderbarer Liebhaber zu sein. «Highlights» sind nur möglich, wenn wir entspannt sind, Zeit haben und keine Probleme im Kopf wälzen. Verabschieden wir uns von der Vorstellung, daß es irgendeinen offiziellen Maßstab dafür gibt, wie ein gutes Liebesleben auszusehen hat. «Gut» ist, was *uns* guttut. Zweimal die Woche oder einmal im Monat spielt dabei keine Rolle. Und auch nicht, ob der Bauch Falten wirft oder der Busen hängt. Da können uns die Medien noch so viele Hochglanzbilder vorsetzen oder Sex-Experten uns mit ihrem Wissen imponieren – mit *unserer* Sexualität hat das alles nicht viel zu tun.

«Gemeinsam sind wir unausstehlich»

Plädoyer für eine gewisse Abhängigkeit

Kathy, Johnny, Patricia, Jimmy, Joey, Barby, Paddy, Maite und Angelo sind keine Schönheiten. Auch ihre Musik wird von Kritikern als «nette Popmusik» nicht sonderlich ernst genommen. Dennoch feiern sie sensationelle Erfolge: Die Kelly-Family beherrscht die Hitparaden und unsere (meist weiblichen) Teenys. Neun Geschwister – die älteste 32, der jüngste 13 – lösen, wo immer sie auftreten, eine wahre Massenhysterie aus.

Was ist da los? fragen Musikkritiker irritiert, für die bislang Jugendmusik und Rebellion Synonyme waren. Das Phänomen, das Erwachsene so schwer verstehen können, hat seine Wurzeln in einer Entwicklung, die diese Erwachsenen so verständnislos werden ließ. Wer in den sechziger und siebziger Jahren jung war, der kann nur schwer begreifen, daß die irischen Schmuddelsänger für die heutigen Kids eine ganz besondere Botschaft auf Lager haben. Diese Botschaft heißt: traute Gemeinschaft. Wie es im Hausboot der Kellys wirklich zugeht, interessiert die Jugendlichen wenig, sie sehen nur, was sie sehen wollen: neun Geschwister. Eine Familie. Eine gemeinsame Aufgabe.

Kommt in der Kelly-Manie nichts anderes zum Ausdruck als die Sehnsucht nach einer intakten Familie, nach Geschwistern, die füreinander da sind? Versammeln sich in den Konzerten der ehemaligen Straßenmusikanten die verwöhnten Einzelkinder, die alle Wünsche erfüllt bekommen, nur nicht den nach Geborgenheit und Zugehörigkeit? Jugendliche, die tagelang vor dem Kölner Hausboot der Kellys ausharrten, bestätigten gegenüber Journalisten diese Vermutung (*Spiegel-TV*, Sendung vom 2. 7. 95): Was gäben sie nicht dafür, mit den Geschwistern gemeinsam leben zu können! Wie gerne würden sie ihre Wohlstands-Reihenhäuser und ihre zerstrittenen Eltern verlassen und sich als weiteres Familienmitglied zu den neun Geschwistern gesellen! Ganz offensichtlich ist der Erfolg der Kellys nicht nur auf ihre Ohrwürmer wie «Wish I were an Angel» zurückzuführen, sondern auch auf die implizite Botschaft, die sie mit ihren Auftritten verbreiten: Wir sind eine glückliche Familie, wir halten zusammen, nichts kann uns trennen, gemeinsam sind wir unausstehlich!

Die jungen Menschen, die den Kelly-Geschwistern vor lauter Begeisterung die Bühne mit Teddybären pflastern, wagen ein Bedürfnis zum Ausdruck zu bringen, das sich ihre Eltern in mühevoller Psycho-Arbeit abgewöhnt haben: den Wunsch nach Geborgenheit, nach Einssein mit einem anderen Menschen. Wer heute erwachsen ist, der wagt es nicht zuzugeben, daß auch er das Bedürfnis nach Zugehörigkeit verspürt. Schließlich haben wir gelernt: Autonomie und Unabhängigkeit sind erstrebenswerte Lebensziele, nur ein autonomer Mensch kann sich selbst verwirklichen, nur ein autonomer Mensch kann auf die Befriedigung seiner Bedürfnisse achten, nur ein autonomer Mensch ist ein psychisch stabiler Mensch.

Die Generation, die gegen ihre autoritären, einschränkenden Eltern aufbegehrt hat und nicht schnell genug das Elternhaus verlassen konnte, regt sich über ihre Nesthocker auf, die es sich im «Hotel Mama» bequem machen. Materielle Gründe mögen dabei eine wichtige Rolle spielen; die junge Generation verspürt aber auch weniger die Notwendigkeit der Abgrenzung, ihre Autonomiebedürfnisse scheinen befriedigt, andere dagegen scheinen eindeutig zu kurz gekommen zu sein: Das Kelly-Fieber, aber auch andere Phänomene der Jugendkultur, wie etwa die Love-Parade der Raver, signalisieren ein tiefes Bedürfnis nach einer Gemeinschaft, die Geborgenheit schenkt.

In ihren Familien können die jungen Menschen diese Bedürfnisse nur noch rudimentär befriedigen. Die Ehen und Beziehungen ihrer Eltern sind ihnen in dieser Hinsicht nur selten Vorbild. Irritiert beobachten sie ihre Mütter, die, oftmals völlig verkrampft und unglücklich, Abgrenzung inszenieren; voller Unverständnis begegnen sie ihren Vätern, die sich immer noch auf der Karriereleiter abmühen, sich eine Geliebte zulegen und sich zu Hause wie ein Gast benehmen. Zuviel Nähe schadet, Autonomie ist das Kennzeichen einer emanzipierten Partnerschaft – diese «Weisheit» haben Jugendliche oft bis zum Überdruß von Erwachsenen zu hören bekommen. Was daran so positiv sein soll, verstehen sie immer weniger.

Viele Beziehungs- und Eheprobleme, eine große Zahl von Trennungen und Scheidungen gehen auf das Konto des Autonomie-Kultes. Männer und Frauen sind an dem Anspruch gescheitert, Intimität und Unabhängigkeit, Nähe und Distanz, eigene Bedürfnisse und die Bedürfnisse des Partners in jener Balance zu halten, die von Experten als «gesund» propagiert wurde. «Die Schwierigkeit beginnt, wenn das Bedürfnis nach einer eigenen Identität mit dem Bedürfnis nach Sicherheit kollidiert», schreibt der amerikanische Paartherapeut Michael Vincent Miller und sagt uns damit nichts Neues.

Eigentlich beginnt die Schwierigkeit schon viel früher: in dem Moment, wo wir zu überlegen beginnen, ob der Wunsch nach Sicherheit überhaupt «erlaubt» ist. Wann immer wir Anklammerungstendenzen verspüren oder den Wunsch, mit dem geliebten anderen zu verschmelzen, schalten sich alle Warnlampen ein. Vorsicht, was ist mit deiner Identität! Bleibe autonom! Achte auf die Grenzen! Da kann man noch so sehr in einen Menschen verliebt sein, jede Faser des Körpers verzehrt sich nach ihm oder ihr – aber wir wagen es nicht, uns richtig hineinfallen zu lassen in dieses Gefühl. Das könnte uns als Schwäche ausgelegt werden.

Zuviel Nähe, zu heftige Gefühle machen angst. Manche Menschen leben ihre Partnerschaft daher nach einem festgelegten Fahrplan, wie zum Beispiel die einunddreißigjährige Anke. Seit drei Jahren hat sie eine feste Beziehung zu Karl. In all diesen Jahren gab es keine Abweichung von der «Besuchsregel», die folgendermaßen aussieht: «Samstagnachmittag kommt Karl zu mir, oder ich fahre zu ihm. Dann verbringen wir den Abend und Sonntag miteinander. Sonntagabend gehen wir dann wieder getrennte Wege. Unter der Woche sehen wir uns am Mittwoch, dann gehen wir zusammen in die Sauna.» Und wenn das Bedürfnis auftaucht, einander öfter zu sehen? «Das unterdrücke ich. Zuviel Nähe ist nicht gut. Ich habe auch das Gefühl, daß Karl nervös wird, wenn ich ihn zu oft sehen will.»

Rücksicht auf die so leicht verletzbaren Gefühle des anderen nehmen auch Marlies und Piet. Sie haben, so versichern sie, eine «reine Bettgeschichte». Daß diese «Bettgeschichte» sich nun schon fünf Jahre lang hinzieht, daß sie auch andere Interessen gemeinsam haben, wollen beide nicht wahrhaben. Keiner hat jemals dem anderen gesagt, daß er ihn (oder sie) liebt. «Niemals», sagt Marlies regelrecht entsetzt. «Wenn ich das sagen würde, dann würde ich ihn nur noch von hinten sehen, so schnell wäre der weg.» Was ist denn so gefährlich an dem Satz «Ich liebe dich»? «Ich liebe ihn ja gar nicht», beteuert Marlies. «Ich genieße nur den Sex mit ihm, das ist wirklich wunderbar. Wenn wir uns öfter sehen oder wenn wir gar zusammenleben würden, dann ginge diese Faszination schnell kaputt. Das wollen wir beide nicht.»

Gerda hat sich vor zwei Jahren scheiden lassen. Das Zusammenleben mit Jakob war zuletzt unerträglich. Die Auseinandersetzungen waren über die Jahre hinweg immer quälender und zerstörerischer geworden, und sie drehten sich immer um das gleiche Thema: sein (angebliches) Desinteresse an der Partnerschaft. «Immer nur hatte er seinen Beruf im Kopf, nie hat er sich um unser gemeinsames Leben gekümmert.» Hauptvorwurf Gerdas: «Du hilfst nicht im Haushalt, du kochst selten, alles läßt du mich organisieren.»

Der Psychotherapeut Hans Jellouschek kennt aus seiner therapeutischen Praxis viele Frauen wie Gerda, die mit ihrer Beziehung unzufrieden sind. Er beobachtet, daß «gutwillige Männer versuchen, die Wünsche ihrer Frauen zu erfüllen, sich aber oft nicht auf dahinterstehende Anliegen einlassen. So bleiben die eigentlichen Wünsche der Frauen unerfüllt, und es entsteht die Forderung nach immer mehr.» Oftmals wissen die Frauen selbst nicht genau, was sie sich eigentlich wünschen, auch Gerda hat erst nach der Scheidung erkannt, daß es ihr um etwas ganz anderes ging: «Ich wollte mehr Nähe, mehr Intimität, auch mehr Sex. Aber ich hätte es nie gewagt, dies zuzugeben. Wir haben uns Scheingefechte geliefert, mich wundert heute nicht mehr, daß Jakob nie verstand, worauf ich hinauswollte.» Während ihrer Ehe hatte Gerda nicht erkannt, daß sich hinter ihrem «Genörgle», wie ihr Mann es nannte, ihr nicht befriedigtes Bedürfnis nach Zugehörigkeit verbarg.

Anke und Karl, Marlies und Piet, Gerda und Jakob − sie sind keine Ausnahmeerscheinung. Die Angst vor zuviel Nähe und Intimität, die Angst, die eigene Freiheit und Unabhängigkeit zu verlieren, ist weit verbreitet.

Das erfuhr auch Annegret, als sie sich im «hohen» Alter von 45 Jahren entschloß, ihren langjährigen Lebenspartner zu heiraten. Die Reaktionen der Freunde und Freundinnen waren sehr gemischt. Natürlich fühlten sich alle verpflichtet, sich mit ihr zu freuen (und einige wenige taten dies auch von ganzem Herzen), doch auch sie konnten sich die Frage «Warum?» nicht verkneifen.

«Ich verstehe dich nicht», sagte ihr eine Freundin am Telefon. «Warum gibst du freiwillig deine Unabhängigkeit auf? Du bist doch so selbständig, du hast keine Kinder zu versorgen …, warum also heiraten?» Als Annegret ihr antwortete «aus Liebe», verschlug es der Freundin die Sprache.

«Schon vor unserem Entschluß, unser Zusammenleben zu legalisieren, gab es immer wieder (angeblich) freundschaftlich-besorgte Stimmen, die meinten, wir würden zu sehr zusammenglucken», erzählt Annegret. «Weil mein Mann und ich uns morgens nicht voneinander verabschieden und jeder seiner beruflichen Wege geht, sondern wir gemeinsam ein Geschäft führen, weil wir am liebsten die Freizeit und die Urlaube miteinander verbringen und wir einander vermissen, wenn mal einer ein paar Tage verreist ist − deshalb, so meinte die besorgte Freundin, sollten wir regelmäßig für Abstand sorgen. Ein Freund meines Mannes verstieg sich sogar zu der Diagnose, wir seien ein symbiotisches Paar.» Und Symbiose, das weiß inzwischen jeder, ist krankhaft. In einer Symbiose gibt es nur Stagnation, keine Weiterentwicklung, in einer Symbiose bekommt man den Atem abgeschnürt, eine Symbiose ist Ausdruck einer neurotischen Störung. Eine «symbiotische Verstrickung», schreibt die Soziologin Elisabeth Beck-Gernsheim, ist eine «Konstellation, die ebenso ausweglose wie absurde Konsequenzen erzeugt. Psychologen sehen darin den ewigen Kampf zwischen Autonomie und Abhängigkeit, ‹Nähe und Distanz›, ‹Verschmelzung und Widerstand›».

«Ich brauche niemanden!»
Der Tanz auf dem Vulkan «Autonomie»

Aufs Podest wurde die «Autonomie» in den siebziger Jahren gehoben, als der Psychoboom seinen Höhepunkt erlebte. Selbstbeobachtung und Selbstverwirklichung wurden zu Schlüsselbegriffen im Kampf um ein autonomes, unabhängiges Ich. Es galt, das «wahre Selbst» aus dem Schutt von «Schwarzer Pädagogik» und dem Zwang zur Anpassung auszugraben.

Es war vor allem die humanistische Psychologie, die den Gedanken popularisierte, Selbstverwirklichung sei der Schlüssel zu Autonomie und persönlichem Glück. Um sein wahres Selbst zu finden, so Carl R. Rogers, müsse man Fassaden einreißen, dürfe man nicht denken, «eigentlich sollte ich», soll man dem anderen nicht gefallen wollen. Es gehe darum, selbstbestimmt und voll Selbstvertrauen zu leben. Selbstverwirklichte Menschen, so schlußfolgerte der humanistische Psychologe Abraham Maslow aus seinen Studien, sind «unabhängig von der physischen und sozialen Umwelt. Diese Unabhängigkeit von der Umwelt bedeutet relative Stabilität angesichts harter Schläge, Entbehrungen, Frustrationen und ähnlichem».

In den letzten 20 Jahren hat der Gedanke der Selbstverwirklichung und der Autonomie einen wahren Siegeszug angetreten. Es gibt keine Therapie, die nicht Selbstverwirklichung in irgendeiner Form als Ziel formulierte; aber auch außerhalb der Therapieräume gilt es als selbstverständlich, daß ein glücklicher Mensch nur ein selbstverwirklichter Mensch sein kann. Maslows Botschaft, daß Selbstverwirklichung durch «Selbsterkenntnis» zu erreichen ist, hat Menschen scharenweise in «Selbsterfahrungsseminare» und «Encounters» getrieben. Alles Tun und Handeln drehte sich um das eigene Selbst, der Mitmensch mußte auf Distanz gehalten werden, er schien zur Selbstverwirklichung nicht unbedingt notwendig, im Gegenteil, wie Maslow meinte: Selbstverwirklichte Menschen «können von anderen in Wirklichkeit behindert sein … Sie sind stark genug geworden, um von der guten Meinung anderer Menschen unabhängig zu werden, ja sogar von deren Zuneigung».

Wir haben daran geglaubt, daß uns Selbstverwirklichung glücklich machen kann. Der Gedanke, von niemandem mehr abhängig sein zu müssen, hatte gerade für uns eine große Anziehungskraft – sind wir doch fast alle in einem Erziehungsklima groß geworden, das Freiheit und Autonomie nicht gerade förderte. Es war also durchaus verständlich, daß wir die Vorstellung, selbstverwirklicht leben zu können, sehr verführerisch fanden und sie in unserem Leben verwirklichen wollten.

Als Haupthindernis auf dem Weg zur Selbstverwirklichung identifizierten wir mit Hilfe von Soziologen und Psychologen die romantische Liebe. Diese wirke sich nicht nur hemmend auf die individuelle Entfaltung aus, sondern sorge auch durch die mit ihr verbundenen überzogenen Erwartungen dafür, daß moderne Beziehungen nicht mehr gelingen. Die Überhöhung und Idealisierung des anderen, der Wunsch, er möge der Retter auf dem weißen Schimmel oder das zu errettende Dornröschen sein – solche Gefühle, so lernten wir, dürfen wir uns höchstens im Anfangsstadium der Verliebtheit leisten. Dann aber müssen wir vom anderen wieder abrücken, müssen unreife Verschmelzungswünsche in ein realistisches Miteinander verwandeln. Gelingt uns das nicht, dann deutet das möglicherweise auf unverarbeitete frühkindliche Probleme hin, von denen wir in der Liebesbeziehung erlöst werden wollen. Um nicht in den Verdacht zu geraten, man sei psychisch unreif, verstecken wir unsere Sehnsucht nach der bedingungslosen, großen Liebe. Liebesgedichte wie jenes wunderbare von Friedrich Rückert wurden in den letzten Jahrzehnten höchstens verschämt unter der Bettdecke gelesen. Nur ganz Mutige schickten es ihrer oder ihrem Liebsten.

> *«Du bist mein Mond, und ich bin deine Erde;*
> *Du sagst, du drehtest dich um mich,*
> *Ich weiß es nicht, ich weiß nur, daß ich werde*
> *In meinen Nächten hell durch dich …*

Du meine Seele, du mein Herz,
Du meine Wonn', o du mein Schmerz,
Du meine Welt, in der ich lebe,
Mein Himmel du, darein ich schwebe,
O du mein Grab, in das hinab
Ich ewig meinen Kummer gab!

Du bist die Ruh, du bist der Frieden,
Du bist der Himmel mir beschieden,
Daß du mich liebst, macht mich mir wert,
Dein Blick hat mich vor mir verklärt,
Du hebst mich liebend über mich,
Mein guter Geist, mein besseres Ich!

Wer wagt es heute noch, solche Zeilen seiner Geliebten, seinem Geliebten zu widmen? Wer wagt es noch, sein Herz so weit zu öffnen, seine Gefühle so ungeschützt zu zeigen? Nein, das paßt nicht zu selbstverwirklichten, autonomen Persönlichkeiten. Wir haben andere Vorstellungen und andere Erwartungen an die Liebe.

Kann man zuviel lieben?
Wie Psychotherapeuten uns in die Irre führen

Enge, funktionierende Partnerschaften irritieren uns. Weil nicht sein kann, was nach den Erkenntnissen der Psychologie nicht sein darf, belegen wir sie mit pathologischen Etiketten. Wir übersehen aber dabei, daß das, was wir angeblich so genau über Partnerschaften wissen (ähnlich wie die Kenntnis über menschliche Sexualität), in Kliniken und psychotherapeutischen Praxen mit Menschen erforscht wird, die schwere Probleme haben. «Normale», alltägliche Beziehungen funktionieren möglicherweise anders als Partnerschaften, die so problembeladen sind, daß die Paare Expertenhilfe in Anspruch nehmen müssen. «Ich bin Psychotherapeut, und mein Berufsleben besteht hauptsächlich darin, mit einer Speziallinse für extreme Großaufnahmen das Unglück anderer festzuhalten», beschreibt der Psychotherapeut und Buchautor Michael Vincent Miller sein Tun. Was ihn aber nicht davon abhält, seine «extremen Großaufnahmen» zu verallgemeinern und sie allen Paaren als Bildmaterial für ihr eigenes Leben zur Verfügung zu stellen.

Das ist das Problem, um nicht zu sagen das Vergehen der meisten Psychotherapeuten, die sich auch als Autoren betätigen. Sie sehen in ihren Praxen nur eine ganz bestimmte Auswahl an Menschen. Es sind Menschen, die so sehr unter ihren psychischen Problemen leiden, daß sie sich alleine nicht mehr zurechtfinden. Die Geschichten, die diese Patienten erzählen, nehmen die meisten schreibenden Psychotherapeuten als «Rohmaterial» für ihre Bücher und Artikel und verallgemeinern die «extremen» Schicksale auf unzulässige Weise. Ohne ihre Patienten könnten viele Therapeuten nicht Autoren werden. Viele Bücher blieben ungeschrieben, würden sich nicht Männer und Frauen mit ihren Sorgen und Schmerzen den Psycho-Experten anvertrauen. Die Frage, ob es ethisch zu rechtfertigen ist, Fallgeschichten (auch wenn sie anonymisiert sind) zum eigenen schriftstellerischen Ruhm auszubreiten, will ich hier nicht diskutieren. Und natürlich sind nicht alle schreibenden Psychotherapeuten in einen Topf zu werfen. Ein Sonderfall ist sicher jener Autor, der seinen Lesern verspricht, sie könnten als «heimlicher Zeuge» an seinen Therapiegesprächen mit Prominenten teilnehmen. Seinen Verlag läßt er in der Pressemeldung zum Buch mitteilen: «Ob Serienstar, Konzernchef, Model oder Politiker − Prominente, die wir alle kennen, suchen seinen Rat und offenbaren ihm ihre Sorgen und Konflikte.» Wie mag sich ein Prominenter fühlen, der bei diesem sogenannten Experten Rat gesucht hat und nun fürchten muß, daß er sich und seine Probleme in einem populären Sachbuch wiederfindet?

Auch ein anderer Psychotherapeut, der sich durch seine Bücher viel Anerkennung erschrieben hat und als seriös gilt, kann der Versuchung nicht widerstehen, die Schicksale seiner − in diesem Fall − einsamen Patientinnen ans Licht der Öffentlichkeit zu ziehen. «Als Psychoanalytiker reizte mich die Aufgabe, mir selbst und möglichen Leserinnen oder Lesern etwas faßbarer zu machen, was einen großen Teil meiner Arbeit bestimmt. Denn auch auf der Couch oder im Gruppentherapieraum des Analytikers sind einsame Frauen die größte Klientengruppe.» Aus einigen wenigen

Fallbeispielen zieht er dann die gewagte Schlußfolgerung, alleinlebende Frauen seien einsam, weil sie nicht bereit seien, «ihre Wünsche zurückzuschrauben, wenn auf dem gegenwärtigen Niveau die Erfüllung stagniert». Mit anderen Worten: Wenn Single-Frauen keinen Mann finden, sind sie selbst schuld, weil sie auf den Märchenprinzen warten. Sie nehmen «das rettende Angebot real existierender sexueller Möglichkeiten» nicht an, sondern bleiben «lieber einsam und sehnsüchtig». Natürlich, räumt der Autor ein, muß eine Frau keinen Mann haben, um glücklich zu sein, doch seine therapeutische Erfahrung lehrte ihn, «daß es viele einsame Frauen gibt, die sich von den Aufforderungen, in ihrer Männerlosigkeit einen Gewinn – wenn schon keine Wohltat, so doch wenigstens das kleinere Übel – zu erleben, eher bedrückt als erleichtert fühlen».

Ich zitiere aus diesem Buch so ausführlich, weil es auf besonders ärgerliche Weise deutlich macht, wie Psychotherapeuten ihre kleine Therapiewelt aufblähen und sich anmaßen, aus den Lebensschicksalen ihrer Patienten und Patientinnen allgemeine Aussagen abzuleiten. Die Frauen, die der Psychoanalytiker in seiner Praxis gesehen hat, mögen ganz besonders unter ihrem Single-Status gelitten haben, repräsentativ sind sie nicht für die Masse der Frauen, die sich alleine – aus welchen Gründen auch immer – durchs Leben schlägt. Auch sie werden immer wieder mit ihrem Leben hadern, wie das übrigens auch verheiratete Menschen tun – dennoch wird die psychoanalytisch verbrämte Schlußfolgerung «Eine Frau braucht eben einen Mann» nur auf einige wenige zutreffen.

Ähnlich verhält es sich mit allen anderen psychologischen Werken, die auf realen Therapiegeschichten basieren. Sie geben in den meisten Fällen nur die Realität des Therapieraumes wieder, nicht die Realität all der anderen Menschen, die niemals auf die Idee kämen, einen Psychotherapeuten zu Rate zu ziehen. Das aber bedenken wir nicht, wenn wir diese Art Psycholektüre in die Hände bekommen. Wir lesen sie und glauben, daß die dort gesammelten Erkenntnisse in gleicher Weise auch auf unser Leben zutreffen. Wir lesen über sexuelle Störungen und deren Behandlung, über Angst vor Nähe in Paarbeziehungen, über krankmachende, symbiotische Abhängigkeiten und über «freundliche» Scheidungen, und wir übertragen das Gelesene auf das eigene Leben.

Was all diesen Büchern fehlt, ist die Warnung: «Diese Erkenntnisse sind an einer sehr kleinen, sehr ausgewählten Stichprobe von Menschen gewonnen worden. Ähnlichkeiten mit Ihrem Leben und Ihren Problemen mögen vorhanden sein, doch ist eine generelle Übertragung der gefundenen Erkenntnisse nicht möglich.» Prägend für eine ganze Generation von Paaren wirkte sich ein Buch des Schweizer Psychotherapeuten Jürg Willi aus: *Die Zweierbeziehung*. Darin hat Willi Ende der Siebziger die Ergebnisse seiner Arbeit mit problematischen Partnerschaften eindrucksvoll beschrieben. Danach kann es zu einem unbewußten Zusammenspiel der Partner kommen («Kollusionen»), das für beide schädliche Auswirkungen hat. Anders als viele seiner schreibenden Kollegen hat Willi ausdrücklich darauf hingewiesen, daß sein Buch «von gestörten Beziehungen» handelt. Dennoch konnte er nicht verhindern, daß seine Ausführungen im Laufe der Zeit mehr und mehr auf ganz normale Zweierbeziehungen übertragen wurden. In den von ihm beschriebenen Kollusionsmustern glaubten sich Paare in ihren Alltagskonflikten beschrieben und hefteten sich gegenseitig ein pathologisches Etikett an. Frauen stellten fest, daß ihre Männer «narzißtisch» gestört waren, denn, so lasen sie in der *Zweierbeziehung*, ein Narzißt sucht einen Partner, «der keine eigenen Ansprüche stellt und ihn bedingungslos verehrt und idealisiert …». Männer hatten ihre Partnerinnen in Verdacht, «oral» gestört zu sein. Sie wehrten sich mit dieser Zuschreibung gegen zu große Bemutterung und zu intensive Nähe.

Bücher wie dieses haben einen großen Anteil daran, daß heute jede enge Partnerschaft argwöhnisch beäugt wird. Paare, die – zum Beispiel – am liebsten soviel Zeit wie nur möglich miteinander verbringen, geraten schnell in den Verdacht, in irgendeiner Weise «neurotisch» zu handeln. Sie verstoßen gegen die Regel: Nur ein absolut autonomer Mensch ist ein psychisch gesunder Mensch. Und Autonomie zeigt sich in emotionaler und auch räumlicher Distanz. «Living apart together», das Leben in getrennten Wohnungen, wurde für viele Liebespaare deshalb zur vielgelobten Lebensform, weil sie so die schwierige Aufgabe «liebe, aber binde dich nicht» am besten lösen konnten. Wer es sich traut, ganz altmodisch zusammenzuziehen und zusammenzubleiben, gerät schnell unter Verdacht und muß sich sogar rechtfertigen.

«Wenn ich euch hier sehe, 26 Jahre unverbrüchliche Liebe – ich hab in der Zeit mindestens zehn Beziehungskisten gebaut –, dann muß ich sagen: Ich finde euch zum Kotzen», läßt der Zeichner Chlodwig Poth einen Mittvierziger an ein Paar hinschimpfen. «Inhuman seid ihr, rücksichtslose Egoisten. Ekelhafte Heile-Welt-Darsteller. Wenn's solche wie euch nicht gäbe, könnte ich mir sagen, Mann und Frau, das funktioniert halt nicht auf Dauer, Basta! Aber nee, da müßt ihr demonstrieren, daß es doch geht! Das macht mich so fertig!» – «Müssen wir uns jetzt scheiden lassen, damit er seinen Seelenfrieden wiederfindet?» fragt der Mann seine Frau. «Das wär ein bißchen zuviel verlangt, aber entschuldigen sollten wir uns schon bei ihm», meint diese.

Wir brauchen Geborgenheit so dringend wie Nahrung

«Dem romantischen Liebesideal wird von zwei Seiten zugesetzt: von innerhalb und von außerhalb der Ehe; doch gleichzeitig haben wir noch kein neues Ideal entwickelt, das an seine Stelle treten könnte», bedauert der Paartherapeut Michael Vincent Miller. Wir befinden uns also in einer verfahrenen Situation: Wir kennen nur zu gut die angeblich falschen, weil romantischen Vorstellungen von der Liebe und glauben, uns von ihnen befreien zu müssen. Doch wir wissen nicht, was wir statt dessen von einer Liebesbeziehung erwarten dürfen. Da stehen wir nun, selbstverwirklicht, autonom, zugleich auch tief verunsichert. Was dürfen wir noch in der Liebe? Wieviel Liebe ist zuviel? Vor lauter Angst, unsere mühsam errungene Selbständigkeit und Freiheit zu verlieren, lassen wir uns vorsichtshalber erst gar nicht auf enge Partnerschaften ein und vertrauen den Ratschlägen der Psychotherapeuten. «Das Glück in einer Beziehung hängt ab vom Umsatz von Nehmen und Geben. Der kleine Umsatz bringt nur kleinen Gewinn. Je größer der Umsatz, desto tiefer das Glück. Das hat aber einen großen Nachteil – es bindet noch mehr. Wer Freiheit will, darf nur ganz wenig geben und nehmen und ganz wenig hin und her fließen lassen», empfiehlt zum Beispiel der siebenundsiebzigjährige Familientherapeut Bert Hellinger.

Wollen wir nun tiefes Glück oder Freiheit? Glaubt man Hellinger, ist beides zusammen nicht möglich. Freiheit macht offensichtlich nicht glücklich, Glück in der Liebe dagegen macht unfrei. Diese Zwickmühle ist der Grund dafür, daß wir den Menschen, den wir lieben, wie ein rohes Ei behandeln: nur nicht zu fest drücken, er/sie könnte daran zerbrechen. Vorsichtshalber geben wir lieber wenig, zu wenig von unseren Gefühlen preis, vorsichtshalber nehmen wir in Kauf, daß auch wir nur ganz wenig bekommen. Glücklich sind wir damit nicht, aber für das beruhigende Gefühl, Herr unserer Gefühle zu sein und die Eigenständigkeit gewahrt zu haben, erscheint uns dieses Opfer unverzichtbar.

Doch dieses Opfer ist überflüssig. Hätten wir den Selbstverwirklichungsgedanken richtig verstanden, wären wir nicht in der «abgrenzenden Selbstverwirklichung» (Willi) steckengeblieben, wäre beides möglich: Eigenständigkeit und Intimität, Distanz und Nähe. In unserem krampfhaften Bemühen um Autonomie haben wir eine wichtige Voraussetzung für persönliches Glück völlig aus den Augen verloren. Jürg Willi: «Kein Mensch besteht unabhängig in sich selbst, jeder wird nur in bezug auf andere und anderes ... Selbstentfaltung kann sich in einer so verstandenen Welt nicht unabhängig von Mitmenschen realisieren, sie ergibt sich vielmehr grundsätzlich aus der Bezogenheit und damit aus der gegenseitigen Begrenzung.»

Mit dem absoluten Streben nach Autonomie und Unabhängigkeit machen wir uns und den Menschen, die wir lieben, das Leben unnötig schwer. «Viele Therapeuten sind zu dem Schluß gekommen, daß nicht so sehr frühe Kindheitserfahrungen als vielmehr die derzeitigen Zweierbeziehungen der Menschen an der Entstehung von Gemütsleiden beteiligt sind», beschreibt Michael Vincent Miller das Elend der Partnerschaften. Wir leiden an der Liebe, an uns und am anderen.

Dabei wäre es in vielen Fällen ganz einfach, dieses Leid zu beenden. Wir müßten nur unseren Irrglauben aufgeben, daß wir den anderen nicht brauchen. Wir müßten akzeptieren, daß wir uns abhängig fühlen, daß wir nur nach außen hin eigenständig wirken, uns innerlich aber manchmal klein und bedürftig fühlen. Neuere Forschungsarbeiten erleichtern uns diesen ehrlichen Schritt. Sie führen uns vor Augen, daß wir in unserem Streben nach Autonomie gegen ein angeborenes Bedürfnis verstoßen: das Bedürfnis nach Geborgenheit und Zugehörigkeit.

Amerikanische Psychologen sind überzeugt davon, daß dieses Bedürfnis tief in uns verwurzelt ist und über alle Kulturen und Altersstufen hinweg beobachtet werden kann. Der Wunsch nach Geborgenheit soll sogar den gleichen Stellenwert haben wie das Bedürfnis nach Nahrung, wie dieses soll es sich auch bei dem Wunsch nach Zugehörigkeit um einen angeborenen Trieb handeln. Dieser Trieb sicherte unseren Vorfahren das Überleben und schützte die Nachkommen. In Gruppen sorgten sie für Nahrung, sie konnten sich gemeinsam gegen Feinde schützen und sich gemeinsam um die Nachkommen kümmern. Auch der Wettstreit um begrenzte Ressourcen war ein mächtiger Anreiz zur Gruppenbildung. Ein einzelner war in diesem Wettstreit immer unterlegen. Um sein Überleben (und das seiner Familie) zu sichern, war es zwingend, sich einer Gruppe anzuschließen.

Dieses Leben und Handeln in Gruppen hat uns geprägt. Und es bestimmt offensichtlich immer noch unser Verhalten. Nicht nur die Tatsache, daß wir in der Lage sind, spontan und ohne daß ein materieller Vorteil damit verbunden wäre, Kontakte zu anderen zu knüpfen, gilt als ein Indiz dafür, daß es einen angeborenen Trieb nach Zugehörigkeit gibt. Auch die Tatsache, daß es uns sehr schwer fällt, Beziehungen aufzugeben, verweist auf eine evolutionäre Basis. «Die menschliche Neigung, auf Beziehungsabbrüche mit Protest und Kummer zu reagieren, ist universal, sogar in verschiedenen Kulturen und verschiedenen Altersgruppen», erklären die Psychologen Roy Baumeister und Mark Leary. Sogar bei von vornherein zeitlich begrenzten Kontakten läßt sich dieser Unwillen beobachten, wie die beiden Psychologen am Beispiel von Trainings- und Encountergruppen zeigen. «Empirische Studien, aber auch die persönliche Erfahrung, zeigen, daß Gruppenmitglieder gerne das Ende der Gruppe leugnen. Sie wollen die geknüpften Kontakte nicht aufgeben, versprechen sich, in Kontakt zu bleiben, sich anzurufen, oder sie planen neue Gruppentreffen.» Wie man weiß, schlafen die Kontakte meistens sehr schnell ein. Die Versprechen und Beteuerungen am Ende eines Gruppentrainings dienen nur der Angstabwehr vor dem Ende der gerade erst geknüpften Beziehungen.

Auch die weitverbreitete Sitte, Weihnachtskarten an Menschen zu verschicken, mit denen einen einst etwas verband, die aber längst aus dem eigenen Leben verschwunden sind, dient demselben Zweck. Solange man wenigstens einmal im Jahr voneinander hört, ist die Beziehung noch nicht zu Ende. Da spielt es keine Rolle, daß der Empfänger der Karte längst zum Fremden geworden ist. «Menschen scheinen nicht riskieren zu wollen, daß eine Beziehung scheitert, sogar dann, wenn sie die Identität des anderen längst nicht mehr kennen», erklären Baumeister und Leary dieses seltsame Verhalten.

Selbst in Fällen, in denen eine Beziehung als belastend oder – Beispiel: Gewaltbeziehungen – als gefährlich betrachtet wird, fällt es schwer, ein Ende zu finden. Baumeister und Leary kritisieren Erklärungen, wonach Frauen ihre gewalttätigen Männer nicht verlassen können, weil sie masochistisch veranlagt oder ökonomisch von ihnen abhängig seien. Sie erklären dieses Verhalten vielmehr mit dem starken menschlichen Bedürfnis nach Zugehörigkeit, das es selbst dann schwermacht, eine Beziehung zu beenden, wenn sie Schmerzen bereitet.

Auch die Schwierigkeiten von Geschiedenen, die Ehe nicht nur formal, sondern auch emotional zu beenden, wird als ein Beleg für das tief verwurzelte Bedürfnis nach Bindung gewertet. In einer 1986 durchgeführten Scheidungsstudie kam D. Vaughan zu dem Ergebnis, daß «in den meisten Fällen die (ehelichen) Beziehungen nicht enden. Sie verändern sich, aber sie enden nicht».

Der durch eine Vielzahl von empirischen Studien belegte Zusammenhang zwischen sozialer Unterstützung und psychischer wie körperlicher Gesundheit gilt als weiterer Beleg für die fundamentale Bedeutung der Geborgenheit. Fehlen befriedigende soziale Beziehungen, dann fühlen sich Menschen unglücklich, depressiv, ausgeschlossen und einsam. Für den Soziologen James House hat soziale Isolation die gleichen negativen Auswirkungen auf die Gesundheit wie Rauchen, Übergewicht oder Bluthochdruck. Eine Einschätzung, die die Psychologin Janice Kiecolt-Glaser durch ihre Forschungsarbeiten bestätigen kann. In einer Studie mit Medizinstudenten stellte sie einen klaren Zusammenhang zwischen der Aktivität der sogenannten Killerzellen (die das Immunsystem zur Abwehr von Infektionen einsetzt) und sozialer

Unterstützung fest. 75 Studenten wurden zu drei Zeitpunkten untersucht: einen Monat vor ihrem Abschlußexamen, am Tag vor der Prüfung und Wochen nach der Prüfung. Bei allen Studenten sank die Aktivität der Killerzellen kurz vor der Prüfung. Am schwächsten ausgeprägt war die Immunabwehr aber eindeutig bei jenen Studenten, die sich selbst in einem Vortest als «einsam» bezeichnet hatten.

All diese Befunde sind nicht wirklich neu. Es ist seit langem bekannt, daß soziale Unterstützung die persönliche Zufriedenheit ebenso fördert wie den Gesundheitszustand. Neu ist allerdings die Erkenntnis von Roy Baumeister und Mark Leary, wonach soziale Kontakte *allein* das Grundbedürfnis nach Geborgenheit nicht befriedigen können. «Bloßer sozialer Kontakt schützt Menschen nicht vor Einsamkeit. Einsame Menschen verbringen nicht weniger Zeit mit Freunden oder der Familie als nicht einsame Menschen.» Wirkliche Geborgenheit stellt sich nur ein, wenn drei Bedingungen erfüllt sind:

1. Menschen brauchen häufige, regelmäßige Kontakte mit immer denselben Menschen. Ständig wechselnde Kontakte sind wenig zufriedenstellend.
2. Der Kontakt muß von gegenseitiger Fürsorge und Sorge getragen und
3. auch in Zukunft verläßlich sein.

Stabilität, gegenseitige Fürsorge und Kontinuität von Beziehungen – das sind die drei Pfeiler, die das Geborgenheitsgefühl stützen. Ist nur eine dieser drei Bedingungen erfüllt, dann ist das zwar besser als totale soziale Isolation, aber das Gefühl der Geborgenheit stellt sich nicht ein. Wir brauchen nicht viele Menschen, um uns sicher und geborgen zu fühlen. Wir brauchen «nur» regelmäßige Kontakte zu einigen wenigen, denen wir trauen können und die unsere Fürsorge nicht zur einseitigen Angelegenheit werden lassen, sondern sie erwidern. Es liegt auf der Hand, daß Liebesbeziehungen und enge Freundschaften diese drei Bedingungen am besten erfüllen können.

Doch wie es scheint, fällt es uns heute leichter, eine Vielzahl von eher oberflächlichen Kontakten zu knüpfen und aufrechtzuerhalten, als enge, geborgenheitsspendende Beziehungen einzugehen. Den unverbindlichen Begegnungen aber fehlen Kontinuität und Beständigkeit, und so kommt es, daß unser angeborener Trieb nach Kontakt und Geborgenheit zunehmend verkümmert.

Wir spüren das durchaus. Allerdings ziehen viele die falschen Konsequenzen aus diesem Mangelzustand, zum Beispiel, wenn sie sich dubiosen Psychogruppen, neuen Religionen oder Sekten anschließen. Untersuchungen zur Faszination dieser Gruppen belegen: Nicht ihre ideologischen Glaubensinhalte ziehen die Menschen an, sondern das Versprechen, in der Glaubensgemeinschaft sozialen Kontakt und Zugehörigkeit zu finden. Erfüllt sich diese Hoffnung für den einzelnen, dann bleibt er Mitglied, erfüllt sie sich nicht, verliert die jeweilige Religion oft sehr schnell ihre Anziehungskraft.

Sicherlich sind die Anforderungen der modernen Gesellschaft zu einem großen Teil für den Mangel an Geborgenheit verantwortlich zu machen. «Verglichen mit anderen Gesellschaften sind unsere Bindungen heute zerbrechlicher und unsicherer», meint Roy Baumeister. «Wir können uns aus fast allen Beziehungen lösen, und die Möglichkeit wegzuziehen, den Job zu wechseln und den Kontakt mit all jenen zu verlieren, mit denen wir gelebt haben, ist heute sehr viel größer, als sie es früher war.» Doch der Zwang zur Mobilität ist nur eine Erklärung für das zunehmend als schmerzhaft empfundene Ungeborgenheitsgefühl. Mitverantwortlich dafür sind auch all jene Veränderungsprediger, die uns Autonomie und Unabhängigkeit als erstrebenswerte Lebensziele angepriesen und uns versichert haben, nur der autonome Mensch sei ein reifer Mensch. Das Streben nach Unabhängigkeit hat uns den innigen Wunsch nach Zugehörigkeit verdrängen und vernachlässigen lassen. Wir haben den Autonomiepredigern geglaubt und nicht gefragt: Ist es wirklich so erstrebenswert, andere Menschen nicht zu brauchen? Stimmt es wirklich, daß unsere Vorstellungen von der romantischen Liebe total veraltet und schädlich sind? Gibt es sie nicht mehr, jene tiefen Gefühle? Gibt es sie nicht, oder glauben wir nur, sie nicht mehr fühlen zu dürfen?

Müßten wir nicht stutzig werden, wenn wir die kritisch gedachte Beschreibung der romantischen Liebe lesen, die der Psychotherapeut Michael Vincent Miller liefert? «So war zum Beispiel in der Viktorianischen Zeit die romantische Liebe in die Überzeugung eingebettet, daß enge Gefühlsbeziehungen (...) einen ‹Zufluchtshafen› in einer lieblosen Welt darstellten. Liebe wurde als eine Oase betrachtet, in die man sich nach der Zermürbung durch eine strapazierte Außenwelt aus Arbeit und Geschäften zur Stärkung und Belebung der Gefühle zurückzog.»

Was ist daran falsch? Wünschen wir uns nicht auch heute noch einen Zufluchtsort, eine Oase zum Ausruhen? Stärkt uns nicht die Liebe des Partners, der Partnerin für den oft hektischen und streßreichen Alltag? Geben nicht Singles deshalb Kontaktanzeigen auf, suchen sie nicht auf «Fisch-sucht-Fahrrad»-Partys aus diesen Gründen nach einem Lebensbegleiter, heiraten Paare nicht deshalb, um ein Zuhause zu haben?

Die Motive, warum zwei sich finden, sind heute noch die gleichen wie im Viktorianischen Zeitalter. Der einzige Unterschied: Nur wenige wagen es, dies offen zuzugeben. Wir haben heute keine Geliebte, keinen Geliebten mehr, sondern einen Lebensabschnittspartner, wir schließen Eheverträge und rechnen schon mit dem Schlimmsten, ehe die Beziehung überhaupt begonnen hat. Wir sind vernünftig. Doch tief in uns schlummern kindliche Wünsche nach bedingungsloser Liebe und wärmender Geborgenheit. Tief in uns schlummert die Hoffnung, daß wir nicht irgendwann die Scherben der Trennung wegräumen müssen, sondern daß wir wie Philemon und Baucis gemeinsam in Liebe alt werden können.

Eingestehen wollen wir uns (und anderen) diese Wünsche nicht. Tauchen sie auf, werden sie gleich mit schlechtem Gewissen weggeschoben. Romantik ist nicht zeitgemäß. Idealisieren wir den Partner, erhoffen wir uns zuviel von ihm oder ihr, werden wir zwangsläufig enttäuscht, warnen die nüchternen Soziologen und Psychologen. Der andere kann uns nicht alles sein, und auch wir können ihm nicht den Himmel auf Erden schaffen. Das ist natürlich in dieser Absolutheit richtig. Aber einen kleinen Himmel können wir uns in unseren Partnerschaften schon herzaubern.

Liebe macht nicht blind, Liebe macht hellsichtig

Neuere Studien geben liebenden Herzen Nahrung. Danach wirkt es stabilisierend auf eine Zweierbeziehung, wenn die Partner sich gegenseitig romantisch idealisieren. 121 Paare wurden über ein Jahr lang untersucht, nach ihrem Selbstbild gefragt und um eine Einschätzung ihres Partners/ihrer Partnerin gebeten. Wo liegen eigene Stärken und Schwächen, was liebt man am anderen, was stört einen? Das Ergebnis straft die gesamte Anti-Romantik-Diskussion Lügen. Paare, die sich gegenseitig im besten Lichte sehen, sich idealisieren und den anderen nicht hundertprozentig realistisch einschätzen, sind glücklicher als Partner ohne rosarote Brille. Und: Sie werden mit der Zeit immer glücklicher. Hier scheint eine «sich selbst erfüllende Prophezeiung» am Werk zu sein. Wird der Partner verklärt, verbessern sich dadurch das Zusammenleben und die Zufriedenheit mit der Beziehung. Liebe macht nicht blind, korrigieren die Autoren dieser Studie eine weitverbreitete Ansicht. Im Gegenteil: Liebe macht hellsichtig. Wer wirklich liebt, weiß, daß seine positiven Gefühle im anderen das Beste wecken. «Daß du mich liebst, macht mich mir wert / Dein Blick hat mich vor mir verklärt ...»

Der Dichter Friedrich Rückert wußte über die Liebe doch sehr viel mehr als moderne Sozialwissenschaftler. Einige davon haben dies wohl erkannt. Sie lenken ihr Forschungsinteresse weg von den klinischen Fällen hin zu den Paaren, denen es gelingt, eine befriedigende, langfristige Beziehung zu führen. Sie wollen nun nicht mehr nur wissen, was der Liebe schadet, sondern wie sie bewahrt werden kann. Die Psychologin Judith Wallerstein hat eine solche Kehrtwende vollzogen. Galt ihre Aufmerksamkeit lange Zeit den Folgen von Scheidung und Trennung, erforschte sie nun die Bedingungen einer guten Ehe. Sie stieß – unter anderem – auf die Bedeutung von Geborgenheit und Idealisierung.

«Es ist Aufgabe einer guten Ehe, sich gegenseitig Geborgenheit und Unterstützung zu geben, Raum zu schaffen für Abhängigkeit, Versagen, Enttäuschung, Trauer, Krankheit und Älterwerden. Kurz: In einer guten Ehe dürfen die Partner sich verletzlich zeigen. In einer Beziehung, die diese Aufgabe nicht bewältigt, ‹verhungern› die Paare emotional. Sie bekommen keinen Rückhalt, um die täglichen Anforderungen zu erfüllen, sich den Härten des Lebens zu stellen.» Das erinnert doch sehr an Millers Beschreibung der «romantischen Liebe», die in der heutigen Zeit angeblich keinen Stellenwert mehr haben soll.

Auch die viel geschmähte Idealisierung erfährt durch Judith Wallersteins Studie eine Rehabilitation: «Der Zugriff auf Idealisierung dämpft auch Enttäuschungen, die sich unweigerlich einstellen, wenn die Wirklichkeit des ehelichen Alltags vor hochgesteckten Erwartungen zurückbleibt. Zu einem gewissen Grad sind Enttäuschungen selbst in der besten Ehe unvermeidlich. Wer aber die oftmals graue Gegenwart in Erinnerungen an das ursprüngliche Entzücktsein vom Partner zu rahmen vermag, der kann ihn wie durch ein Prisma in einem anderen Licht sehen.»

Nachdem wir jahrzehntelang gehört haben, die romantische Idealisierung sei schuld an Enttäuschungen, erfahren wir nun das Gegenteil: Romantische Liebesgefühle können die unvermeidlichen Enttäuschungen abmildern. Läßt uns das nicht erleichtert aufatmen? Höchst wissenschaftlich bekommen wir bestätigt, daß wir uns in einer Liebesbeziehung abhängig fühlen dürfen, daß wir den anderen anhimmeln, ihn oder sie durch eine rosarote Brille betrachten und uns in den Schutz der Zweierbeziehung zurückziehen dürfen – und trotz alledem keine psychischen Krüppel sind.

Immer noch nicht überzeugt? Immer noch Angst, den Boden unter den Füßen zu verlieren, wenn man sich zu sehr an einen anderen Menschen anlehnt?

Es gibt noch eine weitere neue psychologische Erkenntnis, die ebenfalls geeignet ist, die Romantik zu retten. Wir brauchen in unseren Beziehungen genau das, was Säuglinge benötigen, meinen die amerikanischen Psychotherapeuten Susan Johnson und Les Greenberg: «Contact, Comfort, Caring», also emotionalen Kontakt, Nähe und Berührung, Unterstützung und Pflege. Was einem Säugling zu einer gesunden Entwicklung verhilft, gibt auch Erwachsenen Wohlbefinden. Allen, die glauben, ihr Abhängigkeitsbedürfnis sei zu stark, sie würden zu heftig «klammern», erteilen die beiden Psychotherapeuten «Absolution». Ihrer Ansicht nach sind Abhängigkeitsbedürfnisse im Erwachsenenalter nicht zu verurteilen, sondern als gesunde Reaktion zu werten. Die Forderung nach Autonomie und Selbstgenügsamkeit dagegen halten sie für eine Irreführung. Denn: Der Mensch ist ein soziales Wesen, das die enge Bindung an einen anderen Menschen dringend braucht.

Jürg Willi spricht von der «persönlichen Nische», die unbedingt nötig sei für unsere psychische Stabilität und Gesundheit. Von der Fähigkeit, diese «Nische» auszugestalten und sie mit engen, verläßlichen Bindungen an andere Menschen zu füllen, hängt es ab, wie gut uns das Leben gelingt. Leider ist durch einen fehlgeleiteten Selbstverwirklichungsgedanken die Nische vieler Menschen nur spärlich möbliert. Es fehlt an geborgenheitsspendenden Partnerschaften ebenso wie an engen, verläßlichen Freunden. Zu lange sind wir auf dem «Holzweg» Autonomie gewandelt, haben uns von einem schlechten Gewissen dazu verleiten lassen, uns die anderen vom Leibe zu halten.

Die Kehrtwende in der psychologischen Forschung nimmt diesem schlechten Gewissen nun jegliches Existenzrecht:

- Wir brauchen kein schlechtes Gewissen mehr zu haben, wenn der Liebste uns mal wieder allein zurückläßt und wir sehnlichst darauf warten, daß er uns anruft.
- Wir brauchen uns keine Vorwürfe zu machen, wenn wir niemanden sehen wollen, das Telefon aushängen und uns symbiotisch mit dem Partner einigeln.
- Wir müssen nicht fürchten, im anderen den Vater (oder die Mutter) zu sehen, nur weil wir ohne ihn (oder sie) nicht mehr leben wollen.
- Wir dürfen uns hingeben, wir dürfen anhimmeln, idealisieren, anklammern.
- Wir dürfen romantischen Gefühlen ihren Lauf lassen und brauchen ganz sicher keine Therapie, wenn wir schwärmen: «Du bist mein Mond, und ich bin deine Erde.»

So manchem Paartherapeuten werden sich bei diesen Zeilen die Nackenhaare sträuben. Doch wie gesagt: Therapeutische Erfahrung zeigt nur einen Ausschnitt aus der Wirklichkeit. Wir sollten diese Erfahrung nicht unkritisch verallgemeinern. Sie ist niemals der Weisheit letzter Schluß.

«Partylöwen küßt man nicht»

Ein Lob der Schüchternheit

Ich möchte einen kleinen Test mit Ihnen veranstalten. Stellen Sie sich im Geiste folgende Situationen vor und überlegen Sie, welche Empfindung am ehesten auf Sie zutrifft:

• Sie sind auf eine Party eingeladen und kennen außer den Gastgebern niemanden. Was überwiegt? Die Neugierde oder die Furcht, keinen Anschluß zu finden?

• Sie kommen in den Besprechungsraum, alle Kollegen sind schon versammelt. Genießen Sie die Blicke, die Sie auf sich spüren, oder fühlen Sie sich eher unbehaglich?

• Sie stehen im Supermarkt vor der Käsetheke an, da drängelt sich ein ganz Schlauer vor. Schicken Sie ihn zurück ans Ende der Schlange, oder sagen Sie nichts?

• Sie werden im Kaufhaus von einer äußerst unfreundlichen Verkäuferin bedient. Sagen Sie ihr, daß Sie ihr Benehmen stört, oder nehmen Sie es hin?

• Ihr Mann hat mal wieder nicht gesehen, daß der Müll geleert werden muß. Tragen Sie den Müll selber zur Tonne, oder konfrontieren Sie Ihren Mann mit seinem Versäumnis?

• Sie müssen vor einer Gruppe von Menschen eine kleine Ansprache halten. Freuen Sie sich auf diese Aufgabe, oder bekommen Sie schon beim Gedanken daran feuchte Hände?

Sie haben diese Fragen eher negativ beantwortet? In den meisten Situationen halten Sie lieber Ihren Mund oder fühlen sich unbehaglich, wenn Neues, Unbekanntes auf Sie zukommt? Dann gehören Sie wahrscheinlich zu der großen Gruppe der Schüchternen, denen der Umgang mit anderen Menschen nicht leichtfällt.

Von der Angst vor anderen, der Angst, etwas falsch zu machen oder sich zu blamieren, sind mehr Menschen betroffen, als man allgemein denkt. Diese Form der Angst gilt nach der Agoraphobie (der Angst vor weiten Plätzen) als die zweithäufigste Angststörung. In den USA sollen 48 Prozent der Menschen (Tendenz steigend) unter Schüchternheit leiden. Selbst Personengruppen, bei denen man solche Ängste kaum vermutet, sind betroffen. Eine Untersuchung mit über 500 Berliner Studenten zeigt, wie weit verbreitet Schüchternheit heute ist: 51 Prozent der Studenten haben Angst, in der Öffentlichkeit zu sprechen, sie haben Angst, sich lächerlich zu machen, 35 Prozent haben Versagensängste, 16 Prozent befürchten Demütigungen. Weil ihre Angst so stark ist, vermeiden diese Studenten – so gut es in ihrem Alltag nur geht – solche Situationen, in denen die Aufmerksamkeit anderer auf sie gerichtet ist.

Sogar Prominente, bei denen man diese Eigenschaft noch weniger erwartet, quälen sich mit Schüchternheit. Einer, der dies offen zugibt, ist der amerikanische Talkmaster David Letterman. Abend für Abend begeistert er sein Fernsehpublikum mit seiner Spontaneität und Schlagfertigkeit, für seinen deutschen Nachahmer Harald Schmidt bleibt er ein unerreichbares Vorbild. Doch Lettermans Erfolg ist teuer erkauft. Aus Angst zu versagen, überläßt er nichts dem Zufall. Jede Sendung ist bis ins kleinste Detail geplant. Sobald die Scheinwerfer aus sind, flüchtet er von der Bühne, auf gesellschaftlichen Veranstaltungen sieht man ihn so gut wie nie.

Wie David Letterman gelingt es Schüchternen mit großem Kraftaufwand, sich immer wieder zu überwinden und sich vor anderen nicht zu «verraten». Amerikanische Psychologen nennen diese Form der Schüchternheit «privatly shy». Sie ist nicht sichtbar, bleibt von anderen meist unbemerkt. Kaum jemand ahnt, welche Kraft es «privatly» Schüchterne kostet, ein Gespräch oder eine Versammlung durchzustehen. Sobald sich die Aufmerksamkeit anderer auf sie richtet, spulen sie ein inneres Tonband ab, mit immer denselben Fragen: Wie komme ich an? Bin ich auch gut genug? Werde ich akzeptiert? Wie sehe ich aus? Wie beurteilen mich die anderen? Hoffentlich mache ich nichts falsch! Wenn ich nur nicht stolpere! Wo soll ich meine Hände hintun? Was mache ich, wenn ich auf die Toilette muß?

Alle Schüchternen beobachten sich sehr genau. Ihre Selbstaufmerksamkeit ist deutlich ausgeprägter als bei nicht schüchternen Menschen. Unerbittlich vergleichen sie sich mit anderen, die scheinbar sehr viel attraktiver, gewandter und beliebter sind als sie. Die Sozialpsychologie spricht von «Selbstüberwachung», wenn

Menschen sich und ihr Verhalten in sozialen Situationen ständig überprüfen. Ihre Gedanken kreisen unablässig um den Eindruck, den sie hinterlassen, und um die Frage «was wird von mir gefordert?». Schüchternheit ist ein Indiz für ein zu schwaches Selbstwertgefühl, lautet die Diagnose der Psychologie. Und Menschen mit schwachem Selbstwert können angeblich in der modernen Zeit nicht bestehen. «Die Turbulenz unserer Zeit verlangt ein starkes Selbst», erklärt Selbstwert-Experte Nathaniel Branden. «Ein Selbst mit einem klaren Gefühl für die eigene Identität, Kompetenz und Wertigkeit. Angesichts des geschwundenen kulturellen Konsenses, angesichts fehlender Rollenmodelle, die es wert sind, daß man ihnen nacheifert, angesichts der Tatsache, daß es in der öffentlichen Arena so weniges gibt, das uns beflügelt, uns dafür zu engagieren, und angesichts der so verwirrend rapiden Veränderungen, die bezeichnend für unser heutiges Leben sind, ist es gefährlich, wenn wir nicht wissen, wer wir sind, oder uns nicht selbst vertrauen. Die Stabilität, die wir in der Welt nicht finden können, müssen wir uns selbst schaffen. Wer mit einem geringen Selbstwertgefühl durchs Leben geht, ist von vornherein erheblich benachteiligt.»

Das Selbstwertgefühl ist der Schlüssel zu Glück und Erfolg. Menschen mit einem starken Selbstwertgefühl kann nicht viel passieren im Leben, so lautet die Botschaft der Psychoexperten. «Der Grad unserer Selbstachtung ist das wichtigste Kriterium für unser psychisches Wohlbefinden und beeinflußt nachhaltig unser gesamtes Denken, Sprechen und Handeln», schreiben zum Beispiel die amerikanischen Psychologinnen Linda Tschirhart Sanford und Mary Ellen Donovan. «Unsere Selbstachtung prägt unsere Weltanschauung und ist ausschlaggebend dafür, welchen Platz man uns in dieser Welt zuweist. Sie wirkt ein auf die Meinung anderer über uns und auf deren Verhalten uns gegenüber. Sie ist ein wichtiger Faktor bei der Umsetzung unserer Wahlmöglichkeiten, dafür, was wir aus unserem Leben machen und mit wem wir Beziehungen eingehen. Auch übt sie einen starken Einfluß aus auf unsere Fähigkeit, angesichts notwendiger Veränderungen entsprechend zu handeln.»

Selbstachtung, Selbstwertgefühl – welchen Begriff man auch verwendet, schüchterne Menschen bekommen bei allem, was dazu veröffentlicht wird, das Gefühl, daß mit ihnen etwas grundlegend nicht stimmt. Wer schüchtern ist, kann sich nicht durchsetzen, kann nicht seinen «eigenen Wünschen, Bedürfnissen und Werten Rechnung tragen und dies in angemessener Weise praktisch zum Ausdruck bringen», bedauert Nathaniel Branden. Schüchternheit ist eine psychische Bürde, die es abzustreifen gilt.

Kein Wunder, daß Schüchterne aufhorchen, wenn ihnen versprochen wird: «Du mußt nicht so bleiben, wie du bist», Schüchternheit ist nicht Schicksal, man kann lernen, sich selbst besser zu akzeptieren und sich zu behaupten.

«Niemand ist in seinem Temperament gefangen», beruhigt das Yellow-Press-Blatt *Goldene Gesundheit* (2/97) seine Leserinnen.

«Unliebsame Eigenschaften lassen sich wegtrainieren.» Schüchternen Menschen legt die Redaktion das «Anti-Schüchternheitstraining» ans Herz, das so «überzeugend» ist, daß ich es Ihnen nicht vorenthalten will:

«Lächeln. Suchen Sie Augenkontakt. Das macht sicherer. Lächeln Sie Ihr Gegenüber einfach an.

Situationen durchstehen. Meiden Sie größere Menschenansammlungen nicht. Wenn Sie sich auf einer Feier gestreßt fühlen, gehen Sie ‹Luft schnappen›, aber bleiben Sie dort.

Sich unterhalten. Das kann man üben, indem man mit der Kassiererin im Supermarkt über das Wetter plaudert oder den Briefträger einfach anspricht.

Sich nicht für dumm halten. Stehen Sie zu Ihrer Persönlichkeit. Haben Sie sich gern.

Zurückweisungen nicht zu Herzen nehmen. Es ist normal, daß Sie nicht von allen gemocht werden. Sie mögen doch auch nicht jeden.

Teilnehmen. Konzentrieren Sie sich auf Ihr Gegenüber, dann sind Sie lockerer. Hören Sie zu, und stellen Sie Fragen.»

Nun könnte man sagen, das Blatt *Goldene Gesundheit* sei keine ernstzunehmende Lektüre. Dieser Meinung bin ich allerdings nicht. Yellow-Press-Produkte erreichen eine breite Leserschaft. Ein Großteil dieser Leser wird wohl nie einen Psychotherapeuten von Angesicht zu Angesicht sehen, und gerade deshalb ist es wichtig, sie mit hilfreichen Informationen zu beliefern. Diesen Versuch macht die *Goldene Gesundheit* durchaus:

So «unseriös», wie das «Anti-Schüchternheits-Training» auf den ersten Blick wirkt, ist es gar nicht. Was die Redaktion dort zusammengetragen hat, ist der dünnste Extrakt einer Methode aus der Verhaltenstherapie, die in den siebziger Jahren zur Behandlung von sozialen Ängsten entwickelt wurde.

«Nie mehr schüchtern?»
Was Psychotrainings bewirken

Damals entdeckten Psychologen, daß es schüchterne Menschen besonders schwer haben in einer Gesellschaft, in der Ellenbogenstärke und Selbstbehauptung zu wichtigen Werten geworden waren. Für alle, die «auf der Strecke» zu bleiben drohten, entwickelten Verhaltenstherapeuten das sogenannte «Selbstsicherheitstraining», das sich sehr schnell eines regen Zulaufs erfreute. Dieses Training lehrte in Rollenspielen und Live-Übungen die Schüchternen, ihre Interessen auszudrücken und durchzusetzen, Kritik zurückzuweisen, Kontakt zu anderen aufzunehmen. In den achtziger Jahren wurde es etwas stiller um diese Methode der Verhaltenstherapie, offensichtlich hatte es sich herumgesprochen, daß man einem Menschen erwünschte Verhaltensweisen doch nicht so einfach antrainieren kann wie zum Beispiel einem Hund den Pawlowschen Reflex. Doch Ende der Neunziger veranstalten Verhaltenstherapeuten wieder Kongresse (so geschehen in Dresden), um ihr Selbstsicherheitstraining als Lösung für gesellschaftliche Probleme anzubieten. Dies ist kein Zufall.

In den letzten Jahren ist es für schüchterne und selbstunsichere Menschen immer dringender geworden, ihre Schwierigkeiten in den Griff zu bekommen. Schüchterne Menschen sind in ganz besonderem Maße Opfer eines Zwangs zur optimalen Selbstdarstellung, dem fast alle Menschen in den westlichen Industrieländern ausgesetzt sind. Kaum jemand kann sich diesem Zwang entziehen, denn wem es nicht gelingt, sich effizient zu vermarkten, der läuft Gefahr, an den Rand der Gesellschaft gedrängt zu werden. Wer will sich schon sagen lassen, er sei nicht selbstsicher genug, er könne sich nicht durchsetzen, er sei zu zurückhaltend? Dies sind Eigenschaften, die mit Erfolg nicht in Verbindung gebracht werden. Dynamisch, durchsetzungsfähig, bis zu einem gewissen Grad auch aggressiv – das alles muß heute ein Mensch sein, der es im Beruf und bei anderen Menschen zu etwas bringen will.

Welch groteske Formen der Zwang zur optimalen Selbstdarstellung annehmen kann, beschreibt der Sozialpsychologe Hans Dieter Mummendey: «Ist es nicht interessant, daß in der Bundesrepublik Deutschland mehr und mehr Autofahrer just in dem Moment, in dem sie andere Verkehrsteilnehmer schwungvoll überholen, zum Hörer des Autotelefons greifen? Und ist es nicht bemerkenswert, daß es Hersteller von Autotelefonen gibt, die Attrappen solcher Geräte anbieten, und bereits viele Menschen ihr Geld damit verdienen, Autotelefonantennen in Kombination mit Attrappen in Fahrzeuge einzubauen?»

Der Zwang, selbstsicher und toll zu wirken, führt zu solchen Absonderlichkeiten. Wer sich mit Autotelefon, Handy oder Laptop in der Öffentlichkeit präsentiert, der kann doch gar kein unsicherer, erfolgloser Typ sein! Das Selbstwertgefühl mit technischen Attributen aufzupolieren scheint eine männliche «Masche» zu sein. Es ist auffällig, daß es – zum Beispiel auf Flughäfen – überwiegend die in graues Tuch gehüllten männlichen Geschäftsreisenden sind, die im Warteraum ihr Handy zücken, um ihrer Sekretärin (die mit Sicherheit diesen Flug gebucht hat und sich wahrscheinlich noch erinnern kann, wann er ankommt) mitzuteilen, daß sie planmäßig in einer Stunde im Büro sein werden.

Der Zwang zur Selbstdarstellung macht viele von uns zu Schauspielern. Wir versuchen, in jeder Lebenslage Selbstsicherheit und Stärke zu demonstrieren, um nur ja nicht den Verdacht zu erwecken, wir könnten uns einer Aufgabe oder Situation nicht gewachsen fühlen. Wir spielen «selbstbewußter Businessman», wir schlüpfen in die Rolle «starke Frau», wir stellen «Kämpfer» und «Mächtige» dar und verschwenden viel Kraft und Energie darauf, unser wahres Wesen zu verbergen. Wer sich selbst als unsicher und schüchtern wahrnimmt, empfindet Scham und unternimmt alles mögliche, damit andere auf seine «Schwäche» nicht aufmerksam werden. Nur sehr Mutige (wie David Letterman) bekennen sich zu ihrer sozialen Unsicherheit, die meisten aber kämpfen Tag für Tag darum, von anderen nicht «entlarvt» zu werden.

Schüchternes Verhalten paßt nicht in diese Zeit. Zudem macht man sich verdächtig. Inzwischen weiß doch jeder, daß man gegen Schüchternheit etwas tun kann. Wer nicht an sich arbeitet, um seine Schüchternheit zu überwinden, der hat es wohl nicht nötig. Oder hat er etwa Angst? Nichts gegen diesen Verhaltensmangel zu unternehmen ist fast noch schlimmer als die Schüchternheit selbst. Dies erklärt, warum so viele schüchterne Menschen sich Hilfe von Psychotrainings und -therapien erhoffen.

Die Renaissance der Selbstsicherheitstrainings wie auch anderer therapeutischer Methoden zur Stärkung des Selbstwertgefühls verfolge ich jedoch mit gemischten Gefühlen. Aus meiner Studienzeit – damals waren diese Trainings gerade sehr en vogue – weiß ich, welch seltsame Wandlung manche Menschen in diesen Seminaren erfahren. Ich erinnere mich noch gut an eine Freundin, die sehr schüchtern war und sich nichts mehr wünschte, als ein offener, unkomplizierter Mensch zu werden. Sie besuchte damals ein Selbstsicherheitstraining, in dessen Rahmen sie die unterschiedlichsten Situationen durchspielte und nicht schüchternes Verhalten einübte (dazu gehörte unter anderem die Übung, in der Straßenbahn Leute ohne Angabe von Gründen aufzufordern, den Sitz frei zu machen ...). Einige Wochen nach Abschluß des Trainings verabredeten wir uns zum Essen bei unserem Lieblingsitaliener. Als der Ober das Essen brachte, bemerkte meine Freundin, daß ihre Gabel leicht verschmutzt war. Selbstverständlich, daß sie eine saubere wollte. Nicht selbstverständlich empfand ich es allerdings, wie sie ihrer berechtigten Forderung Ausdruck verlieh. Sie stand auf, die Gabel in der hocherhobenen Hand, und rief mit lauter Stimme quer durchs Lokal: «Diese Gabel hier ist schmutzig. Ich verlange unverzüglich eine saubere.» Und sie fügte ebenso laut hinzu: «Das ist ein Skandal.» Abgesehen davon, daß ich mir unter einem Skandal etwas anderes vorstellte, schämte ich mich in meiner «zurückhaltenden» Art für das Aufsehen, das sie erregt hatte. «Mußte das sein?» fragte ich sie leicht irritiert. «Natürlich mußte das sein», gab sie verärgert zurück. «Ich lasse mir doch so etwas nicht gefallen!» Im Laufe des weiteren Gesprächs erfuhr ich, daß sie eine ähnliche Szene in ihrer Selbstsicherheitstherapie eingeübt und auf eben diese Weise gelöst hatte.

Zugegeben, ein banales Beispiel. Mir kamen damals jedoch

Zweifel daran, ob es wirklich so sinnvoll ist, aus einem schüchternen Menschen einen «Partylöwen» machen zu wollen. Ich empfand meine plötzlich so «selbstsichere» Freundin als unstimmig, ganz abgesehen davon, daß sie mir «schüchtern» sympathischer war. Wandlungen wie die meiner Freundin konnte ich in den letzten Jahren immer häufiger beobachten. Zunehmend entdeckten die Menschen um mich herum das Ende ihrer Geduld und trainierten ihr angeblich verkümmertes Selbstwertgefühl.

Eine Kollegin erkannte nach einem Wochenendseminar, daß es Zeit war, sich gegen die Zumutungen ihrer Umgebung zur Wehr zu setzen. In Rollenspielen hatte sie geübt, wie man andere am besten «konfrontiert». Das Gelernte wandte sie nun auch im Alltag an: Sie «konfrontierte» ihre Nachbarin mit der Beschwerde, daß die Kinder zu laut spielten. Sie «konfrontierte» den Kollegen damit, daß es sie nervt, wenn er seinen Kaffee schlürfe. Sie «konfrontierte» die Verkäuferin damit, daß sie einen unhöflichen Ton am Leibe habe ... Sie konfrontierte und konfrontierte, sie war in ihren eigenen Augen mutig und selbstbewußt – nur beliebt machte sie sich damit nicht. In ihrem zur Schau getragenen Selbstwertgefühl wirkte sie auf andere egoistisch, unnachgiebig, kleinlich.

Einer Bekannten riß nach einem Selbsterfahrungsseminar der Geduldsfaden mit ihrem Lebensgefährten. Das gemeinsame Sorgerecht machte es notwendig, daß die Exfrau regelmäßig den Vater ihres Kindes kontaktierte. Dessen neue Lebensgefährtin fühlte sich dadurch in ihrer Privatsphäre gestört, fand aber keinen Weg, dies ihrem Partner mitzuteilen. Im Selbsterfahrungsseminar erfuhr sie, was einer Lösung bislang im Wege gestanden hatte. Ihre Geduld und ihr mangelndes Selbstbewußtsein. Sie lernte in Rollenspielen, wie sie ihren Konflikt auflösen kann. Und zu Hause wandte sie das Gelernte auch an. Beim nächsten Anruf der Frau ging sie ans Telefon und ließ nicht wie bisher «schüchtern und scheu» dem Partner den Vortritt. Tief durchatmend erklärte sie nun der Anruferin, «daß ich mir die ständigen Anrufe verbitte und daß ich erwarte, daß sie nur noch schriftlich mit ihm verkehrt». Danach war sie sehr stolz auf sich, doch das Problem hatte sich verschärft: Ihr Partner reagierte verärgert, weil er von ihrem Problem überhaupt nichts wußte und ihr Verhalten am Telefon als schlicht «unhöflich» empfand.

Niemand wird ernsthaft die Bedeutung des Selbstwertgefühls bestreiten. Ohne Frage haben vor allem Frauen sich viel zu lange in Geduld geübt. Aufgrund ihrer Sozialisation und ihrer nach wie vor nicht vorhandenen gesellschaftlichen Gleichstellung mit Männern fällt es ihnen häufig sehr viel schwerer, ihre Bedürfnisse und ihre Rechte zu artikulieren und durchzusetzen. Weit verbreitet sind unter Frauen ganz bestimmte negative Denkmuster, die auf Dauer einem stabilen Selbstwertgefühl abträglich sind.

Gedanken wie «Ich bin nichts wert», «Ich tauge nichts», «Ich bin unattraktiv» sind natürlich auch Männern nicht fremd. Doch Frauen sind häufiger davon betroffen, und sie haben sich nur selten Mechanismen aneignen können, um ihr Selbstwertgefühl zu schützen.

Frauen wurden also besonders hellhörig, als im Laufe der letzten zwei Jahrzehnte in der Psychologie die Bedeutung der Selbstachtung für die psychische Gesundheit zunehmend erkannt und propagiert wurde. Ihr Mangel an Selbstwert machte sie anfällig für Ermutigungslektüre und Selbstsicherheitsseminare, und von einigen profitierten sie durchaus. Sie lernten, ihren eigenen Wert besser einzuschätzen, sie übten, hemmende Barrieren zu überwinden und nicht zu allem «ja und amen» zu sagen.

Neben dieser positiven Entwicklung gab es allerdings noch eine andere, deren Folgen vor allem jene Menschen ausbaden müssen, die mit therapeutischer Hilfe gegen Eigenschaften angehen, die zu ihnen gehören und nicht zu verändern sind. Viele Schüchterne – Frauen wie Männer – lernen mühsam selbstsicheres Auftreten, doch wirken sie dabei wenig authentisch. Ihre Aktionen sind aufgesetzt, künstlich, gezwungen, sie selbst fühlen sich nicht wohl und geben früher oder später das Antrainierte mit schlechtem Gewissen wieder auf. Sie sind, um es überspitzt zu formulieren, von der Selbstwertbewegung und ihren Veränderungsversprechen «vergewaltigt» worden. Statt ihnen zu helfen, mit ihrer zu ihnen gehörenden Charaktereigenschaft besser leben zu können, wurde ihnen vorgegaukelt, daß ihr Glück ausschließlich in der Durchsetzungsfähigkeit liegt.

«Ich bin der Größte!»
Wann zuviel Selbstwert schadet

Dieser negativen Entwicklung liegt eine falsche Vorstellung von einem «starken» Selbstwertgefühl zugrunde. Das Problem mit diesem Begriff ist, daß alle davon sprechen, wie wichtig Selbstwert ist, daß aber niemand so recht weiß, was eigentlich damit gemeint ist. Das hat in den letzten Jahren zu einer recht einseitigen Auslegung des Begriffs und zu erheblichen Mißverständnissen geführt.

Nathaniel Branden definiert «Selbstwertgefühl» folgendermaßen:

«Das Selbstwertgefühl ist – im umfassenden Sinne – die Erfahrung, daß wir uns dem Leben und all seinen Herausforderungen gewachsen fühlen. Konkreter: Das Selbstwertgefühl ist 1. das Vertrauen auf unsere Fähigkeit zu denken, das Vertrauen auf unsere Fähigkeit, mit den grundlegenden Herausforderungen des Lebens fertig zu werden, und 2. das Vertrauen auf unser Recht, erfolgreich und glücklich zu sein, das Vertrauen auf das Gefühl, es wert zu sein, es zu verdienen und einen Anspruch darauf zu haben, unsere Bedürfnisse und Wünsche geltend zu machen, unsere Wertvorstellungen zu verwirklichen und die Früchte unserer Bemühungen zu genießen.»

Je klarer es wurde, daß das Selbstwertgefühl für die psychische Gesundheit äußerst wichtig ist, desto mehr wurde der Begriff von der populärwissenschaftlichen Psychologie vereinnahmt. Kaum eine Psychotherapie, ein Seminar, ein Workshop, in denen es nicht auch und vor allem um die Stärkung des Selbstwertgefühls, um Selbstachtung und Durchsetzungsfähigkeit ging. Das Selbstwertgefühl beziehungsweise sein Nichtvorhandensein wurde als Ursache allen psychischen Übels entlarvt. Propagiert wurde dabei vor allem der zweite Teil von Brandens Definition, wonach wir ein Recht darauf haben, «erfolgreich und glücklich zu sein», wir es «verdienen», wir «einen Anspruch» darauf haben, unsere «Bedürfnisse und Wünsche geltend zu machen». Diese Auslegung hat dazu geführt, daß das in unserer Gesellschaft ohnehin weitverbreitete Anspruchsdenken auch auf psychische Belange ausgedehnt wurde.

Das Gefühl, daß uns die anderen noch etwas schuldig sind, daß wir nicht bekommen haben, was uns zusteht, wurde durch die Selbstwertbewegung verstärkt. Nun erhielten wir die Erlaubnis, uns zu holen, was unserer Meinung nach unser Recht ist. Das Recht auf Glück, auf Erfolg, auf Befriedigung unserer Bedürfnisse.

Wenn die anderen uns all dies nicht freiwillig geben wollen, dann müssen wir eben selbstbewußt und durchsetzungsfähig genug werden und selbst dafür sorgen, daß wir unser Recht bekommen. Wer ein starkes Selbstwertgefühl nicht schon in die Wiege gelegt bekommen hat, der kann sich das nötige Know-how nachträglich aneignen, versprechen Anbieter von Workshops und Autoren von Selbsthilfebüchern à la *Selbstbewußt in 10 Tagen*. Doch das intensive Bemühen um ein starkes Selbstwertgefühl wurde für so manche zum Bumerang. Die positiven Effekte, die ein starkes Selbstwertgefühl mit sich bringen soll, blieben aus.

«Wenn ich mich selbst achte und auch von anderen verlange, daß sie mir mit Respekt begegnen, wird automatisch durch die Signale, die ich aussende, und die Art meines Verhaltens die Wahrscheinlichkeit erhöht, daß andere entsprechend angemessen reagieren», verspricht Nathaniel Branden. Das bedeutet: Wir müßten leichter durchs Leben kommen, wenn unser Selbstwertgefühl uns trägt. Daß das nicht unbedingt der Fall ist, führen uns Menschen vor Augen, die, oberflächlich betrachtet, vor Selbstwertgefühl strotzen – und dennoch überall anecken.

Irgend etwas stimmt also nicht, wenn behauptet wird, Selbstsicherheit und ein starkes Selbstwertgefühl seien unabdingbar für persönlichen Erfolg und psychische Stabilität. Neue Forschungsarbeiten bestärken diesen Zweifel: Ihre Ergebnisse weisen nach, daß das Selbstwertgefühl in seiner Bedeutung überschätzt wurde. Es hat nicht diesen Stellenwert, den wir ihm zuschreiben, ja, es kann sich sogar schädlich auswirken. Nämlich dann,
- wenn wir uns für besser halten, als wir es sind,
- wenn wir unser wahres Temperament verleugnen,
- wenn andere uns für stärker und selbstbewußter halten, als wir es in Wirklichkeit sind.

Wir haben es übertrieben mit unseren Bemühungen um das Selbstbewußtsein, meint David Funder von der University of California, Riverside, der zu den Kritikern des Selbstwert-Booms gehört. Funder bat über 100 Studenten, sich selbst hinsichtlich bestimmter Eigenschaften einzuschätzen: Frohsinn, Wärme, Intelligenz. Beobachter gaben zusätzlich ihre Einschätzungen ab. Die Studenten, die sich so einschätzten, wie sie auch von Außenstehenden gesehen wurden, waren respektiert und beliebt. Diejenigen aber, deren Selbstbild weit höher lag als das Fremdbild, wurden als feindselig, unehrlich und herablassend eingestuft.

Auch Roy Baumeister, Psychologieprofessor an der Case Western Reserve University in Ohio, glaubt, daß zuviel des Guten schädlich sein kann. «Die Gefährlichen sind jene, die sich selbst überschätzen», stimmt Baumeister seinem Kollegen Funder zu. Menschen, die eine zu hohe Meinung von sich besitzen und frei von Selbstzweifeln sind, neigen zu aggressiven und in extremen Fällen sogar gewalttätigen Handlungen. Und zwar immer dann, wenn sie ihr positives Selbstbild durch andere gefährdet sehen. Kritik, Spott oder Widerspruch – sei dies noch so gering oder sogar gut gemeint – werten sie als persönlichen Angriff. Durch heftige Gegenwehr wollen sie diesen Angriff abwehren und ihr positives Selbstbild vor Kratzern schützen.

Belege für seine These fand der amerikanische Sozialpsychologe in Untersuchungen, die zeigen: Menschen, die kriminell werden, haben fast immer ein Gefühl der Überlegenheit, ein enormes Geltungsbedürfnis und ein starkes Selbstwertgefühl. Fühlen sie sich in ihrer Grandiosität angegriffen oder in Frage gestellt, reagieren sie mit Aggression und Gewalt. Von Männern, die gegen ihre Frauen gewalttätig werden, weiß man, daß ihrer Aggression meist das Gefühl vorausgeht, von der Frau abgewertet oder verspottet worden zu sein. Fühlen sich diese Männer von ihren Frauen in ihrer Selbstgefälligkeit bedroht, wehren sie sich mit Gewalt.

Roy Baumeister hält es für dringend notwendig, die ausschließlich positive Bewertung des Selbstwertgefühls zu überdenken und sich auch mit dessen dunkler Seite zu befassen. Zuviel Selbstwert kann sich zu einem gefährlichen Geltungsbedürfnis, zu Selbstsucht und Selbstgefälligkeit entwickeln.

Eine kritische Haltung nimmt auch William B. Swann, Psychologieprofessor an der University of Texas, Austin, ein. Er fürchtet, daß die Propagierung des Selbstwertgefühls «viele falsche Hoffnungen geweckt hat. Meine Forschungen zeigen, daß eine Erhöhung des Selbstwertgefühls nicht so einfach ist, wie das immer dargestellt wird, noch ist es ein Allheilmittel für alle Probleme unserer Gesellschaft.» Die Suche nach dem Selbstwertgefühl ist für manche Menschen eine Art Suche nach dem «Heiligen Gral» geworden, meint Swann. Wenn ich nur mehr davon hätte, so glauben viele, dann wäre ich beliebter, käme in meinem Job besser voran, würde endlich einen Partner finden, hätte weniger Angst in sozialen Situationen. Je verzweifelter diese Menschen versuchen, sich ein starkes Selbstwertgefühl anzutrainieren, desto unsicherer können sie werden. Denn, so Swann: «Viele Maßnahmen, die das Selbstwertgefühl erhöhen sollen, bewirken das Gegenteil. Sie mindern das Selbstwertgefühl noch.» Die Selbstwertbewegung mache diese Menschen zu «doppelten Opfern», kritisiert der Psychologieprofessor. «Die schnellen Hilfsangebote helfen nicht weiter, sondern verstärken statt dessen das Gefühl, nichts zu können, nichts zu taugen.»

Schüchterne Menschen kennen dieses Phänomen. Alle Bemühungen, ein anderer, selbstsicherer Mensch zu werden, haben sie meist nicht vorangebracht. Entweder kam die Schüchternheit immer wieder zum Vorschein, oder sie fühlten sich überhaupt nicht wohl in ihrer Haut, wenn sie das Erlernte in konkreten Situationen anwandten. Das liegt daran, erklärt Swann, daß wir alle ein bestimmtes Bild von uns selbst haben, ein Bild, das nur sehr schwer veränderbar ist. Wer sich als zurückhaltend, schüchtern und unsicher erlebt, will, so absurd das zunächst klingt, sein Selbstbild behalten. Und nicht nur das: Veränderungsversuche stärken das Selbstwertgefühl nicht wie gewünscht, sondern schmälern es im Gegenteil noch. Ein schüchterner Mensch mag unter seiner Unsicherheit noch so leiden, seine Identität wird dennoch wesentlich von diesem Merkmal geprägt.

Wir suchen deshalb alle nach Bestätigung für das Bild, das wir von uns selbst haben. Sind wir ein «Partylöwe», wollen wir in dieser Rolle Bestätigung finden. Sind wir schüchtern, reagieren wir irritiert auf anderslautende Beschreibungen.

In amerikanischen Therapeutenkreisen kursiert folgender Witz: Ein schüchterner, von Selbstzweifeln zerfressener Mann heiratet eine Frau, die ihn grenzenlos bewundert. Sie sagt ihm pausenlos, für wie intelligent und wie gutaussehend sie ihn hält, schwärmt von seinem beruflichen Erfolg und wie beliebt er bei seinen Freunden sei. Eines Tages eröffnet der Vielgelobte seiner Frau, daß er sie verlassen wird. Sie versteht die Welt nicht mehr. Völlig konsterniert und verzweifelt stellt sie ihm die Frage: «Aber warum?» Er antwortet: «Ich bin zu gut für dich!»

Wie jeder Witz enthält auch dieser einen Kern Wahrheit. Natürlich wollen wir alle geliebt werden, vor allem natürlich von den Menschen, die uns am nächsten sind. Das bedeutet aber nicht, daß wir uneingeschränkt bewundert werden wollen, im Gegenteil: Es ist uns viel wichtiger, in unserem Selbstbild bestätigt zu werden. Hat der Partner eine von diesem Selbstbild zu weit abweichende Meinung über uns, dann kann das die Beziehung zum Scheitern bringen. Das gilt auch dann, wenn wir von uns selbst eher negativ denken.

Es kann Partnerschaften in der Tat gefährden, wenn Selbstbild und Fremdbild der Partner nicht übereinstimmen. Eine Gruppe von Sozialwissenschaftlern an der University of Texas, Austin, wählte 95 Ehepaare im Alter zwischen 29 und 78 Jahren, die mindestens seit sechs Jahren miteinander verheiratet waren, per Zufallsprinzip für ihre Studie aus. Jeder Partner sollte unabhängig vom anderen sich selbst und Eigenschaften des Partners einschätzen. Zusätzlich wurde der Grad der Verbundenheit erfaßt. Gefragt wurde nach dem Wunsch, die Beziehung aufrechtzuerhalten, nach Trennungsabsichten, nach der ehelichen Zufriedenheit, wieviel Zeit miteinander verbracht wird, wieviel die Ehepartner miteinander sprechen, ob sie Probleme und Sorgen miteinander teilen und vieles mehr.

Die stärkste Bindung, so stellten die Sozialwissenschaftler fest, bestand zwischen jenen Paaren, die sich gegenseitig in ihrem eigenen Selbstbild bestätigten – und zwar unabhängig davon, ob die Selbsteinschätzung positiv oder negativ ausfiel. Erstaunt stellten die Forscher fest: «Das provozierendste Ergebnis unserer Studie war, daß Menschen mit einem negativen Selbstbild am glücklichsten waren, wenn auch der Partner schlecht von ihnen dachte.»

Die Psychologen fanden für dieses paradoxe Ergebnis folgende Erklärung: Je mehr ein Mensch das Gefühl hat, von seinem Partner richtig eingeschätzt zu werden, um so überzeugter ist er davon, daß der andere ihn wirklich kennt. Das gibt ihm Sicherheit. «Nehmen Sie eine Frau, die ihre sozialen Fähigkeiten als äußerst gering einschätzt», versuchen die Psychologen anhand eines Beispiels ihr Ergebnis zu erklären. «Was geht in dieser Frau vor, wenn sie hören muß, daß ihr Mann ihre sozialen Fertigkeiten vor anderen überaus lobt? Wenn sie seine Aussage ernst nimmt, wird sie das völlig durcheinanderbringen, denn sie stellt ihr Selbstbild in Frage. Sie muß an ihrer Sicht von sich selbst zweifeln, sie muß sich fragen, ob sie sich vielleicht selbst nicht gut kennt. Aber wenn das stimmt, was weiß sie dann überhaupt? Wer ist sie wirklich?»

Wir suchen nach Stabilität, auch wenn damit Negatives verbunden ist. Der Wunsch, das eigene Verhalten und Erleben unter Kontrolle zu haben, vor unliebsamen Überraschungen geschützt zu sein, ist stärker als der Wunsch, eine rundum positive, selbstwertstarke Persönlichkeit zu sein. Die Forderung nach optimaler Schulung des Selbstwertes kollidiert hier mit dem fundamentalen Wunsch des Menschen, in seinem Selbstbild bestätigt zu werden. Dem Zwang zur Veränderung steht der Wunsch nach Stabilität und Konstanz entgegen. Anders ausgedrückt: Wir glauben, uns ändern zu müssen, wollen es im Grunde aber überhaupt nicht. Dies hat nicht nur Konsequenzen in Partnerschaften, sondern auch in Psychotherapien, wie William Swann ausführt: «Der Therapeut, der seinen Klienten übermäßig lobt, der sagt, ‹du bist toll›, ‹das ist wunderbar›, kann die Dinge verschlechtern.» Der Klient kann die Lobpreisungen des Therapeuten nicht mit seinem negativen Selbstbild in Übereinstimmung bringen.

Schüchtern, aber beliebt
Die positiven Seiten einer angeblich «negativen» Eigenschaft

Die Veränderung des Selbstwertes ist unter anderem auch deshalb so schwierig, weil unser Selbstbild offensichtlich in jungen Jahren entsteht und danach kaum noch beeinflußt werden kann. Bereits im Alter von acht Jahren, so der Kinderpsychologe Thomas W. Phelan, ist uns klar, wer wir sind und was wir von uns zu halten haben. Wir wissen, ob wir ein «Draufgänger» oder ein «scheues Reh» sind, wir kennen unsere Stärken und Schwächen. Je älter man wird, desto schwieriger ist dieses Selbstbild zu verändern.

Natürlich hat das Elternhaus einen wesentlichen Einfluß darauf, wie positiv oder negativ unser Selbstbild ausfällt. In den ersten Jahren wird die Grundlage dafür geschaffen, ob wir voller Selbstvertrauen, mit einem Gefühl der Sicherheit und Geborgenheit aufwachsen. «Das Ziel der elterlichen Erziehung sollte sein (...), dem Kind zunächst Wurzeln zu geben (damit es wachsen kann) und dann Flügel (damit es fliegen kann)», beschreibt Nathaniel Branden die Verantwortung der Eltern. Doch das Erziehungsklima und die frühen Kindheitserfahrungen sind nur *ein* Mosaikstein, aus dem sich unser Selbstbild zusammensetzt. Ein weiterer, ebenso bedeutsamer Mosaikstein ist das Temperament eines Menschen. Schüchternheit zum Beispiel ist zu einem großen Teil Temperamentssache. Und dies erklärt, warum eine Nachschulung in Sachen Selbstsicherheit und Selbstwertgefühl meist wenig erfolgreich verläuft. Schüchternheit ist eine Eigenschaft, die sich dem Selbstwerttraining besonders konsequent widersetzt, weil sie nicht einfach verlernt werden kann: In vielen Fällen ist sie angeboren.

Wie der Temperamentsforscher Jerome Kagan von der Harvard University berichtet, werden manche Menschen bereits schüchtern geboren. In einer Studie mit 500 vier Monate alten Babys beobachtete Kagan, daß ungefähr 20 Prozent dieser Kinder motorisch sehr viel heftiger als andere auf Dinge, Töne und Gerüche reagierten. Sie schrien auch mehr, wenn sie sich in einer fremden Umgebung befanden. Diese Kinder bezeichnete Kagan als «hochreaktiv». Physiologische Messungen ergaben, daß sie ein leicht zu erregendes sympathisches Nervensystem besitzen. Bereits im Mutterleib ist ihr Herzschlag deutlich schneller als der anderer Föten. Im Alter von 14 Monaten war diese höhere Herzschlagrate immer noch vorhanden, wenn die Kinder mit einer neuen Situation konfrontiert wurden.

Neben dem schnellen Herzschlag stellten die Forscher bei Hochreaktiven noch ein anderes Phänomen fest: Im EEG zeigte sich eine deutlich erhöhte Aktivität der rechten Hirnhälfte, sobald die Kinder mit Unbekanntem, Neuem konfrontiert wurden.

Der erhöhten Aktivität des sympathischen Nervensystems sowie der rechten Gehirnhälfte von hochreaktiven Kindern liegt möglicherweise ein Mechanismus zugrunde, der auf eine niedrige Reaktionsschwelle eines Gehirnbereiches verweist, der zuständig ist für die Informations- und Gefühlsverarbeitung. Wenn ein hochreaktives Kind neue Situationen bewältigen muß, dann reagiert dieser Gehirnbereich, genannt Amygdala, sehr viel intensiver, als es der Situation angemessen wäre. Er sendet dann Warnbotschaften an das sympathische Nervensystem und bewirkt typische Angstreaktionen: höheren Blutdruck, schnellere Herzschlagrate. Für das betroffene Kind ein äußerst unangenehmes Erlebnis. Es empfindet Angst, fühlt sich unsicher und gestreßt. Säuglinge äußern ihr Unwohlsein mit Schreien und körperlicher Unruhe. Größere Kinder vermeiden neue Situationen und ziehen sich zurück.

Wie Langzeitstudien ergaben, sind die physiologischen Besonderheiten bei den meisten hochreaktiven Kindern auch noch in späteren Jahren zu beobachten. Mit hoher Wahrscheinlichkeit entwickeln sie sich zu schüchternen Erwachsenen. So konnte in einer amerikanischen Studie, in der mehrere Jahrzehnte lang 133 Kinder der New Yorker Mittelschicht untersucht wurden, belegt werden: Es gibt Kinder, die von Geburt an schüchtern sind. Die Forscher konnten drei Temperamente ausfindig machen: Kinder mit «einfachem» Temperament, mit «langsam auftauendem» und mit «schwierigem» Temperament. Kinder mit einfachem Temperament sind offen, anpassungsfähig, gelassen. «Langsam auftauende», schüchterne Kinder ziehen sich in neuen, ungewohnten Situationen zunächst zurück und passen sich nur zögernd an die veränderten Gegebenheiten an. «Schwierige» Kinder sind unausgeglichen, können sich schlecht anpassen, schlafen unruhig.

Nicht alle schüchternen Menschen sind von Geburt an schüchtern. Selbstverständlich spielen neben der frühen Erziehung auch Erfahrungen im weiteren Lebenslauf eine Rolle. Kritische Lebensereignisse wie Scheidung, Arbeitslosigkeit, Umzug in eine fremde Stadt können das Problem Schüchternheit verstärken oder erst richtig zum Ausbruch bringen lassen. Die Erkenntnisse der neueren Temperamentsforschung lehren uns aber, daß ein Teil unserer Eigenschaften von Geburt an zu uns gehört und nur schwer oder gar nicht verändert werden kann.

Schüchterne Menschen sollten sich also damit abfinden, daß sie wohl so bleiben müssen, wie sie sind. Das klingt schrecklich, solange wir Schüchternheit als eine ausschließlich negative und belastende Eigenschaft betrachten. Damit aber tun wir schüchternen Menschen gehörig unrecht. Was im Selbstsicherheits-Boom völlig unterging, ist die Tatsache, daß Schüchternheit und Zurückhaltung – allen Zeittrends zum Trotz – positive Eigenschaften sein können. Nimmt man sich die Zeit, schüchterne Mitmenschen genauer kennenzulernen, dann wird man feststellen, daß sie äußerst angenehme Zeitgenossen sein können. Sie gelten als gute Zuhörer, als aufmerksam und einfühlsam. Gewinnt man sie zum Freund, zur Freundin, sind sie äußerst loyal und treu. Auch wer einen schüchternen Menschen zum Partner hat, kann sich glücklich schätzen. Ehepartner von Schüchternen schwärmen jedenfalls von den positiven Auswirkungen dieser Persönlichkeitseigenschaft. Sie beschreiben ihren schüchternen Lebensgefährten als bescheiden, einfühlsam, diskret und sanftmütig. Die Ehen von Schüchternen gelten als solider, befriedigender und dauerhafter als andere Ehen.

Weil sie sich sozial sehr zurückhalten, wirken Schüchterne auf den ersten Blick langweilig und, wie eine amerikanische Studie zeigt, auch weniger intelligent. Diese Einschätzung ändert sich aber, sobald man sie näher kennenlernt.

In einer Studie, durchgeführt von dem amerikanischen Psychologen Jonathan Cheek, wurden 190 Versuchspersonen in Gruppen eingeteilt, die sich über einen Zeitraum von sieben Wochen einmal wöchentlich trafen. Nach dem zweiten Treffen wurden schüchterne Gruppenmitglieder in allen Gruppen als wenig intelligent eingeschätzt. Sie beteiligten sich nicht an den Gruppengesprächen und schienen unmotiviert. Nach dem siebten Treffen allerdings hatte sich die Stimmung zugunsten der Schüchternen gewandelt: Jetzt wurden sie als intelligenter und sympathischer eingestuft als nicht schüchterne Gruppenmitglieder. «Wenn man eine schüchterne Person wirklich kennengelernt hat, dann wird man sie auch lieben», sagt Jonathan Cheek. «Nur leider nimmt das Zeit in Anspruch. Viele sind nicht bereit, diese Zeit zu investieren.» Statt dessen erwarten sie, daß schüchterne Menschen sich dem Zeitgeist anpassen, der die «Partylöwen» hofiert, die vor Energie sprühen und ohne jeglichen Selbstzweifel auftreten.

Wer nicht zu diesen Partylöwen gehört und wem es trotz intensiver Bemühungen nicht gelingt, sich in einen zu verwandeln, braucht aufgrund der neueren psychologischen Forschung nicht länger zu verzweifeln. Die Erkenntnis, daß Selbstwert und Durchsetzungsvermögen per se nicht positiv sind, sondern daß diese Eigenschaften erstens zu einem Menschen wirklich passen müssen und zweitens in ihrer Bedeutung für die psychische Gesundheit wie für das persönliche Glück in der Vergangenheit eindeutig überschätzt wurden, wirkt befreiend.

Hinzu kommt noch ein weiterer Punkt: Schüchterne können sich mit ihrer Charaktereigenschaft vielleicht aussöhnen und auf zwanghafte Veränderungsbemühungen in Zukunft leichter verzichten, wenn sie sich klarmachen, daß sie keine Minderheit in diesem Lande sind. Schüchterne Menschen fallen nur deshalb nicht auf, weil sie sich und ihre Eigenschaft verstecken. Der Zwang, immer «gut draufsein» zu müssen, führt dazu, daß viele von uns eine Maske tragen und nicht wahrnehmen, daß der Mensch neben ihnen möglicherweise ebenso viele Qualen auszustehen hat wie sie selbst.

Zu denken geben sollte uns in diesem Zusammenhang eine Nachricht aus Ostdeutschland. Dort stellen Psychotherapeuten seit der Wiedervereinigung einen deutlichen Anstieg sozialer Angst und Schüchternheit fest. Der Mediziner Jürgen Mehl analysierte 100 bei der Kassenärztlichen Vereinigung eingereichte Psychotherapieanträge aus den neuen Bundesländern: Etwa 40 Prozent wurden «mit einer Diagnose begründet, die im Umfeld sozialer Kompetenzstörungen angesiedelt ist». Eine Befragung der Patienten ergab, daß diese einen unmittelbaren Zusammenhang zwischen ihren Beschwerden und den Veränderungen nach der Wende sahen.

Ostdeutsche fühlen sich häufig den scheinbar so selbstbewußt auftretenden Westdeutschen unterlegen. Es fehlen ihnen die sozialen Fertigkeiten, die für den Überlebenskampf im Kapitalismus – angeblich – notwendig sind: Selbstvertrauen, Durchsetzungsfähigkeit, Ellenbogenmentalität.

Die Ostdeutschen durchschauen nicht, daß auch unsere Selbstsicherheit und unser Draufgängertum in vielen Fällen nur Maskerade sind. Wie sollten sie auch, durchschauen wir häufig selbst unser Versteckspiel nicht. Könnten sich schüchterne Menschen, die angeblich so gar nicht in die Erfolgslandschaft passen, zu ihrer Eigenart bekennen, würde man sie nicht mit Veränderungsversprechen locken und sie statt dessen in ihrer Eigenart unterstützen, dann könnte es zu einer Klimaänderung in unserer Gesellschaft kommen. Noch dominieren die aalglatten, dynamischen, juchzenden, lauten Charaktere. Mögen sie in der einen oder anderen Situation glatter durchs Leben gehen – glücklicher und beliebter sind sie nicht.

«Du bist neurotisch!» – «Wer ist das nicht?»

Achtung: Zuviel Psychotherapie
kann Ihrer Gesundheit schaden

«Weißt du einen guten Therapeuten?» fragt mich eine Bekannte am Telefon. «Ich glaube, ich muß mich endlich mal mit meiner Kindheit auseinandersetzen», fügt sie erklärend hinzu. Wie sie auf einmal darauf komme, will ich von ihr wissen und erfahre, daß sie mit ihrem Lebensgefährten immer wieder äußerst destruktive Auseinandersetzungen hat und er ihr vorwirft, sie sei «total neurotisch». Seiner Feststellung «du brauchst eine Therapie» stimmt sie inzwischen zu. Irgendeinen Grund muß es doch geben für ihre Gewalttendenzen und den abgrundtiefen Haß, von dem sie ab und zu völlig überrollt wird. Da sie selbst keine Erklärung findet, muß dieser Grund wohl in ihrer frühen Vergangenheit liegen; ohne therapeutische Hilfe wird sie ihn wohl nicht aufspüren können. «Möglicherweise hat das was mit meinem Vater zu tun. Vielleicht habe ich da was verdrängt.»

Die junge Studentin in meiner Nachbarschaft überlegt schon seit langem, ob sie nicht ihr Studium der Betriebswirtschaft an den Nagel hängen und lieber Kunst studieren soll. Dazu hätte sie sehr viel mehr Lust, doch sie glaubt, daß sie dann Ärger mit ihren Eltern, die das Studium finanzieren, bekommt. Eigentlich eine eindeutige Situation, doch die Studentin glaubt, daß hinter ihrer

Unschlüssigkeit mehr steckt. Diesem «Mehr» will sie auf die Spur kommen, mit Hilfe einer Psychotherapie.

Hans hat sich nun auch dazu entschlossen, psychotherapeutische Hilfe in Anspruch zu nehmen. Ihm ist aufgefallen, daß seine Beziehungen immer am selben Problem scheitern: seiner Untreue. Nachdem er jahrelang glaubte, daß dies nicht sein Problem sei, sondern das seiner intoleranten Partnerinnen, ist er nun, nachdem die magische 40 immer näher rückt, doch ins Grübeln geraten. Eine Psychotherapeutin, ausgebildet in Gestalttherapie, soll ihm helfen, in Zukunft ein besserer Partner zu sein.

Betrachtet man Fälle wie diese, bekommt man den Eindruck, daß wir uns inzwischen überhaupt nichts mehr zutrauen. Sobald wir mehr entscheiden müssen als die Frage «Keks oder Schokolade», sobald ein Konflikt, ein Problem oder eine Entscheidung über das Alltägliche hinausgeht, werden wir unsicher und glauben die Hilfe eines Experten zu benötigen. Wie ich eingangs schrieb, fehlen uns heute äußere Orientierungsgeber wie zum Beispiel ein starker Familienzusammenhalt oder eine religiöse Gemeinschaft. Was richtig und falsch, welche Entscheidung angemessen oder unangemessen ist, das müssen wir ganz allein entscheiden. Existentielle Fragen wie: «Wer bin ich? Wie bin ich geworden, was ich bin?», «Was ist der Sinn des Lebens?» müssen wir uns ebenso selbst beantworten wie eher banalere: «Warum verhalte ich mich so und nicht anders?», «Weshalb habe ich Probleme in meinen Beziehungen, am Arbeitsplatz, mit meinen Kindern?» Wir alle stellen diese Art von Fragen. Wir müssen sie stellen, denn die Antworten, die wir uns darauf geben, sind wichtig für unsere Identität.

Welche Antworten wir finden, hängt davon ab, *wo* wir suchen. War es für frühere Generationen üblich, sich an die Theologie oder die Philosophie zu wenden, erforschen wir heute uns selbst. In unserer Psyche, in unserem Werdegang, unserer frühen Vergangenheit, so glauben wir, liegen all die Schlüssel für unsere Unsicherheiten: Wenn wir Licht in das Dunkel unserer Seele bringen, dann können wir verstehen, warum wir heute so unglücklich, so «neurotisch» sind.

Es muß Zeichen einer *Neurose* sein, wenn keine Liebesbeziehung länger als drei Monate dauert; es ist doch *echt neurotisch*, wenn man auf den Partner eifersüchtig ist; der Kollege, der sich oft tagelang in sein Büro verkriecht, ist ein *richtiger Neurotiker*; wenn die Freundin nicht immer so *neurotisch* reagierte, wäre sie sicherlich beliebter; die Frau, die glaubt, daß es mit Hilfe spülmaschinenfunkelnder Gläser auch mit dem Nachbarn klappt, ist eine richtig *neurotische Zicke*; und daß sich die Tochter vom Nachbarn nun schon zweimal hintereinander den Arm gebrochen hat, ist das nicht auch das Zeichen einer *neurotischen Störung?*

Der Begriff «Neurose» wird von uns völlig undifferenziert auf Phänomene angewandt, die uns fremdartig, unerklärlich und unnormal erscheinen oder die wir schlicht als störend empfinden. Was Neurose wirklich bedeutet, ist den meisten nicht bekannt.

Als Neurose wurden ursprünglich Störungen und Beeinträchtigungen des Nervensystems bezeichnet, für die keine erkennbare organische Ursache vorlag. Sigmund Freud übernahm diesen Begriff aus der Medizin und beschrieb damit Reaktionen auf Konflikte und Störungen des Trieb- und Gefühlslebens. Nach der psychoanalytischen Definition ist der Kern vieler Neurosen eine übersteigerte Angst, die der Betroffene unbedingt unter Kontrolle halten will, um nicht von ihr überwältigt zu werden. Die Angst ist «irreal», das heißt, es gibt keine wirkliche Bedrohung. Der «Neurotiker» weiß das und bemüht sich, trotz seiner Ängste so normal wie möglich weiterzuleben. Das kann zu teilweise bizarren, sehr auffälligen und auf andere «verrückt» wirkenden Verhaltensweisen führen: Zwangsneurotiker müssen sich ständig die Hände waschen oder kontrollieren, ob sie alle Lichter gelöscht haben, Hypochonder leiden fast jeden Tag an einer neuen Krankheit, auch plötzliche Angst- oder Panikattacken und Depressionen zählen zum Krankheitsbild der Neurose.

Es ist eine traurige Tatsache, daß Angststörungen und auch neurotische Depressionen in den letzten Jahrzehnten deutlich zugenommen haben. Den Anforderungen dieser Gesellschaft sind viele Menschen nicht mehr gewachsen. Sie haben Angst um ihren Arbeitsplatz, Angst um ihre Ehe, Angst um die Zukunft ihrer Kinder, oder sie haben Angst, sich niemals in ihrem Leben einem Menschen wirklich zugehörig zu fühlen. Diese Ängste sind alles andere als irreal, sie sind vielmehr ein Ergebnis eines gesellschaftlichen Prozesses, der dem einzelnen Menschen zuviel Verantwortung aufbürdet, ohne ihn gleichzeitig in stützende Gemeinschaften einzubinden. Wer unter diesem starken Druck zusammenbricht, Ängste oder Depressionen entwickelt, muß nicht in jedem Fall neurotisch krank sein. Möglicherweise reagiert er gesund auf eine ungesunde Situation. Seine Ängste haben eine reale Grundlage.

Psychotherapie: Die Wunderwaffe gegen «Neurosen»

Sollte man schon im Fall von tatsächlichen psychischen Erkrankungen sehr vorsichtig mit dem Begriff «Neurose» sein, so gilt das um so mehr für ganz «normale» Abweichungen von der Norm. Nicht jeder, der ausflippt, mit sich selbst spricht oder sich in irgendeiner anderen Weise auffällig oder unbequem verhält, ist neurotisch.

Wenn Veränderungsprediger Robert Hofmann, der Begründer des Quadrinity-Prozesses, behauptet: «Wir leben in einer völlig neurotischen Gesellschaft», bedient er sich einer Vokabel, die verunsichert. Wer will schon neurotisch sein? «Neurotisch» bedeutet, abgestempelt als nicht gesund, nicht erwachsen, nicht reif. Erst wenn wir uns «durchtherapieren» lassen, so suggerieren uns die Psychoexperten, können wir uns von diesem Etikett befreien. «Du bist neurotisch» ist eine Schuldzuschreibung, die uns diszipliniert und mit der wir andere zur Ordnung rufen können. Es ist aber auch eine Schuldentlastung. Wenn wir mit irgend etwas oder irgend jemandem in unserem Leben nicht zurechtkommen, dann glauben wir die Ursache dafür zu wissen: Wir sind neurotisch. Und wir wissen, was dagegen zu tun ist. Hat nicht auch Herbert eine Therapie gemacht, und schwärmt er nicht davon, daß er seither ein anderer Mensch geworden ist? Lesen wir nicht in unzähligen Büchern und Artikeln, daß Psychotherapie wahre Wunder bewirken kann? Sollten wir selbst nicht auf die Idee kommen, dann sorgt häufig unsere Umgebung mit dem guten Ratschlag «Mach doch mal eine Therapie» dafür, daß wir glauben, zutiefst «gestört» zu sein und den Weg zu uns selbst nur mit fachlicher Hilfe finden zu können.

Psychotherapeuten bieten nicht nur die Behandlung von ernsthaften Ich-Störungen, Depressionen, Ängsten, Eßstörungen, Selbstwertstörungen, Partnerproblemen an, sie sind – so es sich um niedergelassene Therapeuten handelt – ganz besonders an unseren alltäglichen «Neurosen» interessiert. Darauf sind sie spezialisiert, das trauen sie sich zu. Das normale neurotische Elend ist ihr Metier, schwerere Erkrankungen wie Alkoholismus oder Psychosen überlassen sie lieber den Kliniken oder Ärzten.

So sehr diese Psychotherapeuten ihre Angebote auch preisen, über die Wirkungen ihrer Behandlung lassen sich nur wenige konkret aus. Die Grenzen psychotherapeutischer Kunst sind nur selten ein Thema für die Therapeutenzunft. Statt dessen ergehen sie sich häufig in kryptischen Äußerungen über das, was sich angeblich mit Hilfe von Psychotherapien bei Alltagsneurosen erreichen läßt. Folgenden Text fand ich in der Werbebroschüre einer Münchener Psychotherapeutin:

«Der Patient lernt im Prozeß der Behandlung, sich selbst näherzukommen. Das heißt, er lernt seine Gefühle, Bedürfnisse und Wünsche wahrzunehmen und angemessen auszudrücken. In einer erfolgreichen Psychotherapie beginnt der Patient, sich selbst bewußter zu sehen und zu beobachten, und lernt, sich, oft unter leidvoller Enttäuschung, anzunehmen. Durch eine gelungene Selbstannahme wird sehr viel Energie frei. Energie, die über Jahre in Abwehrkräfte und Verdrängungsmechanismen geflossen ist.

Negative und destruktive Muster, die meist aus der Kindheit stammen, können durch bestimmte Techniken wieder ins Bewußtsein gelangen und dort emotional verarbeitet und transformiert werden, wenn der Patient die dazu notwendige Ich-Stärke besitzt. Erst wenn die Zeit dazu reif ist und der Patient die Wahrheit tragen und ertragen kann, können diese Verdrängungsmuster bewußt werden und allmählich aufgelöst werden und zu einer Bewußtseinserweiterung führen. Durch die frei gewordene Energie und das gewonnene Bewußtsein kann der Mensch dann seine Probleme kreativ und schöpferisch lösen bzw. mit seinen Problemen in innerem Frieden leben. Der Patient lebt ein selbstbestimmtes und eigenverantwortliches Leben. Das höchste Ziel in der psychotherapeutischen Behandlung sollte immer die Selbstverwirklichung sein.»

Sich selbst annehmen, Probleme kreativ lösen, negative Muster aus der Kindheit auflösen, Ich-Stärke entwickeln. Der Psychojargon ist uns schon so vertraut, daß wir gar nicht mehr merken, daß es sich in den meisten Fällen um Leerformeln handelt. Statt dessen nicken wir zustimmend und hoffen, daß auch wir irgendwann unsere Psyche in eine solch vollendete Form bringen können. Wir glauben, daß Psychotherapeuten eine Art Geheimwissen besitzen, das sie uns, wenn sie gut sind und wir Glück haben, vermitteln können.

Auch die Therapeuten Ron Kurtz und Greg Johanson tragen durch ein Fallbeispiel, das sie in ihrem Buch *Sanfte Stärke* schildern, zu dieser Hoffnung bei:

«Im Rahmen seiner Ausbildung zum Psychotherapeuten besuchte Gerd eine Trainingsgruppe. Zu Beginn einer der täglichen Sitzungen war er an der Reihe und fing an, über seine Schwierigkeiten mit Respektspersonen zu sprechen. Er redete ungefähr fünf Minuten lang und wurde dabei ziemlich emotional ... Während Gerd redete, hörte man draußen immer wieder Vogelgesang. Die Trainerin dachte daran, daß sie ihm helfen könnte zu erkennen, welch großartigen Reichtum er sich entgehen ließ, indem er immerzu in seinen eigenen Gedanken gefangen blieb. Aber Gerd redete, und sie hätte es als störend empfunden zu intervenieren. Sie wartete geduldig auf einen passenden Augenblick. Gerd hatte irgendwie alles gesagt, was es zu sagen gab, und fing an, sich zu wiederholen. Eine Möwe kreischte, und ein paar Augenblicke später sagte die Trainerin sanft: ‹Haben Sie die Möwe gehört?› Gerd hielt inne, faßte sich an die Brust und brach in Tränen aus. Später erklärte er, daß er, als er die Frage gehört hatte, in seinem Herzen einen starken emotionalen Schmerz verspürt hatte; er fühlte sich verloren, isoliert und ohne Kontakt zu seiner Umwelt. Gleichzeitig hatte er auch einen irgendwie freudigen Schmerz verspürt; er könnte wieder vereint sein mit den Klängen, Anblicken und Gerüchen, die ihm Nahrung geben konnten, wenn er sich nur dafür empfänglich machte.»

«Haben Sie die Möwe gehört?» Ein einziger Satz, und Gerd ist ein anderer Mensch. Beeindruckend. Wenn wir uns mit dem Gedanken tragen, eine Therapie zu beginnen, dann hoffen wir auch auf solche Wundersätze, die uns zu einer Metarmorphose verhelfen können. Wir glauben, daß der Therapeut besondere Fähigkeiten besitzt, mit denen er unserer ganz persönlichen, uns selbst verborgenen Wahrheit auf die Spur kommen kann. Wir sind überzeugt: In der Psychotherapie erfahren wir, wer wir wirklich sind. Psychotherapeuten, die diese Hoffnung bestärken, die bereit sind, uns griffig formulierte Lebenshilfesätze zu liefern, und sich noch dazu mit einer Aura des Allwissenden umgeben, bekommen sehr schnell Guru-Status.

Natürlich hat Psychotherapie auch positive Effekte. Seriös ausgebildete Psychotherapeutinnen und Psychotherapeuten können ihren Klienten wichtige Hilfestellungen geben. Wer unter Panikattacken leidet, wen schwere Depressionen quälen oder wer keinen Sinn mehr im Leben sieht, der kann mit psychotherapeutischer Hilfe kleine Schritte in Richtung einer Problemlösung gehen. Mehr aber nicht. Die Möglichkeiten der Psychotherapie sind in der Vergangenheit haushoch überschätzt worden, nicht zuletzt deshalb, weil geschickte Psychotherapie-Verkäufer durch starke Sprüche und großartige Versprechen uns in ihren Bann gezogen haben.

Wir Unzufriedenen, die wir uns zutiefst wünschen, perfekte und glückliche Menschen zu werden, lassen uns gerne von diesen Versprechen verführen. Wann immer wir glauben, an einer «Neurose» zu leiden, wann immer wir den Eindruck haben, daß etwas nicht «normal» verläuft, erhoffen wir uns von den Seelenexperten die befreiende Erklärung.

Eine der häufigsten und beliebtesten Erklärungen lautet: Die Gründe für dein Unglück liegen in deiner Vergangenheit. Wenn du deine Kindheit erforschst und durcharbeitest, dann kannst du glücklich werden. Psychotherapeuten, die diese Botschaft verbreiten, stützen sich auf die vor 100 Jahren formulierte Trauma-Theorie Sigmund Freuds, die inzwischen völlig popularisiert und bekannter ist denn je. Diese Theorie besagt: Frühe schreckliche Erfahrungen werden vom Kind verdrängt, weil es die damit verbundenen Konflikte und Ängste nicht aushält. Dieses Verdrängte übt so lange eine unheilvolle Wirkung aus, wie es nicht wiedererinnert und durchgearbeitet wird.

Für die «Aufarbeitung» der frühen Kindheit bietet sich längst nicht mehr nur die Psychoanalyse an; eine ganze Reihe buntschillernder Psychotherapien hat sich inzwischen dazugesellt. Primärtherapeuten, Transaktionsanalytiker, Hypnotherapeuten, Rebirther und viele andere widmen sich den Nöten des «inneren Kindes» und versprechen, die Wunden der Kindheit zu heilen. Selbst in Volkshochschulkursen sind frühkindliche Traumata und deren Aufarbeitung ein beliebtes Thema, ganz abgesehen von Selbsthilferatgebern, die den Buchmarkt überschwemmen. Sie alle machen uns glauben, daß wir ein besserer Mensch werden können, wenn wir die Kindheit bewältigt haben, und daß wir zudem ein Recht auf Wiedergutmachung besitzen. Alles, was «damals» schiefgelaufen ist, kann im nachhinein geheilt werden, so das Versprechen.

Vieles, was uns stört, worunter wir leiden, was wir an uns für «neurotisch» halten, führen wir bereitwillig auf unsere früheren Erfahrungen zurück, auf die Fehler und Lieblosigkeit unserer Eltern, auf traumatische Erfahrungen. Diese Erklärung erleichtert und entlastet uns, wir wissen endlich, wer schuld an unserem psychischen Elend hat. Wenn wir andere Eltern gehabt hätten, wenn unsere Kindheit glücklicher gewesen wäre, dann würde uns heute das Leben mehr Freude bereiten.

«Stellen Sie sich vor, Sie hätten eine andere Kindheit gehabt, was wäre dann heute anders?» fragte ich die Teilnehmer eines Seminars und bat diese schriftlich und anonym um Auskunft. Die Antworten waren aufschlußreich:
«Wenn ich eine andere Kindheit gehabt hätte, dann
- wäre ich nicht so abhängig von Zuneigung, wäre nicht so eifersüchtig, könnte besser alleine sein, hätte weniger Ängste, wäre ich selbstbewußter;
- wäre ich nicht so einsam gewesen und hätte ein besseres Sozialverhalten gelernt;
- wäre mein Leben völlig anders, selbstsicherer, weniger depressiv und vor allem in einer besseren Ehe verlaufen;
- könnte ich mich besser durchsetzen, würde ich mein Kind besser verstehen;
- hätte ich mehr Spaß am Sex;
- könnte ich mit weniger Angst leben;

- hätte ich vielleicht mehr Selbstvertrauen;
- müßte ich mir die Liebe der Menschen nicht durch Tüchtigkeit erkaufen.»

Von den 57 Seminarteilnehmern, die sich von meiner Frage angeregt fühlten, beschrieben 43 ihre Kindheit als negativ und machten sie für vieles Negative in ihrem Leben verantwortlich; elf Antworten ließen sich nicht klar zuordnen, und nur drei waren eindeutig positiv.

«Geht's ein bißchen bescheidener?»
Was Psychotherapie bewirken kann

Bestärkt durch eindrucksvolle Therapiegeschichten, zweifeln wir nicht am enormen Einfluß der frühen Jahre. Und wir zweifeln deshalb auch nicht an den Heilungschancen durch Psychotherapie. Wir glauben, daß es für unser Lebensglück nützlich sein kann, wenn wir unsere Kindheit aufarbeiten, wenn wir wissen, was damals geschah, wenn wir unsere Geburt nacherleben und vielleicht sogar in die Zeit vor unserer Geburt vorstoßen. Wenn wir wissen, daß Mutter, während sie mit uns schwanger war, viel Streß auszuhalten hatte, wenn wir erfahren, daß wir in den ersten Lebensjahren viel allein gelassen wurden, wenn wir erkennen, welche unausgesprochenen Aufträge wir von den Eltern mitbekommen haben, dann sind wir befreit. Ist das wirklich so?

Inzwischen gibt es begründete Zweifel, ob eine Bearbeitung der frühen Kindheit für die psychische Gesundheit notwendig und hilfreich ist. Eine neue Generation wissenschaftlich arbeitender Entwicklungspsychologen, Gedächtnisforscher und Sozialwissenschaftler hat den angeblichen Zusammenhang von früher Kindheit und Erwachsenenleben erforscht. Nach ihren Ergebnissen sind wir in der Vergangenheit Opfer von zwei Mythen geworden:

Erster Mythos «Prägende Kindheit»: Eine schlimme Kindheit muß nicht Schicksal sein.

Zweiter Mythos «Einsicht»: Wer über seine Kindheit Bescheid weiß, ist damit seine Probleme noch lange nicht los.

Wie prägend ist die frühe Kindheit wirklich? Wie sich ein Mensch entwickelt, hängt nicht nur von seinen frühen Kindheitserfahrungen ab. Langzeitstudien belegen, daß negative Kindheitserfahrungen, mögen sie noch so belastend sein, nicht zwangsläufig eine gestörte Persönlichkeitsentwicklung zur Folge haben. Vielmehr können die biologische Konstitution, das angeborene Temperament, die intellektuellen Fähigkeiten sowie außerhalb des Elternhauses erlebte soziale Unterstützung ein Kind so widerstandsfähig machen, daß es auch eine extrem ungünstige Kindheit psychisch überleben kann. Die Kritiker der Traumatheorie ziehen den eindeutigen Schluß: Die frühe Kindheit stellt nicht die Weichen für das weitere Leben. Es gibt keine Belege dafür, daß der kausale Schluß «frühes Trauma – späte Störung» zutreffend wäre.

Einsicht in die Geschehnisse der Vergangenheit ist der erste Schritt zur psychischen Genesung, behaupten Traumatherapeuten. Auch diese zentrale Annahme gilt als widerlegt. Auch noch soviel Wissen um die Vorgänge in der Vergangenheit löst keine Probleme der Gegenwart. Der bekannte Psychotherapeut Paul Watzlawick bestätigt dies: «Ich habe weder in meinem Leben noch im Leben anderer dieses Phänomen feststellen können.» Und der amerikanische Psychotherapeut William Glasser fragt: «Was nutzt es, wenn man erfährt, daß man sich nicht durchsetzen kann, weil man einen dominanten Vater hatte? Patient und Therapeut können dieses vergangene Geschehen in allen seinen Auswirkungen jahrelang erörtern, doch das Wissen wird dem Patienten nicht helfen, sich durchzusetzen.» Endlose Therapien sind ein Indiz dafür, daß das tiefe Schürfen in der Vergangenheit alleine keine Veränderung bewirkt. Im Gegenteil: Je länger eine solche Therapie dauert, desto größer wird die Gefahr der Abhängigkeit vom Therapeuten.

Aufgrund dieser und noch vieler anderer Forschungsergebnisse sehen kritische Psychotherapeuten die Möglichkeiten ihres Berufsstandes sehr viel bescheidener und warnen vor überhöhten Erwartungen. Aus der nüchternen Beschreibung, die der Psychotherapeut und Therapieforscher Hans H. Strupp gibt, erkennen wir, daß unsere Vorstellungen von Psychotherapie meist nicht der Realität entsprechen. «Meiner Meinung nach erreicht Therapie folgendes: Der Patient und der Therapeut treten in eine Beziehung zueinander ein, der Patient faßt Vertrauen zum Therapeuten, der

Therapeut gibt sich Mühe, dem Patienten behilflich zu sein, der Therapeut ist empathisch und verständnisvoll und hört zu. Unter diesen Umständen hat der Patient eine neue Erfahrung von einer zwischenmenschlichen Beziehung. Das Wesentliche ist: Die Therapie ist weniger eine Behandlung als vielmehr ein Erleben.» Der Anspruch auf Heilung taucht hier nicht mehr auf. «Das war übrigens auch ein Irrtum der Psychoanalytiker, daß die Psychoanalyse ein für allemal heilen soll, das ist reiner Unsinn. Die meisten medizinischen Behandlungen sind nicht auf völlige Genesung ausgerichtet, sondern sollen es dem Patienten erleichtern, mit seinen Beschwerden zu leben. Dasselbe gilt auch für Therapie.» «Und dann», so fügt Strupp hinzu, «gibt es noch die Tatsache, daß wir einer großen Anzahl von Menschen weder mit der Kurzzeittherapie noch mit der Langzeittherapie wirklich helfen können.»

Auch Jürg Willi plädiert für eine realistischere Einschätzung der Psychotherapie: «Wir Psychotherapeuten müssen bescheidener werden. Wir müssen lernen, viel kleinere Therapieziele zu formulieren. Die Psychotherapie hatte bisher immer Riesenziele: Autonomie, Unabhängigkeit, Gefühle ausdrücken, Selbstverwirklichung. Diese Ziele werden dann oft nicht der Erwartung entsprechend erreicht. Das entmutigt die Patienten und enttäuscht die Psychotherapeuten.»

Die große Zahl gescheiterter Psychotherapien, aber auch das Phänomen von niemals endenden Langzeitpsychotherapien haben die Kritiker darüber nachdenken lassen, ob und in welchem Maße Persönlichkeitseigenschaften durch psychotherapeutische Maßnahmen — gleichgültig, ob sie kurz- oder langfristig eingesetzt werden — überhaupt beeinflußbar sind. Hans H. Strupp ist aufgrund seiner Forschungsarbeiten davon überzeugt: «Die Idee, daß man eine ganze Persönlichkeit grundlegend verändern kann, ist falsch. Wir sind alle, was wir sind. Wir haben unsere Vergangenheit und unsere Probleme, wir haben unsere besonderen Eltern und besondere Umstände, in denen wir aufgewachsen sind. Wie man so sagt: Wie der Zweig sich gebogen hat, so wächst er.»

Die amerikanischen Psychologen Paul T. Costa und Robert R. McCrae kommen bei ihrer Diskussion der Frage «Kann sich die Persönlichkeit verändern?» zu dem Schluß, daß möglicherweise einer der Gründungsväter der wissenschaftlichen Psychologie,

William James, bereits die Antwort wußte. Dieser schrieb 1890 in seinem Standardwerk *The Principles of Psychology*: «In most of us, by the age of thirty, the character has set like plaster and will never soften again.» (Bei den meisten Menschen ist der Charakter im Alter von 30 Jahren so fest wie Gips und wird sich niemals mehr lockern.) Möglicherweise hat William James recht gehabt, meinen seine modernen Nachfolger in den USA. In einer Analyse der vorliegenden Erkenntnisse kommen sie zu dem Schluß: «Wir wissen heute, daß in vielen grundlegenden Bereichen Erwachsene über viele Jahre hinweg gleichbleiben und daß ihre Anpassungsfähigkeit grundlegend durch ihre Persönlichkeit geprägt wird. Natürlich wachsen und verändern sich Menschen, aber immer auf der Grundlage fester Dispositionen.»

Zu den «Dispositionen» gehören ererbte Merkmale: so offensichtliche Merkmale wie unser Geschlecht, unsere Augen- und Haarfarbe, unsere Körpergröße; aber auch unser Temperament, unsere Körperrhythmen, möglicherweise sogar unsere emotionale Grundgestimmtheit sind zu einem großen Teil angeboren und damit nur schwer oder gar nicht veränderbar. Diese «Dispositionen» setzen unseren Veränderungsmöglichkeiten Grenzen.

Wir können uns nicht zu jeder Zeit und in allem verändern, betont auch Robert Ornstein, Professor für Humanbiologie an der berühmten Stanford University. Unser Leben ist in einigen Bereichen festgelegt. Wichtig sei es, so Ornstein, «herauszufinden, wo das eine oder das andere gilt, und dann aufzuhören, Dinge verändern zu wollen, die nicht zu ändern sind, und das zu ändern, was wir ändern können. Mit anderen Worten: *Wir müssen lernen, anders von uns selbst zu denken*».

Derselben Ansicht ist der amerikanische Sozialpsychologe Martin E. P. Seligman. Auch er hält es für dringend notwendig, daß wir unterscheiden lernen zwischen dem, was wir ändern können, und dem, womit wir uns abfinden und aussöhnen müssen. Das Wissen um die Differenz zwischen Veränderbarem und Nichtveränderbarem macht es uns möglich, so Seligman, «unsere kostbare Zeit für sinnvolle Veränderungen zu nutzen, die möglich sind. Wir können mit weniger Selbstvorwürfen und weniger Gewissensbissen leben. Wir können mit mehr Selbstvertrauen leben. Dieses

Wissen gibt uns ein neues Verständnis von uns selbst und unserer Entwicklungsmöglichkeit».

Psychotherapeuten klären uns leider nur selten darüber auf, welche Veränderungen wir von einer therapeutischen Behandlung erwarten können und welche nicht. Noch immer erliegen viele der unkritischen Bewunderung ihrer Patienten und Patientinnen, die sich von ihnen die Heilung aller psychischen Wunden erhoffen. Diese Psychotherapeuten begreifen sich nicht als «Dienstleister», die ihre Kunden möglichst seriös bedienen wollen, sondern gefallen sich in der Rolle der allwissenden Heiler. Sie wehren sich gegen die vermeintlich unsachliche Kritik aus den eigenen Reihen und befürchten einen geschäftsschädigenden Imageverlust.

«Ein viel zu großer Teil von ihnen spielt selbstverliebt das Psychospiel, in dem es hauptsächlich um die eigenen Sinnerlebnisse, Wohlgefühle und auch um handfeste materielle Interessen geht. Das Wohl der Patienten wird zwar von allen weihevoll beschworen, aber im Zweifelsfall dem eigenen Sinnerleben geopfert. Was fehlt, ist eine echte Profi-Einstellung, das Bemühen, eine optimale Dienstleistung im Hinblick auf eine vorgegebene gesellschaftliche Aufgabenstellung zu erbringen, ihre Qualität regelmäßig zu überprüfen und zu verbessern», kritisiert der Psychotherapieforscher Klaus Grawe jene Kollegen, die die wissenschaftlichen Erkenntnisse nicht wahrhaben wollen und nach wie vor mit überzogenen Versprechen ein falsches Bild von Psychotherapie vermitteln.

Den «selbstverliebten Psychospielern» verdanken wir unsere überzogenen und falschen Vorstellungen von den Möglichkeiten der Psychotherapie. Wüßten wir, was Psychotherapeuten wirklich leisten könnten, kämen viele gar nicht auf die Idee, sich einem Therapeuten anzuvertrauen. Vieles, was wir von Psychotherapeuten erwarten, können diese nicht leisten.

Bleibt die Frage, warum wir so expertengläubig sind und voller Hoffnung, daß diese uns zu einer Selbstverbesserung verhelfen können. Warum fallen wir regelmäßig und zahlreich immer wieder auf Heilsversprechen herein?

Es ist das alte Lied: Wir sind von dem Wunsch besessen, ein besserer, glücklicher Mensch zu werden. Nehmen wir an uns «Neurotisches» oder sonstwie Auffallendes, Störendes wahr, hoffen wir auf psychotherapeutisches Know-how. Wir sind so fixiert auf unser Veränderungsziel, daß wir den Verstand weitgehend ausgeschaltet haben. «Unmündigkeit ist das Unvermögen, sich seines Verstandes ohne Leitung eines anderen zu bedienen», schrieb Immanuel Kant in seinem berühmten Text *Was ist Aufklärung?* im Jahre 1784. Für *selbstverschuldet* hielt er diese Unmündigkeit, «wenn die Ursache derselben nicht am Mangel des Verstandes, sondern der Entschließung und des Mutes liegt, sich seiner ohne Leitung eines anderen zu bedienen».

Wir haben uns in eine selbstverschuldete Unmündigkeit begeben. Uns fehlt es nicht am Verstand, uns fehlt es an Mut und an Entschlußkraft, auf unseren eigenen Verstand zu vertrauen und ihn «ohne Leitung eines anderen» anzuwenden. Wir vertrauen nicht darauf, daß wir Antworten auf die uns so verunsichernden Fragen «Was ist richtig, was ist falsch?» – «Warum bin ich nicht so, wie ich gerne sein möchte?» – «Warum gelingt mir das Leben nicht?» – «Wie soll ich mich entscheiden?» selbst oder mit Hilfe von Freunden finden können. Gleichgültig, wie ernsthaft oder wie banal eine Frage ist, die uns umtreibt: Eine Antwort stellt uns nur dann zufrieden, wenn sie durch einen Experten «abgesichert» ist.

«Wir müssen lernen, anders von uns selbst zu denken», fordert Robert Ornstein. Dann, so kann man ergänzen, denken wir auch anders von den sogenannten Experten. Wenn wir darauf vertrauen, daß niemand uns so gut kennt, wie wir uns selbst, wenn wir wissen, daß es keinen einzigen Menschen gibt ohne das, was wir unter «Neurose» verstehen, und wenn wir realisieren, daß Psychotherapeuten nur – oftmals mehr schlecht als recht – ausgebildete Mitglieder eines ganz normalen Berufsstandes sind, dann werden wir nur in wirklichen Notfällen auf die Idee kommen, uns der Leitung eines anderen anzuvertrauen.

Wenn mal wieder jemand meint: «Du solltest eine Therapie machen», oder wenn Sie selbst glauben, Sie seien so, wie Sie sind, nicht in Ordnung, sollten Sie sich sehr genau prüfen, ehe Sie einen Experten konsultieren. Wer sagt, daß ich nicht in Ordnung bin? Ich selbst oder jemand anderer? Wie schwer ist das Problem? Wie stark beeinträchtigt es mich? Für wie aussichtslos halte ich die Situation? Was habe ich bislang unternommen, um mir selbst zu helfen? Gibt es einen Freund, eine Freundin, ein Familienmitglied, mit denen ich darüber sprechen könnte?

Erst wenn alle anderen Möglichkeiten ausgeschöpft sind und das Problem sich vollkommen Ihrer Kontrolle entzieht, kann eine therapeutische Unterstützung angebracht sein. Aber auch dann sollten Sie nicht vergessen: Therapie ist eine Dienstleistung. Sie sind der Kunde, die Kundin, Sie bestimmen, was geschieht. Widerstehen Sie der Versuchung, einem Psychotherapeuten zuviel Macht zuzugestehen. Wenn Sie Glück haben, sind Sie an einen guten «Handwerker» und einfühlsamen Menschen geraten, ein Geheimwissen aber hat auch er nicht.

Vieles, was uns (oder andere) an uns stört, ist nicht wegtherapierbar. Versuchen wir dies, dann wird unser Kampf gegen uns selbst schnell zu einem aussichtslosen Kampf gegen Windmühlen. Sparen wir uns diese Energieverschwendung. Bleiben wir lieber ein bißchen «neurotisch». Das ist allemal spannender als eine «durchtherapierte» Psyche.

«Jeder ist seines Glückes Schmied»

Machen Sie mal Pause

«Das Glück ist eine leichte Dirne.
Sie weilt nicht gern am selben Ort;
Sie streicht das Haar dir aus der Stirne
Und küßt dich rasch und flattert fort.»

Wie Heinrich Heine, der das Glück mit einem leichten Mädchen verglich, haben auch andere Dichter und Denker auf die uralte Frage nach dem Wesen des Glücks eher negative Beschreibungen geliefert. Schopenhauer meinte, daß Glück nie mehr sein könne als «die Befreiung von Schmerz, von einer Not». Goethe war der Überzeugung: «Das wahre Glück ist die Genügsamkeit.» Friedrich Nietzsche glaubte, daß Glück sich erst dann einstellt, wenn man sich etwas «gründlich und lange Zeit hin» versagt. Eine Ansicht, die auch Mahatma Gandhi vertrat: «Das Geheimnis eines glücklichen Lebens liegt in der Entsagung.» Sigmund Freud schließlich nahm uns endgültig jede Illusion: «Die Ansicht, daß der Mensch glücklich sei, ist im Plan der Schöpfung nicht enthalten.»

Die philosophischen Erörterungen des Glücks mögen lyrische und literarische Kleinode sein, beeindrucken lassen wir uns heute von ihnen nicht mehr. Wir hören lieber auf pragmatisch formulierende Ratgeber, die nicht müde werden uns zu versichern: Glück ist machbar. Über 600 Bücher sind momentan auf dem Markt, die uns das Glück näherbringen wollen. Darunter Titel wie *Die Kunst, glücklich zu werden, Das Lebenstraining. Was jeder tun kann, um frei und glücklich zu sein, Anleitung zum Glück, Wege zum Glück, Glück braucht Mut, Glück und Erfolg, Glück muß man haben, Glück und Zufriedenheit, Erziehungsziel Glück, Neues Glück finden* und viele mehr. Psychologen und Psychotherapeuten haben erkannt, wie scharf wir darauf sind, glücklich zu werden, und ersinnen immer neue Techniken, um uns dabei zu helfen. Der Engländer Robert Holden, Gründer einer Klinik zur Streßbewältigung in Oxford, ist einer von diesen Glücksexperten. Er veranstaltet sogenannte «Happiness-Workshops», in denen die Teilnehmer Glück lernen können.

Dazu gehören nach Holden nicht viel mehr als mindestens 30 Minuten körperliche Bewegung pro Tag und jeden Tag mit einem Lächeln zu beginnen und so zu tun, als ob man glücklich sei. Denn: Sozialpsychologen wollen herausgefunden haben, daß sich die Verzerrung unserer Gesichtsmuskulatur zu einem Lächeln positiv auf das Gemüt auswirkt. «Facial feedback» haben sie dieses Phänomen genannt, wonach die Stimmung durch die Muskelbewegung beeinflußt wird; weiter empfiehlt Holden, wichtige Stellen in der Wohnung mit einem blauen Punkt zu versehen. Sieht man diese Punkte, wird man daran erinnert, positiv über sich zu denken sowie gut zu schlafen und ein neues Hobby anzufangen.

«Was fehlt Ihnen zum Glück?» fragt eine auflagenstarke Frauenzeitschrift ihre Leserinnen und fordert sie auf: «Finden Sie heraus, wo Ihr Glücksdefizit liegt, machen Sie dann aus Minus ein Plus. Dazu brauchen Sie Mut. Denn Glück kommt nicht von alleine.

Man muß allerhand dafür tun ...» Zum Beispiel einen Glückstest ausfüllen, den ein «Psychologe» zu unserem Glück entworfen hat. Er legt uns 20 Fragen zur Beantwortung vor, unter anderem folgende: «Wenn mein Leben in zehn Jahren so aussehen würde wie jetzt, wäre ich ziemlich unzufrieden», «Man kann sich nur auf sich selber verlassen» oder «Es ist schon lange her, daß ich richtig glücklich war». Stimmen wir 15 dieser Fragen zu, dann müssen wir «dringend» etwas verändern, meint der Psychologe. «In Ihnen schlummern Talente und Hoffnungen. Lassen Sie die nicht weiter verkümmern. Die Verantwortung für Ihr Leben liegt bei Ihnen, bei niemandem sonst.» Haben wir nur zehnmal «stimmt» angekreuzt, zeigt das, daß wir einen «Extrakick Glück» gebrauchen könnten.

Paul Watzlawick, Autor des Bestsellers *Anleitung zum Unglücklichsein*, befürchtet, daß wir in der «Flutwelle von Anweisungen zum Glücklichsein» ersticken könnten. Das Angebot an Wegen zum Glück ist inzwischen unüberschaubar geworden: Da gibt es Wege, die führen in neue Religionen, andere geleiten uns in die Welt der Esoterik, gefährlichere locken Glückssucher in die Arme von Sektenpredigern.

Gekauftes Glück hat ein schnelles Verfallsdatum

Die Frage «Wie werde ich dauerhaft glücklich?» hat in unserer Gesellschaft einen zentralen Stellenwert. Alles, was wir zu unserer Verbesserung, Verschönerung, Veränderung unternehmen, dient im Grunde nur diesem einen Ziel: Wir wollen glücklich werden. Der schlankere Körper, der Erfolg im Beruf, die leidenschaftliche Liebesbeziehung, die positive Lebenseinstellung – dies und vieles mehr wollen wir für uns erkämpfen, um endlich dort anzukommen, wo wir uns hinsehnen: in einen Zustand der Glückseligkeit.

Im Gegensatz zu früheren Generationen glauben wir, ein Recht auf Glück zu besitzen: auf Glück im Beruf, in der Liebe, in der Freizeit, im Spiel. Im Gegensatz zu früheren Generationen glauben wir auch, daß wir unser Glück selbst in der Hand haben: Jeder ist seines Glückes Schmied. Was immer wir uns zu unserem Glück wünschen, es ist möglich. Wir müssen uns nur bemühen, unsere Möglichkeiten erkennen und optimal ausschöpfen. Wer nicht glücklich ist, ist selbst schuld, hat sich nicht genügend angestrengt oder den falschen Weg zum Glück eingeschlagen.

Wenn all die Glückswege wirklich zum Ziel führten, müßten wir dann nicht längst glücklicher sein? Wie paßt mit all diesen Glücksbotschaften zusammen, daß zunehmend mehr Menschen, vor allem jüngere, an Depressionen erkranken? Wie ist zu erklären, daß Angststörungen, Suchterkrankungen, Eßprobleme im Vergleich zu weniger «glücklichen» Zeiten häufiger geworden sind? Das Leben im Wohlstand mit den vielen Wahlmöglichkeiten macht nicht glücklich. Das bestätigt nicht nur die Alltagserfahrung, das bestätigt auch eine Umfrage, die 1957 in den USA stattfand und die im Jahre 1990 wiederholt wurde. Bei beiden Befragungen bezeichnete sich nur einer von fünf als «glücklich». Der amerikanische Sozialpsychologe und Glücksforscher David G. Myers schlußfolgert daraus: «Wir sind in all den Jahren zwar doppelt so reich geworden, aber wir sind deshalb nicht glücklicher.» Im Gegenteil: Mit dem Anstieg des materiellen Wohlstandes hat gleichzeitig die Zahl der Menschen zugenommen, die unter der Leere in ihrem Leben leiden.

Die alte Volksweisheit, wonach Geld allein nicht glücklich macht, bestätigte sich auch in einem internationalen Vergleich, der unter anderem zeigte: Obwohl die Westdeutschen doppelt soviel verdienen wie beispielsweise die Iren, bezeichneten sich letztere in Umfragen als sehr viel glücklicher als die Deutschen.

Ein wesentliches Merkmal unseres Lebensstils ist es, Zeit, Geld und Energie in Dinge und Aktivitäten zu investieren, die uns glücklich machen sollen. Dazu gehören zum Beispiel das Kaufen, Horten und Pflegen von materiellen Gütern, die man eigentlich gar nicht braucht. Man ist überzeugt davon, sich Gutes zu tun, wenn man sich mit schönen Dingen belohnt, man glaubt, das Glück kaufen zu können. In Wirklichkeit aber macht das ständige Konsumieren nur noch unglücklicher. Der Belohnungseffekt ist meist nur kurzfristig, das Bedürfnis, sich erneut zu entschädigen, meldet sich schnell.

Ein Nachbar, Manager einer großen Papierfabrik, ist ein typischer Vertreter dieses Lebensstils. Seine Arbeit frißt ihn auf, er hat kaum Freizeit für sich und seine Familie, gönnt sich nur knapp zwei Wochen Urlaub im Jahr, und selbst dann bleibt er für seine Sekretärin telefonisch erreichbar. Die meiste Zeit sieht man ihn freudlos und abgespannt, doch drei- bis viermal im Jahr kommt es zu einer wundersamen Wandlung: Seine Augen leuchten, er geht nicht mehr so niedergedrückt, sondern aufrecht, und der sonst eher verschlossene Mann wird plötzlich gesprächig. Immer wenn das passiert, hat er sich ein neues Auto gekauft. Nichts kann ihn so begeistern und glücklich machen wie ein neuer Wagen. Er schwärmt dann von diesem wie von einer neuen Liebe, und in gewisser Weise ähnelt seine Beziehung zum Auto auch einer menschlichen Liebesbeziehung. Doch die Euphorie hält nie sehr lange an. Schnell ist der neue Flitzer Alltag, und schnell überlagert der Alltagsstreß die Freude am Besitz. Ist sein Glücksakku leer, steigt wieder die Aufmerksamkeit, die mein Nachbar den Autohändlern schenkt. Ein paar Monate später steht dann schon wieder ein anderes Modell in der Garage.

Materielle Güter können keine wirkliche Erfüllung verschaffen. Und doch ist die Sucht, ständig neue Dinge zu kaufen, weit verbreitet, weil wir den Versprechen der Konsumgüterindustrie Glauben schenken, die uns vorgaukelt: Wenn du diesen Kaffee mit diesem Verwöhnaroma kaufst, hast du eine glückliche Familie. Wenn du diese Bonbons aus Großmutters Zeit in den Einkaufswagen legst, fühlst du dich geborgen. Wenn du diese Diätmargarine aufs Brot streichst, wirst du mit deinem Körper glücklich.

Daten des Hamburger Freizeitforschungsinstitutes B.A.T. belegen, daß 74 Prozent der Westdeutschen und über 60 Prozent der Ostdeutschen regelmäßig einem Kaufrausch erliegen. Von den jüngeren Bundesbürgern wäre jeder zweite bereit, mehr zu arbeiten – nur um das zusätzlich Verdiente gleich wieder in den Konsum zu stecken. Wir sind kaufsüchtig, weil wir materielle mit immateriellen Gütern verwechseln. Zu oft erhoffen wir uns von einem Konsumgegenstand immaterielle Werte wie «Entspannung», «Zuwendung», «Sicherheit» oder «Glück». Doch materielle Güter können uns nur kurzfristig Befriedigung verschaffen; nach dem «Extrakick Glück» fühlen wir uns schnell leer und geraten in Versuchung, diese Leere mit neuen Produkten aufzufüllen.

Produkte besitzen Macht über uns, weil sie sich uns als Glücksmacher anbieten. Die meisten werden sich daher in dieser Beschreibung des Autors Bernd Müllender wiederfinden: «Auch wenn der Kleiderschrank schon voll ist, kaufen wir weiter, bis er übervoll ist. Und dann halt irgendwann, wenn es gar nicht mehr anders geht, einen neuen Kleiderschrank. Überall liegt was rum. Ablagen werden höher und höher. Alles stapelt sich. Keller quellen über, Regale ächzen. Wir können nur ein Paar Schuhe gleichzeitig tragen – aber zählen Sie mal nach: Sind es bei Ihnen auch 20? Oder noch mehr? 30 Hemden, T-Shirts oder Blusen? Mehr? Drei Fernseher oder doch erst zwei? 40 ungesehene Videobänder? 100 ungehörte CDs?» Die Fülle der Konsumartikel, die wir im Laufe der Zeit ansammeln, ist ein Hinweis auf eine innere Leere, die wir empfinden. An jeden Kauf, den wir tätigen, knüpft sich die Hoffnung, daß das neu Erworbene uns glücklich macht. Das aber ist ein Irrtum, wie Gerhard Scherhorn, Professor für Konsumtheorie und Verbraucherpolitik an der Universität Hohenheim, erklärt. «Immer wenn wir uns ein neues Gut wünschen, eine Ware oder eine Urlaubsreise, sind wir überzeugt, daß dies unser Wohlbefinden deutlich vergrößern wird. Wenn es dann gekauft und konsumiert wird, das nächste und übernächste ebenfalls, und wenn diese einzelnen Zuwächse aufeinandergelegt werden, sinken sie zusammen wie Zuckerwatte. Das Ganze ist in diesem Falle weniger als die Summe seiner Teile, weil es eine Illusion ist, oberhalb eines auskömmlichen Mindestniveaus (das wir längst überschritten haben) von weiterem materiellem Wachstum einen Zuwachs an Glück und Wohlbefinden zu erwarten.»

Das wahre Glück ist keine Ware

Wohlstand macht also nicht glücklich. Was dann?

Glücksforscher, Psychologen und Sozialwissenschaftler haben versucht, das Besondere an jenen Menschen herauszufinden, die sich als glücklich bezeichnen, und folgende Gemeinsamkeiten festgestellt: Glückliche Menschen sind körperlich und psychisch gesund, haben realistische Ziele und Erwartungen, eine hohe Selbstachtung, sind optimistisch sowie anderen Menschen gegenüber offen und unvoreingenommen, können sich auf ihre Freunde verlassen und sind überzeugt davon, Kontrolle über ihr Leben zu haben. Zusätzlich erleben sie hin und wieder aus dem Alltag herausragende Glücksmomente: Eine Arbeit wird erfolgreich abgeschlossen, eine Liebe geht in Erfüllung, ein Kind wird geboren. Glück ist nach diesen Erkenntnissen: Zufriedenheit plus seltene ekstatische Momente.

Hilft uns dieser Forschungseifer weiter? Wissen wir nicht schon längst, daß wir genau danach suchen, wenn wir das Glück suchen: nach Optimismus, nach Freunden, nach Liebe, nach Selbstachtung? Was nützt es uns zu wissen, daß wir nach dem Richtigen streben, wenn uns das Glück – allen guten Ratschlägen zum Trotz – doch immer wieder entgleitet? Ist das Glück überhaupt machbar? «Ich glaube fest daran», sagt der amerikanische Psychologe John Reich, «daß wir selbst eine große Rolle dabei spielen, ob positive Dinge in unserem Leben geschehen oder nicht.» Die Autorinnen und Autoren der zahlreichen Glücksratgeber werden ihm zustimmen. «Warum unglücklich sein, wenn man glücklich sein kann?» fragt zum Beispiel der Positiv-Denker Joseph Murphy seine Anhänger, die sich derart optimistisch eingestimmt zu den in vielen Städten angebotenen «Dr. Joseph Murphy Gesprächskreisen» zusammenfinden. «An alle Interessenten» verschickte zum Beispiel der Initiator eines solchen Gesprächskreises folgende Einladung:

«Sehr geehrte Damen und Herren,
unsere Gesprächsabende haben das Ziel, positives Denken und Handeln in die Praxis umzusetzen. Ansporn und Beispiel hierzu finden wir in den Büchern von Dr. Joseph Murphy und anderer Positivdenker (…) Die Themen für das zweite Halbjahr 1996 sind: ‹Lachen ist gesund›, ‹Alles ist erreichbar›, ‹Die Macht der Autosuggestion›, ‹Die Kraft positiven Denkens› (…)»

Neuere psychologische Forschungen werfen nun diesen Glücksrittern den Fehdehandschuh vor die Füße. Glück ist willentlich nicht machbar, widerspricht zum Beispiel David T. Lykken von der University of Minnesota. Er fand heraus, daß es einen «Set Point» fürs Glücklichsein gibt. Der Begriff «Set Point» ist uns aus der Ernährungswissenschaft bekannt: Der Körper besitzt einen Set

Point, eine Gewichtsgrenze, die wir nur durch extreme Disziplin kurzfristig unterschreiten oder durch übermäßige Völlerei überschreiten können. Einen ähnlichen Set Point will Lykken nun auch für Glücksgefühle entdeckt haben. «Unser Wohlbefinden hängt zu einer Hälfte von unserem genetischen Set Point ab, zur anderen Hälfte von Traurigem und Erfreulichem, das wir in den letzten Stunden, Tagen oder Wochen erlebt haben.» Dieser Set Point soll dafür sorgen, daß schlimme Schicksalsschläge uns nur kurzfristig unglücklich machen («Die Zeit heilt alle Wunden»), daß andererseits aber auch schöne Erlebnisse nur begrenzte positive Wirkung haben. Nach einiger Zeit pendelt sich unsere Stimmung wieder auf einen individuellen Normalzustand ein.

Die Theorie vom Glücks-Set-Point könnte einige Ergebnisse der psychologischen Glücksforschung erklären. Zum Beispiel die Tatsache, daß Geld und Wohlstand nicht glücklich machen, daß Reiche nicht zufriedener sind als Arme und daß selbst größte Erfolgserlebnisse einem Menschen nur kurzfristige Glücksmomente bescheren.

«Wir fanden heraus, daß wichtige Ereignisse, wie zum Beispiel eine Beförderung oder der Verlust eines Liebhabers, nur einen zeitlich begrenzten Effekt auf die betroffenen Menschen haben», berichtet der Psychologe Edward Diener von der University of Illinois. «Bereits nach drei Monaten ist der größte Teil der stimmungsbeeinflussenden Wirkung verschwunden, nach sechs Monaten ist keine Spur mehr davon zu finden.» Auch Menschen, die einen hohen Geldbetrag in der Lotterie gewonnen hatten, waren ein Jahr nach dem Glückstreffer nicht glücklicher als vor dem Gewinn.

Als Beleg für seine Set Point-Theorie führt David T. Lykken seine Studien an 1500 eineiigen Zwillingen an. Diese Zwillingspaare wuchsen getrennt voneinander auf, waren also ganz unterschiedlichen Einflüssen ausgesetzt. Dennoch konnte Lykken nur minimale Unterschiede im Grad des Wohlbefindens und des «Glückszustandes» feststellen. Lebensereignisse, Einkommen, Bildung und Familienstand hatten nur einen geringen Einfluß auf die emotionale Befindlichkeit der Zwillinge. «Jene, die eine hervorgehobene berufliche Position hatten, waren nicht glücklicher als jene, die im Overall zur Arbeit gingen. Jene, die einen Doktortitel

hatten, waren nicht glücklicher als jene ohne irgendeinen Schulab-
schluß.» Wie glücklich ein Mensch ist, läßt sich aus solchen äußeren Faktoren nicht bestimmen, so Lykken. Sehr viel besser läßt sich
der Glückszustand vorhersagen, wenn man den Glückslevel des
anderen Zwillings kennt.

Müssen wir nun fürchten, unser Leben lang unglücklich zu sein,
nur weil unsere genetische Programmierung nicht optimal verlaufen ist? Abgesehen davon, daß Lykkens Theorie in der Wissenschaft stark umstritten und noch längst nicht einwandfrei belegt ist,
kann der Glücks-Set Point auch überlistet werden. Voraussetzung
dafür ist jedoch, daß wir unsere Vorstellungen vom Glück überprüfen. Die hochtrabenden Versprechen der Glücksapostel sind
hierbei nur hinderlich, sie führen uns auf die falsche Fährte. Lykkens Rat an alle, die vielleicht zuwenig Glücksgene abbekommen
haben: «Entdecken Sie die kleinen Freuden des Lebens – ein gutes
Essen, Gartenarbeit, Zeit für Freunde. Auf lange Sicht werden Sie
durch diese kleinen Glücksmomente glücklicher als durch große
Ereignisse, die Ihnen höchstens zu einem kurzen Stimmungshoch
verhelfen.»

Glück ist möglicherweise doch machbar. Doch es ist ein anderes
Glück als das, was uns durch die verführerischen Versprechen der
Veränderungsprediger vorschwebt. Es sind im wesentlichen drei
Gedanken, denen wir uns, zu unserem eigenen Glück, öffnen
sollten:

Glück ist Hingabe

Wir werden nicht glücklich, wenn wir uns ständig zu Höchstleistungen zwingen und äußeren Erfolgen nachhetzen. Die nächste Karrierestufe zu erreichen stellt nur kurzfristig zufrieden. Der
bekannte Satz des Generalfeldmarschalls Helmuth Graf von Molt-
ke «Glück hat auf Dauer nur der Tüchtige» darf getrost als nicht
zutreffend zu den Akten gelegt werden. Tüchtigkeit allein macht
nicht glücklich.

Wir geben dem Glück jedoch eine Chance, wenn wir selbstbestimmt eine Aufgabe erfüllen, die unsere ganze Aufmerksamkeit
fordert, der wir uns selbstvergessen hingeben können. Mihaly
Csikszentmihalyi spricht von einem «Flow-Erlebnis», das sich ein-

208

stellt, wenn wir mit ganzem Herzen bei einer Sache sind. Es ist dabei völlig gleichgültig, was wir tun. Ob wir voller Konzentration eine köstliche Mahlzeit zubereiten, Unkraut jäten, einen Berg besteigen oder eine Mathematikaufgabe lösen – sobald wir uns von einer Aufgabe fesseln lassen und die Welt um uns herum vergessen, sind wir glücklich. Flow-Erlebnisse sind jedem Menschen möglich, vorausgesetzt, er findet heraus, was ihn wirklich interessiert.

Mich zum Beispiel interessiert das Schreiben. Stundenlang am Computer zu sitzen und Seite für Seite zu füllen, ist für mich eine äußerst kurzweilige und befriedigende Beschäftigung. Am Ende eines Schreib-Tages bin ich unendlich erschöpft, der Kopf ist leer, aber ich fühle mich glücklich. Dieses Erlebnis ist anderen nur schwer zu vermitteln, die mich staunend-mitleidig fragen: Warum eigentlich schreibst du Bücher? Eben, darum.

Glück braucht andere Menschen

Wirklich glücklich können wir nur werden, wenn wir nicht nur fragen: «Wie werde ich glücklich?», sondern auch, «Was kann ich tun, damit andere glücklich(er) werden?» Unser Glück ist wesentlich abhängig von anderen Menschen. In der Gemeinschaft mit anderen, in der sozialen Unterstützung, die wir gewähren oder von anderen bekommen, in der Verantwortung und dem Interesse für den Mitmenschen liegt eine wesentliche Quelle für unser persönliches Glück. Der Wissenschaftler Allan Luks hat den Begriff «Helper's High» geprägt, womit er zum Ausdruck bringt, daß Helfen das Wohlbefinden steigern und gesundheitsfördernd wirken kann. Mitarbeiter von sozialen Einrichtungen, die Aids-Patienten, Obdachlosen, schwererziehbaren Jugendlichen, Kranken und anderen Hilfsbedürftigen Unterstützung geben, berichteten Luks gegenüber von Gefühlen der Wärme, der Energie, der Euphorie, wenn sie anderen helfen. Sie seien zufriedener, ausgeglichener und glücklicher, fühlten sich weniger hilflos und depressiv als vor ihrer Zeit als Helfer. Ebenfalls verschwunden seien körperliche Symptome wie Magenbeschwerden, Migräne oder chronische Erkältungen.

Glück liegt in den kleinen Dingen

Viele Menschen haben eine ganz bestimmte Vorstellung davon, wie Glücksgefühle sich äußern. Sie schließen von lauten Emotionen auf Glück. Glücklich ist der vor Begeisterung schier berstende Gewinner einer TV-Spielshow, glücklich ist der Sportler, der seine Emotionen nach dem Wettkampf ins nächste Mikrofon jubelt.

Die Dramatik dieser kurzen Glücksmomente verstellt den Blick auf das alltägliche Glück, das sehr viel leiser und bescheidener auftritt. «Momentane Glücks- und Seligkeitspartikelchen gibt es genug», schrieb Ludwig Marcuse in seiner *Philosophie des Glücks*. «Der Mensch muß lernen, bescheidener zu werden.»

Ein chinesischer Philosoph sammelte im 17. Jahrhundert die glücklichsten Momente seines Lebens und veröffentlichte sie unter dem Titel *Die 33 glücklichsten Momente des Herrn Chin Shength'an*. Darunter finden sich folgende: «Ganz zufällig in einer Kiste einen handschriftlichen Brief von einem alten Freund gefunden. Ist das vielleicht nicht Glück?» Oder: «Ein Mann kommt von einer langen Reise nach Hause zurück; er sieht das alte Stadttor und hört die Frauen und Kinder an beiden Ufern des Flusses seine Mundart reden. Ist das vielleicht nicht Glück?»

Beenden wir also unsere Jagd nach dem Glück. Hören wir nicht mehr auf die «Legende vom Glück ohne Ende» (Ulrich Plenzdorf), sondern geben wir dem kleinen Glück eine Chance. «Wenn du für immer glücklich sein willst, werde Gärtner», rät ein chinesisches Sprichwort. Selbst wenn wir noch nicht einmal einen kleinen Balkon besitzen, können wir diese Weisheit auch für unser Leben nutzen. Suchen wir uns Aufgaben, die uns wirklich interessieren. Üben wir uns in Geduld und Gelassenheit. Kümmern wir uns um andere Menschen, ganz so, wie ein guter Gärtner sich um seine Pflanzen kümmert.

Wenn wir das tun, dann werden sich Glücksgefühle – klein, bescheiden und sporadisch – einstellen. Der großen Glücksschmiede aber sollten wir eine Pause gönnen oder sie sogar ganz schließen.

4. Kapitel

«Wenn ich die Wahl hätte, dann wäre ich gerne – ich!»

«Wenn ich die Wahl hätte, dann wäre ich gerne – ich!» Diese anonyme Antwort auf meine Frage an Seminarteilnehmer, was sie gerne an sich verändern würden, beeindruckte mich. Nicht nur, weil sie eine der wenigen positiven war, sondern weil sie genau das zum Ausdruck bringt, was wir alle anstreben: Zufriedenheit mit uns selbst. Um dieses Ziel zu erreichen, unternehmen wir zum Teil gewaltige Anstrengungen. Wie mühsam und sinnlos zugleich die meisten dieser Kraftakte sind, habe ich in den vergangenen Kapiteln zu beschreiben versucht. Der Wunsch nach einem schöneren, schlankeren Körper ist nur begrenzt zu verwirklichen, dem Streben nach Ausgeglichenheit und ständiger guter Laune sind höchstens kurzfristige Erfolge beschieden, und unser Temperament ist etwas, das zu uns gehört wie unsere Augenfarbe. Unseren Veränderungswünschen sind Grenzen gesetzt.

Dies ist eine schwer verdauliche Erkenntnis, denn schließlich leben wir im «Zeitalter der Selbstverbesserung», in dem Prediger aller Art immer und immer wieder den Refrain wiederholen: «Du brauchst nicht zu bleiben, wie du bist!» Wer mit sich zufrieden ist, der macht sich verdächtig. Verdächtig der Faulheit, der Bequemlichkeit, der Unwissenheit. Nicht das Beste aus sich machen zu wollen erscheint in der heutigen Zeit als unverständliche Nachlässigkeit.

Doch das Gegenteil ist der Fall. Wem es gelingt, sich dem Selbstverbesserungszwang zu entziehen, wer selbstbewußt genug ist zu sagen, «Ich bin, wie ich bin», der macht, ohne daß er sich dafür besonders anstrengen oder Expertenhilfe in Anspruch nehmen müßte, tatsächlich das Beste aus sich. Er schafft sich eine eigene, unverwechselbare Identität, die ihn zu einem einmaligen Wesen mit einer ganz besonderen Ausstrahlung macht.

Wie aber kann dies gelingen?

Ehe ich diese Frage zu beantworten versuche, möchte ich Sie zu einem kleinen Selbsttest einladen. Ich gebe Ihnen Eigenschaftspaare vor, und Sie kreuzen bitte an, welche Eigenschaften am ehesten auf Sie selbst zutreffen. Über den Sinn dieser Übung werde ich Sie später aufklären.

Also, wie sind Sie?

empfindlich	O	robust	O
zielstrebig	O	nachgiebig	O
ängstlich	O	mutig	O
humorvoll	O	ernsthaft	O
distanziert	O	offenherzig	O
vertrauensvoll	O	vorsichtig	O
selbständig	O	unselbständig	O
impulsiv	O	beherrscht	O
stolz	O	bescheiden	O
egoistisch	O	aufopfernd	O
faul	O	fleißig	O
ruhig	O	aufbrausend	O
optimistisch	O	pessimistisch	O
schüchtern	O	selbstsicher	O

Wenn ich auch niemals erfahre, wie Sie sich selbst beschrieben haben, so bin ich doch sicher, daß Sie ein mehr oder weniger festes Bild von sich selbst haben. Sie kennen sich und Ihre Eigenschaften, vielleicht haben Sie sogar schon den einen oder anderen psychologischen Test mitgemacht, der Ihnen ebenfalls ein Profil Ihrer selbst geliefert hat. Ich möchte nun Ihre feste Meinung über sich selbst etwas ins Wanken bringen: Sind Sie wirklich sicher, daß Sie so sind, wie Sie sich beschrieben haben?

«Wir müssen lernen, anders von uns zu denken.» Diesen Satz des amerikanischen Psychologen Robert Ornstein möchte ich noch einmal aufgreifen, denn ich halte ihn für einen Schlüsselsatz, der uns helfen kann, in Zukunft weniger streng mit uns selbst zu sein. Es sind vor allem zwei Denkfallen, die uns auf dem Weg zu einem selbstbewußten «Ich bin, wie ich bin» oft behindern:

Denkfalle Nr. 1: Entweder – Oder

Wenn es um uns geht, denken wir viel zu häufig in Entweder-oder-Kategorien.
- Entweder ich mache Diät, oder ich werde dick.
- Entweder ich gehe regelmäßig zum Sport, oder ich bin faul.
- Entweder ich bin beliebt, oder ich bin unbeliebt.
- Entweder bin ich unabhängig, oder ich bin unselbständig.
- Entweder habe ich Lust auf Sex, oder ich bin lustlos.
- Entweder ich bin glücklich, oder ich bin unglücklich.
- Entweder bin ich beherrscht, oder ich bin unbeherrscht.

Dieser Denkfalle können wir entgehen, indem wir an die Stelle des «Entweder-oder» ein «Sowohl-als-auch» setzen:
- Ich mache Diät, aber ich schlemme auch.
- Ich treibe Sport, aber ich bin auch faul.
- Ich bin sowohl beliebt als auch unbeliebt.
- Ich fühle mich in vielen Dingen unabhängig, aber manchmal bin ich sehr unselbständig.
- Ich bin manchmal glücklich, aber ich fühle mich auch unglücklich.
- Ich habe Lust auf Sex, aber manchmal regt sich bei mir gar nichts.
- Ich bin ein beherrschter Mensch, aber manchmal verliere ich die Geduld.

Dieses Umschreiben der Gedanken mag auf den ersten Blick banal erscheinen. Aber wenn Sie mal genauer darüber nachdenken, werden Sie mir zustimmen: Wir neigen zum Schwarzweißdenken, und – verführt durch Veränderungsversprechen – wir neigen auch dazu, unsere sogenannten «dunklen» Seiten zu verleugnen. Wir wollen sie eliminieren, wir wollen rundum positiv sein – immer.

Nicht umsonst umgarnen uns Veränderungsprediger mit Sprüchen wie «Für immer schlank», «Endgültig Schluß mit Cellulite», «Wie Sie den Ärger (oder wahlweise den Streß) loswerden», «Depressionen besiegen» und so weiter. Immer ist darin die Botschaft enthalten, daß wir irgendeine ungeliebte Eigenschaft endgültig, für immer, loswerden können. Der Gedanke, daß wir so manches Ungeliebte gar nicht verändern können und auch gar nicht verändern brauchen, kommt uns nicht.

Denken wir aber nicht länger «Entweder-oder», sondern erlauben uns ein überzeugtes «Sowohl-als-auch», dann geben wir uns die Erlaubnis, eine schillernde, flexible, nicht uniformierte Person zu sein: mal schüchtern, mal mutig, mal gut gelaunt, mal schlecht drauf, mal dicker, mal schlanker ...

Denkfalle Nr. 2: Etikettierung und Übergeneralisierung

Wir erleichtern uns den Umgang mit anderen Menschen, indem wir sie in vorgefertigte Schubladen stecken oder ihnen beschreibende Etiketten anheften. Der eine ist Optimist, der andere Pessimist. Diese ist eine Liberale, jene eine Konservative. Der ist verklemmt, jener ist offen. Dieser Mann ist Alkoholiker, seine Frau ist eine Co-Abhängige. Auch uns selbst verschonen wir nicht mit diesem Ordnungswahn und sind dabei noch unerbittlicher als bei unseren Mitmenschen. Wir sind «Pessimisten», «Grübler», «Schüchterne», «Pechvögel». Mit dieser einseitigen, etikettierenden Beschreibung der Persönlichkeit tun wir uns (und anderen) sehr unrecht. Wir richten unsere Aufmerksamkeit auf einige wenige Eigenschaften und schließen von ihnen auf die Gesamtpersönlichkeit. Diese Einseitigkeit ist es, die uns so anfällig macht für Veränderungsversprechen. Hätten wir ein anderes Bild von uns selbst, eines, das sich aus ganz vielen, unterschiedlichen Mosaiksteinen zusammensetzt, dann würden wir nicht wie gebannt nur auf eine Eigenschaft starren und alle anderen Seiten an uns übersehen.

Wenn wir uns und andere mit einseitig wertenden Eigenschaftsworten oder Etiketten belegen, dann vereinfacht das zwar unsere Welt, aber es macht sie auch langweiliger und zugleich belastend. Diese Übergeneralisierung verhindert das Verständnis für die individuelle Eigenart eines jeden Menschen – also auch für uns selbst.

Amerikanische Psychologen haben festgestellt, daß jene Menschen leichter durchs Leben kommen und auch Schicksalsschläge besser bewältigen, die möglichst viele unterschiedliche Eigenschaften besitzen. In ihren Studien mit Menschen, die kritische Lebensereignisse und Traumata an Leib und Seele gesund überstanden hatten, stellten die Psychologen fest, daß diese Menschen nicht eindeutig auf einige wenige Eigenschaften festzulegen waren. Sie waren ernsthaft *und* humorvoll, fleißig *und* faul, voller Selbstvertrauen *und* äußerst selbstkritisch. Sie waren nicht entweder so *oder* so, sie waren beides: so *und* so.

Die Vorstellung, daß wir – je nach Situation und Stimmungslage – mal Mr. Jekyll, mal Mr. Hyde sein können, irritiert. Zu intensiv wurden wir in den vergangenen Jahrzehnten im Schwarzweißdenken geschult, als daß wir uns schnell mit diesem neuen Gedanken anfreunden können. Nicht umsonst lieben wir Typologien. Zeitschriften sind voll mit Tests, die uns helfen herauszufinden, welcher Typ wir selbst sind oder unser Partner ist, welche Typen zusammenpassen und welche nicht. Auch die Wissenschaft beschreibt Menschen als «Typen»; zum Beispiel diejenigen, die besonders anfällig für Herzerkrankungen sind als «Typ A-» oder «Typ B-Persönlichkeiten». Typologien geben Sicherheit. Schließlich wollen wir wissen, woran wir mit uns selbst und mit anderen sind.

Der amerikanische Familientherapeut Richard C. Schwartz kritisiert die gängige Vorstellung von einer einheitlichen Persönlichkeit: «Die meisten von uns sind so sozialisiert worden, zu glauben, daß eine Person auch nur eine Psyche hat. Man lehrt uns, obwohl ein Mensch unvereinbare Gedanken und Gefühle hat, würden sie alle aus einer einheitlichen Persönlichkeit stammen (…) Als Folge daraus glauben die meisten Menschen, die vielen extremen Gedanken und Gefühle, welche sie erleben, machten aus, wer sie sind.» Wie Schwartz weiter ausführt, führt diese Sichtweise dazu, daß Menschen glauben, unangenehme oder störende Verhaltensweisen und Gefühle bekämpfen zu müssen. «Wenn beispielsweise Bills Zorn die Zuneigung zu seiner Frau Mary überlagert, gerät er in Panik, weil er glaubt, er liebe sie nicht mehr. Wenn er sich inkompetent und hilflos fühlt, lähmt ihn der Glaube, daß er dies auch wirklich sei. Wenn Mary inmitten eines Streits sagt: ‹Ich hasse dich›, glaubt Bill selbst nach ihren Entschuldigungen hinterher, daß sie ihn tief in ihrem Innersten hasse, weil «sie es nicht gesagt hätte, wenn sie es nicht auch so gemeint hätte».»

Die Vorstellung von der einheitlichen Persönlichkeit, von Typologien und festen Eigenschaften ermöglicht jedoch nur einen äußerst beschränkten und eingeengten Blick auf die Wirklichkeit. Wir versperren uns den Blick auf die Persönlichkeit, die wir wirklich sind: nämlich eine sehr viel flexiblere, anpassungsfähigere, als unser beschränkt-negatives Selbstbild uns glauben macht.

Unsere Vorfahren hätten nicht überlebt, hätten sie nicht eine flexible «Sowohl-als-auch-Persönlichkeit» besessen. Sie mußten sich an gefährliches Wild annähern, um es erlegen zu können; sie mußten aber auch in der Lage sein, bei Gefahr rechtzeitig die Flucht zu ergreifen. Solch schwierige Aufgaben müssen wir heute nicht mehr bewältigen. Dennoch ist Flexibilität eine Eigenschaft geblieben, die uns das Leben erleichtert: zum einen, weil wir situationsangemessen reagieren können, zum anderen, weil wir uns selbst gegenüber großzügiger sein können, wenn wir die unterschiedlichsten Eigenschaften an uns akzeptieren.

Wie schwer uns das fällt, dürften Sie bei dem kleinen Selbsttest festgestellt haben. Wahrscheinlich haben Sie sich für «Entweder-oder-Antworten» entschieden: schüchtern *oder* selbstbewußt, empfindlich *oder* robust, ängstlich *oder* mutig ... Wahrscheinlich ist Ihnen der Gedanke, eine «Sowohl-als-auch-Persönlichkeit» zu sein, noch fremd. Wenn Sie versuchen, die beschriebenen Denkfallen zu vermeiden, dann werden Sie jedoch sehr schnell feststellen: Wie Sie sind, wie Sie reagieren oder nicht reagieren, das hängt ganz davon ab, in welcher Situation Sie sich befinden und mit welchen Menschen Sie zusammen sind. Sie sind weniger «einseitig», als Sie bislang dachten, Sie haben positive und negative Eigenschaften, Eigenschaften, die Sie an sich mögen, und andere, von denen Sie glauben, Sie müßten sie «bearbeiten», «wegtherapieren», «unterdrücken», «verleugnen». Wenn Sie das tun, dann werden Sie den Satz: «Wenn ich die Wahl hätte, dann wäre ich gerne – ich!» wohl nie über die Lippen bringen. Wenn Sie das tun, dann machen Sie sich das Leben unnötig schwer.

Vielleicht wollen Sie den Test ein zweites Mal durchführen? Und vielleicht rufen Sie sich, ehe Sie Ihre Kreuze setzen, Ihr Verhalten in ganz unterschiedlichen Situationen und gegenüber verschiedenen Menschen ins Gedächtnis. Sobald das geschehen ist, beschreiben Sie sich selbst ein zweites Mal: «Ich bin …»

empfindlich	○	robust	○
zielstrebig	○	nachgiebig	○
ängstlich	○	mutig	○
humorvoll	○	ernsthaft	○
distanziert	○	offenherzig	○
vertrauensvoll	○	vorsichtig	○
selbständig	○	unselbständig	○
impulsiv	○	beherrscht	○
stolz	○	bescheiden	○
egoistisch	○	aufopfernd	○
faul	○	fleißig	○
ruhig	○	aufbrausend	○
optimistisch	○	pessimistisch	○
schüchtern	○	selbstsicher	○

Schade, ich würde gerne wissen, ob Sie sich beim zweitemal anders (weniger rigide?) beschrieben haben. Ich vermute und hoffe jedoch, daß jetzt ein etwas vielfältigeres, bunteres Selbstbild herausgekommen ist. Was auch immer Sie selbst mit dieser kleinen Übung anfangen konnten, sie sollte Ihnen bewußtmachen, wie unflexibel die meisten Menschen in ihren Selbstbeschreibungen sind und wie sehr wir zu Etikettierungen neigen. Diese Denkfallen schaffen die Grundlage, auf der Veränderungsprediger wirkungsvoll agieren. Wäre uns bewußt, daß wir mal glücklich, mal unglücklich sind, daß wir mal mehr Kilo auf die Waage bringen, mal weniger, daß wir manchmal jähzornig toben können, dann aber wieder geduldig und gelassen sein können, daß wir depressive Phasen durchleben, die aber wieder durch gute Zeiten abgelöst werden, daß wir in manchen Situationen äußerst schüchtern sind, in anderen aber vor Selbstsicherheit sprühen …, wären wir uns unserer Vielfalt bewußt, dann würden wir niemals auf die Idee kommen, uns ändern zu müssen.

Wir würden nicht daran «arbeiten», möglichst immer positiv zu denken, denn wir wüßten, daß wir dazu durchaus in der Lage sind.

Wir würden nicht daran «arbeiten», unsere Schüchternheit loszuwerden, denn wir wüßten, daß wir nicht immer und überall schüchtern sind, sondern durchaus selbstbewußt sein können. Wir würden uns nicht selbst als undiszipliniert runtermachen, weil wir eine Diät nicht durchgehalten haben, sondern wir wüßten, daß wir zu einem anderen Zeitpunkt diszipliniert sein können.

Wir würden uns über sexuelle Lustlosigkeit keine großen Sorgen machen, denn wir wüßten, daß wir früher oder später wieder Lust auf Sex haben werden.

Hätten wir mehr Vertrauen zu uns selbst und wären wir uns bewußter über die schillernde, faszinierende Vielfalt unserer Eigenschaften, dann könnten wir sehr viel gelassener die Höhen und Tiefen in unserem Leben ertragen. Leider fehlt vielen Menschen dieses Vertrauen, und sie suchen ihre eigene Unsicherheit durch Expertenwissen abzufedern.

«Wir müssen lernen, anders von uns selbst zu denken.» Ich hoffe, dieses Buch hat Ihnen dabei geholfen, mehr Vertrauen zu sich selbst zu gewinnen und mehr Mißtrauen gegenüber den Veränderungspredigern, in welchem Gewand sie auch auftreten, zu entwickeln. Vielleicht betrachten Sie sich nun etwas weniger selbstkritisch, vielleicht gelingt es Ihnen, sich mit bislang ungeliebten Eigenschaften auszusöhnen, vielleicht können Sie den einen oder anderen Veränderungsversuch guten Gewissens abbrechen oder wenigstens die selbstauferlegten Zügel lockerer lassen. Wenn Sie in nächster Zeit immer häufiger sagen können: «Schöner oder schlanker oder erfolgreicher oder gelassener oder beliebter werde ich morgen», dann werden Veränderungsprediger an Ihnen keine große Freude mehr haben.

Das letzte Wort

hat Puh, der Bär

«Was schreibst du da?» fragte Puh und kletterte auf den Schreib-tisch.

«Das Tao Te Puh», erwiderte ich.

«Was für ein Puh?» staunte Puh und verschmierte ein Wort, das ich gerade geschrieben hatte.

«Das Tao von Puh», antwortete ich und piekste mit dem Bleistift nach seiner Tatze.

«Hört sich mehr wie das Au! von Puh an», sagte Puh und rieb sich die Tatze.

«Ist es aber nicht», entgegnete ich kurz.

«Worüber ist es denn?» fragte Puh weiter, wobei er sich vor-beugte und noch ein Wort verschmierte.

«Darüber, wie man unter allen Umständen ruhig und vergnügt bleibt!» schrie ich.

«Hast du es gelesen?» fragte Puh.

Dank

an alle, die Verständnis dafür hatten, daß ich während der Arbeit an diesem Buch nicht immer «ruhig und vergnügt», sondern auch hektisch und zweifelnd, müde und genervt war.

Vor allem danke ich meiner Lektorin, Dr. Dörthe Binkert, ohne deren freundschaftlich-ermutigende Unterstützung ich wohl kaum Autorin geworden – und geblieben – wäre.

Meinem Mann, Heiko Ernst, muß ich nicht aufzählen, was alles erst durch ihn möglich geworden ist: Ihm widme ich dieses Buch.

Literatur

Altenburg, M.: Hier Aufreißen!!! In: *Zeitmagazin*, 7.2.1997

Bandler, R.: Bitte verändern Sie sich jetzt! Junfermann: Paderborn 1991

Barbach, L.: Für Einander. Das gemeinsame Erleben der Liebe. Rowohlt: Reinbek 1985

Baumeister, R. u. a.: Relation of Threatened Egotism to Violence and Aggression: The Dark Side of High Self-Esteem, in: *Psychological Review*, 1/1996

Baumeister, R. F., M. R. Leary: The Need to Belong: Desire for Interpersonal Attachments as a Fundamental Human Motivation, in: *Psychological Bulletin*, 3/1995

Beck, U., E. Beck-Gernsheim: Das ganz normale Chaos der Liebe. Suhrkamp: Frankfurt a. M. 1990

Beck-Gernsheim, E.: Von der Liebe zur Beziehung, in: U. Beck/E. Beck-Gernsheim, a.a.O. S. 65-104

Bodenmann, G.: Geschlechtsunterschiede bei Depression: Bahnen emotionale Reaktionen im Alltag depressive Reaktionstendenzen? In: *ZKPPP*, Jg. 44, 1996

Branden, N.: Die sechs Säulen des Selbstwertgefühls. Kabel: Hamburg 1995

Brecht, B.: Geschichten vom Herrn Keuner. Suhrkamp: Frankfurt a. M. 1971

Corssen, J., B. Schmidt: Glück braucht Mut. Falken: München 1994

Costa, P.T., R.R. McCrae: Set Like Plaster? Evidence for the Stability of Adult Personality, in: Heatherton/Weinberger, a.a.O.

Cramer, P.: Glück auf Rezept? Der Einfluß von Psychopharmaka auf die Persönlichkeit. Kösel: München 1995

Csikszentmihaliyi, M.: Glücklichsein. Klett-Cotta: Stuttgart 1992

Damkowski, Ch.: Lieber frei sein als schön, in: *Psychologie Heute*-Special «Frauen». Thema: Schönheit, 4/1992

Diagnostisches und Statistisches Manual Psychischer Störungen (DSM-III), Beltz: Weinheim 1991

Diamond, Jamie: Secrets for Lifelong Weight Loss, in: *Self*, 6/1996

Diamond, M., D. B. Schnell: Fitonics fürs Leben. Goldmann: München 1997

Dickens, Ch.: Weihnachtslied. Diogenes: Zürich 1982

Elias, N.: Die Gesellschaft der Individuen, Suhrkamp: Frankfurt a. M. 1991

Feingold, A.: Gender Differences in Body Image and Physical Attractiveness. Presented at the 104th Annual Convention of the American Psychological Association in Toronto, Canada, 9.-13.8.1996

Fletcher, A.: Eating Thin for Life. Chapters Publishing: Shelburne 1996

Friedmann, D., K. Fritz: Wie ändere ich meinen Mann? dtv: München 1997

Glaeske, G.: «Es gibt keine konsumierbare Gesundheit», in: *Psychologie Heute*, 2/1997

Goldberg, J.: Schattenseiten der Liebe. Die heilsame Wirkung von Ärger, Haß und Eifersucht. Knaur: München 1996

Goleman, D.: Emotionale Intelligenz. Hanser: München 1996

Grawe, K.: Therapeuten: Unprofessionelle Psychospieler? In: *Psychologie Heute*, 6/1992

Hay, L.: Gesundheit für Körper und Seele. Heyne: München 1996

Heatherton, T.F., J.L. Weinberger (Hrsg.): Can Personality Change? APA: Washington 1994

Held, B.S.: The Importance of Kvetching in Theory, Research and Practice. Presented at the 104th Annual Convention of the American Psychological Association in Toronto, Canada, 9.-13.8.1996

Hellinger, B.: Zweierlei Glück. Carl Auer: Heidelberg 1995

Hessel, A. u.a.: Psychische Befindlichkeiten in Ost- und Westdeutschland im siebten Jahr nach der Wende. Ergebnisse einer Untersuchung, Universität Leipzig, Februar 1997

Hillman, C.: Love Your Looks. Simon & Schuster: New York 1996

Hoff, B.: Tao Te Puh, Synthesis: Essen 1984

James, W.: The Principles of Psychology, Vol. 1, Harvard University Press: Cambridge 1991

Japenga, A.: What Goes Up Must Come Down. Can your self-esteem rise too high? In: *Health*, 7/8, 1996

Jellouschek, H.: Nette Kerle, getarnte Machos. Ein Gespräch. In: *Psychologie Heute*, 10/1996

Jordan, P.: Get That Body? Don't Even Try, in: *Self*, 2/1997

Kant, I.: Was ist Aufklärung? Vandenhoeck & Ruprecht: Göttingen 1985

Kaplan, H. Singer: Hemmungen der Lust. Enke: Stuttgart 1981

Kirschner, J.: Das Lebenstraining. Was jeder selbst tun kann, um frei und glücklich zu sein. Knaur: München 1996

Klotter, Ch.: «Wer ißt, sündigt nicht», in: *Psychologie Heute*, 5/1997

Kluge, A.: Die Macht der Gefühle. Zweitausendeins: Frankfurt a. M. 1984

Kowalski, R.M.: Complaints and Complaining: Functions, Antecedents and Consequences, in: *Psychological Bulletin*, 2/1996

Kurtz, R., G. Johanson: Sanfte Stärke, Kösel: München 1995

Lauster, P.: Lassen Sie der Seele Flügel wachsen. Wege aus der Lebensangst. rororo: Reinbek 1995 (291.-295.Tausend)

Lauster, P.: Wege zur Gelassenheit. Die Kunst, souverän zu werden. Econ: Düsseldorf 1995 (19. Auflage)

Lewis, M.: Scham. Annäherung an ein Tabu. Kabel: Hamburg 1994
Lykken, D., in: *International Herald Tribune*, 10.7.1996
Margraf, J., K. Rudolf (Hrsg.): Training sozialer Kompetenz. Röttger-Schneider: Baltmannsweiler 1995
Marshall, J.R.: Social Phobia. Basic Books/Harper Collins: New York 1994
Maslow, A.H.: Motivation und Persönlichkeit. Rowohlt: Reinbek 1994
Maslow, A.H.: Psychologie des Seins. Fischer: Frankfurt a. M. 1992
Meadow, R.M., L. Weiss: Good Girl's Don't Eat Dessert. Harmony: New York 1992
Mehl, J.: Soziale Kompetenz als Therapieziel im Selbstsicherheitstraining, in: J. Markgraf/K. Rudolf a.a.O.
Meulenbelt, A.: «Für manche Frauen ist die Emanzipation eine Bedrohung», in: *Psychologie Heute*-Special «Frauen»: War das wirklich alles?, Beltz: Weinheim 1987
Meyers, D.G.: The Pursuit of Happiness: Who is happy and why. Morrow and Company: New York 1992
Miller, M.V.: Liebe Macht Angst, Hanser: München 1997
Miller, R.W., J. C'deBaca: Quantum Change: Toward a Psychology of Transformation, in: Heatherton/Weinberger, a.a.O.
Mohl, A.: Der Zauberlehrling. Junfermann: Paderborn 1993
Müllender, B.: Weg damit! Herder: Freiburg 1995
Mummendey, H.D.: Psychologie der Selbstdarstellung. Hogrefe: Göttingen 1995
Murray, S.L. u.a.: The Self-Fulfilling Nature of Positive Illusions in Romantic Relationships: Love is Not Blind, but Prescient, in: *Journal of Personality and Social Psychology*, 6/1997
Nolen-Hoeksema, S., B. Jackson: Ruminative Coping and the Gender Difference in Depression. Vortrag auf dem 104. Jahrestag der American Psychological Association, Toronto 1996
Nuber, U.: Depression. Die verkannte Krankheit. Kreuz: Stuttgart, Zürich 1991
Nuber, U. (Hrsg.): «Frauen». Thema: Schönheit. *Psychologie Heute*-Special, Heft 4, 1992
Nuber, U.: Die Egoismus-Falle. Warum Selbstverwirklichung oft so einsam macht. Kreuz: Stuttgart, Zürich 1993
Nuber, U.: Der Mythos vom frühen Trauma. Über Macht und Einfluß der Kindheit. S.Fischer: Frankfurt a. M. 1995
Ornstein, R.: Die Wurzeln der Persönlichkeit. Scherz: Bern, München, Wien 1993
Phelan, Th.: Self-Esteem Revolutions in Children: Understanding and Managing the Critical Transitions in Your Child's Life. Child Management Inc., Geln Ellyn, 1996

Poth, C., Cartoon in *Psychologie Heute*, 2/96

Psychology Today: Special Report: The Psychology Today 1997 Body Image Survey Results, Januar/Februar 1997

Quadrinity-PTI (Hrsg.): Der Quadrinity-Prozeß. Acht Tage Crash-Kurs für die Seele. Berlin, o.J.

Robbins, A.: Das Power Prinzip. Wie Sie Ihre persönlichen Schwächen in positive Energie verwandeln. Das NLP-Handbuch für jedermann. Heyne: München 1996

Rodin/Brownell, in: *American Psychologist* 9/1994

Rückerl, Th.: NLP in Stichworten. Junfermann: Paderborn 1994

Scherhorn, G.: Nur noch beim Kaufen fühlen sich die Menschen frei», in: *Psychologie Heute*, 1/1993

Schmidbauer, W.: Einsame Freiheit. Therapiegespräche mit Frauen. Rowohlt: Reinbek 1993

Schmidt, G.: Das Verschwinden der Sexualmoral. Ingrid Klein: Hamburg 1995

Schmidt, G.: Vorbemerkungen über Sexualität und Beziehung, in: G. Arentewicz, G. Schmidt (Hrsg.): Sexuell gestörte Beziehungen. Springer: Berlin, Heidelberg, New York 1986

Scholz, R.: Änderungsschneiderei, in: *Psychologie Heute*-Special «Frauen». Thema: Schönheit, 4/1992

Schwartz, R.C.: Systemische Therapie mit der inneren Familie. J. Pfeiffer: München 1997

Selbstsicherheitstraining: Probleme des Menschenbildes in einer Umbruchsituation, in: Margraf/Rudolf, a.a.O.

Seligman, M.E.P.: What You Can Change and What You Can't. Knopf: New York 1994

Sommer, B., M. Falstein: Die neuen Techniken für ein starkes Selbst. Ariston: Genf 1995

Stolzenburg, E.: Teenies, Mädels, Girlies. Wie Mädchen im Fernsehen aussehen. In: *medien+erziehung*, 2/1997

Strupp, H.: «Die klassische Psychoanalyse ist ein Auslaufmodell», in: *Psychologie Heute*, 6/1992

Swann, W.B.Jr.: Self-Traps. The Elusive Quest for Higher Self-Esteem. Freeman: New York 1996

Sydow, K. v.: «Die üblichen sexuellen Aktivitäten sind für Frauen oft unbefriedigend», in: *Psychologie Heute*, 5/1996

Tschirhart, L. Sanford, M.E. Donovan: Frauen und Selbstachtung. Ich bin ich, und ich bin o.k., Kabel: Hamburg 1994

Vaughan, D.: Uncoupling, Oxford University Press: New York 1986

Wallerstein, J. u.a.: The Good Marriage. How and Why Love Lasts. Houghton Mifflin: Boston, New York 1995

Westheimer, R., L. Lieberman: Sex und Moral. Beltz: Weinheim 1990
Willi, J.: Die Zweierbeziehung. Rowohlt: Reinbek 1975
Willi, J.: Ko-Evolution. Rowohlt: Reinbek 1989
Willi, J.: Ökologische Psychotherapie, Göttingen: Hogrefe 1996
Willi, J.: «Wir müssen die Umwelt für uns gewinnen», in: *Psychologie Heute*
4/1997
Williams, G.C. u.a.: Motivational Predictors of Weight Loss and Weight-
Loss Maintenance, in: *Journal of Personality and Social Psychology*, 1/1996
Wurmser, L.: Die Masken der Scham. Springer: Heidelberg 1981
Zimbardo, Ph.: Psychologie. Springer: Berlin, Heidelberg, New York
1992

Quellenangaben

Branden, Nathaniel: aus «Die sechs Säulen des Selbstwertgefühls»; © 1995
Ernst Kabel Verlag, Hamburg
Bretécher, Claire: *Orangenhaut* aus «Die Frustrierten I»; © 1978 by Rowohlt
Verlag GmbH, Reinbek
Hay, Louise L.: aus «Gesundheit für Körper und Seele»; erschienen im
Wilhelm Heyne Verlag GmbH & Co. KG, München 1996
Hoff, Benjamin: aus «Tao Te Puh»; © Synthesis Verlag, Essen
Kurtz, Ron/Johanson, Greg: aus «Sanfte Stärke»; © Kösel Verlag, München
1995